NAS TRILHAS DO ROCK

PSICODELIA E UNDERGROUND ANGLO-AMERICANO

Catalogação na Fonte
Elaborado por: Dayanne Leal Souza
Bibliotecária CRB 9/2162

T829t Nas trilhas do rock: psicodelia e underground anglo-americano / José Adriano
2025 Fenerick (org.). – 1. ed. – Curitiba: Appris, 2025.
287 p. ; 23 cm.

Vários autores.
Inclui referências.
ISBN 978-65-250-7194-7

1. Rock anglo-americano. 2. Underground. 3. Psicodelia. I. Fenerick, José Adriano. II. Título.

CDD – 781.66

Livro de acordo com a normalização técnica da ABNT

Editora e Livraria Appris Ltda.
Av. Manoel Ribas, 2265 – Mercês
Curitiba/PR – CEP: 80810-002
Tel. (41) 3156 - 4731
www.editoraappris.com.br

Printed in Brazil
Impresso no Brasil

José Adriano Fenerick
(org.)

NAS TRILHAS DO ROCK

PSICODELIA E UNDERGROUND ANGLO-AMERICANO

Appris editora

Curitiba, PR
2025

FICHA TÉCNICA

SUMÁRIO

INTRODUÇÃO

São ainda pouco numerosas as discussões acadêmicas, em língua portuguesa, acerca do rock anglo-americano – a reflexão crítica sobre o tema parece permanecer restrita ao mundo anglófono. Causa particular inquietação o fato de que muito se produz sobre o tema no universo das revistas de curiosidades e dos livros biográficos, e que o senso comum e a superficialidade inerentes a esse tipo de produção tenham ocupado parte expressiva da incipiente produção acadêmica que se debruça sobre o rock. Isso é sensível, nunca é demais dizê-lo, na confusão entre ele e o *rock'n'roll* – cujas fronteiras são já consensuais na bibliografia especializada, mas ainda ignoradas no pensamento lusófono – e na acomodação do rock enquanto um gênero musical – categorização que sua heterogeneidade formal rejeita de modo peremptório. É justamente essa lacuna crítica que o Grupo de Estudos Culturais (GECU) da Unesp de Franca tem se dedicado a preencher por meio de um trabalho empreendido há mais de uma década, por meio da organização de palestras e congressos, nacionais e internacionais, da organização de livros, da publicação de artigos científicos, e da formação de mestres e doutores. A esses esforços, vem unir-se o presente volume.

Nas trilhas do rock: psicodelia e underground anglo-americano é o terceiro livro produzido pelo GECU a explorar o tema a partir de perspectivas teóricas diversas, por vezes interdisciplinares, e visando a um entendimento historiográfico a analítico do fenômeno. Ele é fruto dos Colóquios Nas Trilhas do Rock, que já em 2018 deu azo à publicação de um primeiro volume – *Nas trilhas do rock: experimentalismo e mercado musical*, pela Editora Kelps. Três anos depois, o segundo Colóquio implicou na confecção de *Nas trilhas do rock: contracultura e vanguarda*, cuidadosamente editado pela Editora Appris. Além desses volumes, em 2023 o Grupo organizou a coletânea *A história nas artes*, também pela Appris, no qual se investigou a relação entre a tematização da História pelas mais diversas formas artísticas – entre as quais, claro está, se situam as do rock dos anos 1960 e 1970.

Neste terceiro volume, a ênfase recai sobre a psicodelia e o underground, elementos-chave para a constituição da forma do rock. Dessa vez, as discussões lograram expandir os limites geográficos por meio da participação de importantes pesquisadores estrangeiros. Assim, com vistas a estabelecer um diálogo entre a produção nacional e algumas das mais importantes linhas de pesquisa sobre a temática nos Estados Unidos e na Inglaterra, foram convidados a integrar o evento e a coletânea autores reconhecidos mundialmente por sua contribuição ao debate.

Edward Macan, musicólogo do College of the Redwoods (EUA), é o autor do primeiro texto do livro, intitulado "A grande sombra da 'arte alucinatória': rock psicodélico como pivô da evolução do rock". No ensaio, o autor traça uma cronologia analítica e exegética do rock psicodélico, buscando lançar luz sobre as relações entre as décadas de 1960/1970 e a psicodelização do rock por meio de uma investigação das origens e da consolidação dessa vertente nas obras de diversas bandas britânicas e estadunidenses.

Em seguida, o historiador David Simonelli, da Youngstown State University (Ohio, EUA), versa sobre as relações entre o rock psicodélico, o rock progressivo e a ideia de revolução. No ensaio "Rock psicodélico/progressivo e revolução no Reino Unido – que revolução?", Simonelli busca especificar em que termos se estabeleceu o aspecto revolucionário, tanto do ponto de vista político quanto do ponto de vista musical, da produção de rock nas décadas supracitadas. O autor tensiona, dessa forma, algumas leituras superficiais, de modo a oferecer uma visão mais complexa sobre o assunto.

O terceiro ensaio do volume reflete sobre uma das parcerias mais férteis da história da música moderna, estabelecida entre as duas maiores forças criativas dos Beatles. Em "A dialética Lennon/McCartney e as transformações da canção nos Beatles", José Adriano Fenerick (Unesp/Franca) analisa toda a obra musical da banda, enfatizando os processos de modernização levados a cabo pela dupla. Desse modo, o historiador explora o aspecto autorreflexivo de suas composições e as tensões instaladas na dinâmica dessa parceria.

Vanessa Pironato Milani (Unesp/Franca), em "You may say I'm a dreamer: Utopia e engajamento político em John Lennon", analisa a obra do músico posterior à separação da banda. A historiadora vale-se de uma perspectiva analítica que localiza na carreira solo de Lennon uma predileção por formas explícitas de enfrentamento político, por meio das quais a dimensão sonora relativiza suas experimentações em favor de uma mensagem mais objetiva a veicular valores caros ao artista, como a urgência e a necessidade do restabelecimento de horizontes utópicos.

Em seguida, José César Fernandes Gomes (Unesp/Franca) lança-se à análise de um dos mais importantes álbuns da década de 1970. No ensaio intitulado "Keep your eletric eye on me: Ziggy Stardust e o LP como forma de realidade", o autor propõe-se a investigar permanências e rupturas, tanto no domínio temático quanto no domínio formal, do rock setentista em relação ao da década predecessora por meio do disco de David Bowie. Vale-se, para isso, de um olhar atento à especificidade do Long Play enquanto significante da mensagem musical e de recursos emprestados ao teatro épico brechtiano.

No sexto texto do livro, Ricardo Sinigaglia Arruda (Unesp/Franca) analisa como a obra dos Yardbirds e, posteriormente, do Led Zeppelin maneja a forma do blues em suas canções. Em "Significados do blues em The Yardbirds e Led Zeppelin (1963-1969)", o historiador aponta para semelhanças e dissonâncias que permeiam a produção do grupo em suas formações originárias e no subsequente amadurecimento formal dos músicos britânicos.

André Céspedes Pimenta (Unesp/Franca), autor do penúltimo ensaio presente neste livro, busca analisar como uma outra manifestação musical, o jazz – e, em específico, o freejazz –, configura uma projeção da liberdade por meio da utilização do ruído, referenciado já no título: "Freejazz: o ruído como prática de liberdade". Explorando a heterogeneidade do movimento musical, Pimenta remonta às origens do freejazz a fim de estabelecer nexos dialógicos entre a forma musical e a mensagem contestatória que lhe é peculiar.

Autor do último ensaio do volume, Marco Aurélio Abrão Conte (Unesp/Araraquara) propõe uma ampla investigação sobre as relações entre a literatura e o rock. Em "I read some books today, oh boy – crise das formas literárias na metacrítica do rock", o literato busca lançar luz sobre o diálogo, nem sempre proposital, entre as inovações formais, as preocupações poéticas dos músicos dos anos 1960 e 1970 e a crise das formas épicas, dramáticas e líricas eclodida no processo de modernização e institucionalização da literatura ainda na segunda metade do século XIX.

Encerra o volume uma entrevista gentilmente concedida por Holly Tessler, da University of Liverpool, ao Grupo de Estudos Culturais. Nela, a pesquisadora, que é líder do Journal of Beatles Studies, relata sua trajetória de estudos sobre a banda e os impactos que a música de John Lennon, Paul McCartney, George Harrison e Ringo Starr teve na cultura do século XX. Ela, ainda, aponta caminhos para a compreensão da conservação da popularidade da banda e da sua relação umbilical com os movimentos históricos e políticos contextuais ao seu surgimento.

A variedade temática e analítica que constitui *Nas trilhas do rock: psicodelia e underground anglo-americano* tem como objetivo oferecer novas perspectivas para a discussão (não só) acadêmica acerca do rock. O Grupo de Estudos Culturais busca, dessa forma, refinar o debate, dessa vez por meio de um conjunto de sólidos ensaios, os quais configuram um entendimento coeso do fenômeno a partir de visões consonantes e complementares.

O leitor perceberá que os textos são fruto de um trabalho coletivo, o qual resultou não apenas no Colóquio, realizado em novembro de 2023, que originou este volume, mas também em todas as demais ações do grupo. Registro aqui os meus sinceros agradecimentos a todos os membros do GECU pelo empenho nesses mais de dez anos. Nominalmente, porém, gostaria de agradecer o trabalho de Vanessa Pironato Milani, que foi fundamental na revisão técnica dos textos e na tradução da entrevista; de José César Fernandes Gomes, cuja dedicação ao contato com os participantes do evento foi de suma importância para a realização deste projeto, além do auxílio na tradução técnica de conceitos e termos musicais; de Marco Aurélio Abrão Conte, revisor linguístico dos textos e co-tradutor dos dois primeiros ensaios; e de Lívia de Mattos Juliani (Unesp/Araraquara), linguista responsável pela tradução do evento e dos textos escritos em língua inglesa. "With a little help from my friends" – já exortavam os Beatles na segunda faixa do *Sgt. Pepper*.

Por fim, convidamos o leitor a acompanhar as atividades do grupo por meio de nossa página virtual: https://linktr.ee/Gec.unespfranca.

Boa leitura!

O organizador

1

A GRANDE SOMBRA DA "ARTE ALUCINATÓRIA": ROCK PSICODÉLICO COMO PIVÔ DA EVOLUÇÃO DO ROCK[1]

Edward Macan

Dada a distância em estilo musical, sensibilidade e conteúdo conceitual entre o *rock and roll* de meados dos anos 1950, representado por Elvis, Little Richard, Chuck Berry e Jerry Lee Lewis, e o rock psicodélico do final dos anos 1960, é surpreendente que a evolução de um para o outro tenha ocorrido em pouco mais de uma década. Talvez seja ainda mais surpreendente que a transição do pop do Brill Building no início dos anos 1960, que sucedeu a primeira onda do *rock and roll*, para o rock psicodélico tenha ocorrido em pouco mais de meia década. Parece contraintuitivo que mudanças da magnitude envolvida na transição do *rock and roll* dos anos 50 ou do pop do Brill Building no início dos anos 60 para o rock psicodélico do final dos anos 60 pudessem ter ocorrido tão rapidamente. Por outro lado, uma escuta atenta revela que várias das características primárias do rock psicodélico do final dos anos 60 já estavam presentes nos estilos de rock anteriores. Isso não significa que fosse inevitável que o *rock and roll* anterior se desenvolvesse em rock psicodélico; apenas que a possibilidade sempre esteve lá, exigindo apenas uma certa combinação de gatilhos internos e externos para se concretizar.

De fato, a tese central deste ensaio é que o rock psicodélico é um ponto crucial — e, provavelmente, o ponto determinante — na evolução estilística do rock. Isso pode parecer uma afirmação exagerada, dado que o rock psicodélico, pelo menos em sua forma original, teve um período de apenas quatro anos e estava claramente ligado aos desenvolvimentos culturais e sociopolíticos de sua época. No entanto, meu argumento é que

[1] Este ensaio inédito foi escrito originalmente em inglês. Tradução de Lívia de Mattos Juliani (Unesp/Araraquara), Marco Aurélio Abrão Conte (Unesp/Araraquara) e José César Fernandes Gomes (Unesp/Franca).

o rock psicodélico desempenhou um papel Janusiano[2] na história do rock. Ele reuniu uma série de elementos potencialmente subversivos, mas ainda não desenvolvidos, dos estilos de rock anteriores, transformou-os de uma maneira que abordou as questões históricas e culturais de seu próprio tempo e evoluiu para um estilo musical multifacetado que eventualmente se ramificou em várias direções diferentes (e até mesmo um tanto contraditórias) à medida que se dissolvia no final dos anos 1960. De fato, como demonstrarei abaixo, ele continuou sendo uma fonte significativa de influência e inspiração décadas após o auge de seu impacto artístico, cultural e comercial.

Com essa tese em mente, começarei com uma breve análise dos primeiros dez anos do rock, enfocando aqueles estilos que fizeram parte da linhagem direta do rock psicodélico. Em seguida, abordarei as origens do rock psicodélico, incluindo sua relação com as substâncias que lhe deram nome, e uma análise de suas principais características musicais. Concluirei com uma consideração sobre sua dissolução em uma série de novos estilos que seriam de considerável importância para os anos 1970, e sua relevância contínua como uma fonte potente de ressurgimentos após 1980.

Dado o incessante reaproveitamento da primeira onda do *rock and roll* como nostalgia e música "oldies", é fácil esquecer que, por trás de suas letras geralmente inofensivas, havia um estilo musical profundamente subversivo cujas correntes anárquicas eram facilmente detectadas por aqueles que tinham mais de 30 anos quando surgiu. Sua batida pulsante, entrega vocal intensa e shows frenéticos sugeriam uma energia sexual quase reprimida, sem precedentes em formas anteriores de música popular, e uma mistura de estilizações musicais "negras" e "brancas" (derivadas do *rhythm and blues* e do *rockabilly*, respectivamente) que eram fundamentalmente perturbadoras para uma América ainda segregada.

Talvez a reação dos subúrbios americanos a essa música na época de sua influência máxima seja melhor capturada pelo filme de 1958 *High School Confidential*. O filme começa com Jerry Lee Lewis e sua banda passando por uma escola organizada e arrumada em um caminhão-baú, performando seu novo sucesso, "High School Confidential". Imediatamente depois, o anti-herói perturbado (interpretado por Russ Tamblyn) aparece na tela, e a ordem dá lugar ao caos conforme o enredo tortuoso do filme se desenrola. Em termos

---

2 "Janus-like" é uma expressão que se refere a algo que tem duas faces ou aspectos opostos, semelhante ao deus romano Jano (Janus). Jano é conhecido por ser o deus das portas e das transições, frequentemente representado com duas faces, uma olhando para o passado e a outra para o futuro. Portanto, "Janus-like" descreve algo que tem ou apresenta características contraditórias ou que está envolvido em mudanças e transições.

de desenvolvimento da trama, a presença de Lewis é irrelevante: ele nunca mais é visto. A mensagem subjacente, no entanto, não poderia ser mais clara: o *rock and roll* é uma força anárquica intrinsecamente ligada à delinquência juvenil, ao abuso de drogas e ao crime. De fato, para garantir que o espectador entenda o ponto, o legítimo "negócio de fachada" do vilão do filme, o chefe local do tráfico, é a venda e manutenção de jukeboxes que tocam *rock and roll*.

Ironicamente, na época do lançamento desse filme, a primeira onda do *rock and roll* já havia essencialmente se esgotado. No entanto, seu potencial subversivo estava longe de ser exaurido e, por pelo menos a próxima década, ofereceu aos músicos mais jovens que trabalhavam em estilos mais novos um rico filão de possibilidades a serem exploradas.

O Brill Building pop no início dos anos 1960 é frequentemente – e, na minha visão, corretamente – entendido como uma tentativa da indústria musical da época de, se não colocar o gênio do *rock and roll* dos anos 1950 de volta na garrafa, ao menos domá-lo, "branqueá-lo" (no sentido de minimizar sua origem negra) e dessexualizá-lo. Sua produção é muito mais refinada do que o *rock and roll* dos anos 50, refletindo influências ainda persistentes de Tin Pan Alley, e a música de seus atos mais representativos – Frankie Valli e os Four Seasons, os vários grupos femininos produzidos por Phil Spector – principalmente afasta os ritmos intensos a guitarra distorcida, o piano *boogie-woogie* forte e as entregas vocais intensas do *rock and roll* dos anos 50, em favor de harmonias vocais limpas, arranjos orquestrais exuberantes (especialmente cortesias dos arranjos "Wall of Sound" de Spector) e uma produção clara e brilhante. O *surf rock* da Costa Oeste que surgiu quase exatamente na mesma época, mais famoso pelo *surf rock* vocal dos Beach Boys, mas também pelo *surf rock* instrumental de Dick Dale, exibe muitas das mesmas características. No entanto, o rock psicodélico acabaria por explorar o potencial subversivo tanto do Wall of Sound de Spector quanto das inovações na guitarra de Dale.

No início dos anos 60, os jovens que buscavam música esteticamente progressiva provavelmente não se interessavam pelo *rock and roll*; em vez disso, eles provavelmente procurariam pelo jazz contemporâneo, particularmente o jazz modal de John Coltrane. Da mesma forma, um jovem à procura de música politicamente progressiva provavelmente se voltaria para o folk urbano. Não é surpreendente que, em locais progressistas como San Francisco e o Greenwich Village de Nova York, essas eram as músicas que se encontrava com mais frequência em clubes.

Nos anos 50, o movimento folk urbano era considerado subversivo, mas por razões muito diferentes das da primeira onda do *rock and roll*: enquanto o *rock and roll* inicial era detestado por seu estilo musical "bárbaro", o estilo mais sereno e educado do folk urbano era temido por suas ligações com o movimento sindical e a política de esquerda. Esse medo cresceu exponencialmente após o início do pânico vermelho, com o principal grupo folk dos anos 50, The Weavers, sendo colocado na lista negra por um tempo devido às suas supostas simpatias comunistas. À medida que o pânico vermelho diminuiu e uma reação ao macartismo que o impulsionava se instalou no final dos anos 50, o folk urbano se tornou um fenômeno comercial significativo. Alguns dos principais grupos, como o Kingston Trio, evitavam amplamente a política, mas outros, como Joan Baez, continuaram o engajamento do folk urbano com causas de esquerda, que incluíam cada vez mais a luta contra a segregação que ocupava os progressistas do início dos anos 60. Foi nesse contexto musical e cultural que Bob Dylan surgiu, lançando seus três primeiros álbuns em 1962, 1963 e 1964, respectivamente. O último desses álbuns, *The Times They Are a-Changin'*, usa seu estilo folk esparso como veículo de uma política que, de muitas maneiras, continua radical mesmo 60 anos depois.

Precisamente na mesma época em que a carreira inicial de Dylan como um herói do folk estava se desenrolando, o Reino Unido viu o surgimento, aparentemente repentino, de uma vibrante cena de *rock and roll*. Como é quase universalmente conhecido, a banda mais importante dessa cena foram os Beatles. Dois pontos sobre o surgimento dos Beatles merecem destaque aqui. Os Beatles começaram como os Quarrymen, uma banda de *skiffle*, sendo o *skiffle* uma fusão de música folk, blues rural e *rockabilly* americano. Muitos dos roqueiros britânicos mais significativos de 1964 a 1976 surgiram de um background de *skiffle*, e parece provável que muitos dos maneirismos musicais distintivamente britânicos dos Beatles e das outras bandas britânicas do início e meados dos anos 60, acima de tudo sua predileção por harmonia modal, tenham origem nesse contexto.[3]

Em segundo lugar, vale a pena repetir que os Beatles, que eram de Liverpool, se viam como revivalistas da primeira onda do *rock and roll* americano. Seu som, chamado "*Merseybeat*", frequentemente era contrastado com o vibrante cenário de revival do blues urbano de Londres, onde bandas como os

---

[3] Para mais informações sobre como os Beatles inadvertidamente criaram uma música rock distintamente britânica, veja Edward Macan, "The Beatles and the Origins of Britishness in Rock Music," Fifty Years with the Beatles: the Impact of the Beatles on Contemporary Culture, ed. Jerzy Jarniewicz e Alina Kwiatkowska (Lodz: University of Lodz Press, 2010), 107-130.

Bluesbreakers de John Mayall e o Blues Inc. de Alexis Korner serviram como campo de treinamento para os músicos que logo formariam os Rolling Stones e os Yardbirds, e, um pouco mais tarde, o Cream e o Led Zeppelin. Quando os Beatles finalmente apareceram nos EUA em fevereiro de 1964, já tendo lançado dois álbuns no Reino Unido, eram sensações da música pop, tendo moldado o *rock and roll* dos anos 50, as refrações do pop contemporâneo do Brill Building e os estilos iniciais da Motown, além de uma sensibilidade musical distintamente britânica, em um som altamente original e individual. Nos dezoito meses seguintes, os Rolling Stones, os Kinks, The Animals e The Who alcançariam grandes sucessos no mercado americano; a chamada "Invasão Britânica" da cena musical dos EUA havia começado.

À primeira vista, não havia razão para que Dylan tivesse interesse pelos Beatles ou pelas outras bandas da Invasão Britânica. Já considerado um autor de obras importantes, seus fãs eram jovens adultos politicamente conscientes, e não adolescentes gritando. No entanto, em agosto de 1964, ele se encontrou com os Beatles em um hotel de Nova York, onde supostamente os apresentou à cannabis pela primeira vez. Os Beatles ficaram lisonjeados com o interesse de Dylan e impressionados com a aura de aclamação crítica que o cercava. Dylan, por sua vez, estava intrigado com suas harmonias desde a primeira vez que os ouviu naquele ano e, anos depois, comentou com seu biógrafo, Anthony Scaduto: "Eu sabia que eles estavam apontando a direção para onde a música deveria ir".[4] Dylan estava ficando impaciente com o purismo e o tradicionalismo da cena do folk e começava a considerar a possibilidade de um tipo diferente de composição musical.

Embora exagerar a importância desta reunião alimente o tipo de "Grandes Homens da História" da qual a geração de Dylan e dos Beatles estava tentando se afastar, na verdade, poucos meses após esse encontro, ambos começaram a seguir direções muito diferentes das que seguiam antes, direções que impactariam profundamente a trajetória da música popular durante a segunda metade dos anos 1960. A partir do seu quarto álbum, as letras de Dylan começaram a se afastar do comentário socioeconômico direto para um surrealismo mais ambíguo, com imagens ricas e evocativas que muitas vezes parecem conter múltiplos níveis de significado. Em seu quinto álbum, *Bringing It All Back Home* (1965), essa nova abordagem se destaca, principalmente na primeira faixa do lado dois do formato LP, "Mr. Tambourine Man."

[4] Dylan citado em Anthony Scaduto, Bob Dylan: an Intimate Biography (Nova York: Signet, 1973), 204.

Uma audição superficial de "Tambourine Man" não revela o quanto Dylan se afastou de sua produção de 1962-64: a música ainda é predominantemente acústica, à única exceção de uma sutil e discreta parte de guitarra adicionada ao fundo sonoro. No entanto, uma vez que se começa a acompanhar a letra de perto, percebe-se que Dylan está ocupando um espaço muito diferente do que ocupava antes. Embora muitos tenham apontado para as aparentes referências às drogas nas letras, Dylan escreveu "Tambourine Man" no início de 1964, antes de ser apresentado ao LSD. No entanto, nessa canção, ele se afastou de letras que *denotam* para letras que *conotam*. Ou seja, em seus três primeiros álbuns, a intenção das letras é clara: ele aborda tópicos específicos de uma maneira que o ouvinte identifica tanto o que ele está abordando quanto qual é sua visão sobre o tópico. Em "Tambourine Man," ele empilha imagens evocativas umas sobre as outras; o resultado não é, como alguns sugeriram na época, uma letra sem sentido, mas sim uma letra que contém múltiplas camadas de significado, que, por não estarem "definidas", podem ser interpretadas de maneiras diferentes por pessoas distintas. Essa abordagem sugere um novo tipo de política que, de certa forma, é ainda mais subversiva do que a política de sua música anterior, mas também é mais vaga e difícil de definir. Também desencadeia uma abordagem mais flexível à forma musical: embora ainda haja um verso e um refrão reconhecíveis, os comprimentos dos versos, em particular, tornam-se irregulares, com ritmos mais livres e os versos e refrãos alternando de maneira mais imprevisível.

Poucos meses após o lançamento de *Bringing It All Back Home*, Dylan se tornaria famoso por "ligar o amplificador" no Festival de Folk de Newport de 1965, com a Paul Butterfield Blues Band acompanhando-o. Após Dylan unir o poder sonoro e o ritmo do *rock and roll* com o legado de consciência social e comentário político do folk urbano em seus três álbuns revolucionários de folk-rock de 1965-66 – *Bringing It All Back Home, Highway 61 Revisited* e *Blonde on Blonde* –, a música popular americana nunca mais foi a mesma. O revival do folk urbano se esgotou, absorvido pelo mainstream do rock, e a partir da metade dos anos sessenta, falamos de "rock" em vez de "*rock and roll*" para diferenciar a nova fase da história do rock inaugurada por Dylan. Quanto aos Beatles, o encontro com Dylan pareceu acelerar a própria evolução musical da banda. *Rubber Soul*, lançado em dezembro de 1965, mostra que estavam absorvendo o novo tipo de letra de Dylan, ampliando ainda mais seu estilo musical ao incorporar elementos do folk-rock americano contemporâneo e da música clássica indiana, demonstrando um novo domínio das possibilidades do estúdio de gravação e mostrando uma nova preocupação com o álbum como um todo coeso.

No final de 1965, a direção da nova música rock havia mudado decisivamente, com Dylan liderando uma vibrante cena de folk-rock americana e os Beatles à frente de uma igualmente vibrante "escola" de bandas britânicas que estavam conquistando não apenas seu próprio país, mas também os Estados Unidos. Mesmo antes que a poeira tivesse assentado sobre o surgimento desses dois desenvolvimentos importantes na história do rock, uma nova tendência começou a emergir, uma tendência que em breve seria conhecida como rock psicodélico.[5]

O ácido lisérgico dietilamida, conhecido como LSD, nem sempre foi controverso. Sintetizado primeiramente pelo químico suíço Albert Hofmann em 1938, manteve discrição até o final dos anos 1950, quando começou a ser promovido como uma droga potencialmente milagrosa para fins psicoterapêuticos. No entanto, seus dias de glória não duraram muito; em 1964, a opinião pública começou a se voltar contra a droga devido a supostos casos de reações psicóticas e suicídios acidentais, e em 1965 o governo dos EUA proibiu a distribuição de LSD, com os Laboratórios Sandoz, o fabricante original, retirando todos os suprimentos existentes. No entanto, o gênio já havia saído da garrafa: em 1966, indivíduos começaram a produzi-lo em casa e vendê-lo em um mercado negro cada vez mais movimentado.

Pouco antes que a proibição do LSD entrasse em vigor, o escritor Ken Kesey organizou uma série de "*Acid Tests*" na área da baía de San Francisco, onde os participantes tomavam LSD para potencializar sua experiência com uma série rotativa de apresentações multimídia. A banda residente desses "Tests" era uma banda da Bay Area, então ainda pouco conhecida, anteriormente chamada de Warlocks, mas agora chamada Grateful Dead. Os "Tests" se tornaram tão populares que, em 1966, o promotor Bill Graham iniciou uma série de sequências semanais em seu local, o Fillmore, apresentando uma seleção de bandas que liderariam a cena psicodélica da Bay Area – os Dead, Jefferson Airplane, Quicksilver Messenger Service, Paul Butterfield Blues Band (que já havia alcançado fama ao acompanhar Dylan quando ele "ligou o amplificador" no Festival de Folk de Newport no ano anterior) e 13th Floor Elevators. Esses últimos, embora nunca tenham alcançado a

[5] No final dos anos 60 e 70, também era frequentemente chamado de "Acid Rock".

importância ou longevidade (ou, para sermos honestos, a qualidade) dos Dead ou do Airplane, fizeram história com seu álbum de agosto de 1966, *The Psychedelic Sounds of the 13th Floor Elevators*, o primeiro álbum a se vincular explicitamente ao movimento psicodélico com notas internas que celebravam o potencial do homem "para alterar quimicamente seu estado mental, reestruturar seu pensamento e mudar sua linguagem".[6]

Esta nova música "psicodélica" da Bay Area refletiu inicialmente não tanto uma nova linguagem musical, mas sim uma fusão distinta de estilos existentes: o *folk-rock* de Dylan e seus seguidores, a música mais pesada de bandas da Invasão Britânica, como The Kinks e The Who (talvez influenciadas pelo *garage rock* americano da metade dos anos sessenta), o *surf rock*, o jazz modal (especialmente o de Coltrane), a música clássica *avant-garde* moderna (especialmente a de Karlheinz Stockhausen, que estava na UC/Davis nas proximidades em 1966-67) e a música do Oriente Médio. Em relação a essa última, na metade dos anos 1960 a influência musical do Oriente Médio estava muito presente: o guitarrista de surf Dick Dale, que era de ascendência libanesa, utilizou "escalas orientais" (escalas modais do Oriente Médio) para colorir algumas de suas composições de surf mais características do início dos anos 1960, e em 1965, bandas da Invasão Britânica estavam começando a ser pioneiras em um subgênero de "*raga rock*" – os Yardbirds (em "Heart Full of Soul") e os Kinks (em "See My Friends") usaram guitarras para evocar a qualidade de "zumbido que ressoa" da cítara indiana, enquanto os Beatles se tornaram a primeira banda de rock a usar uma cítara de verdade em "Norwegian Wood", do álbum *Rubber Soul*. Em 1966, vibrantes cenas de rock psicodélico começaram a se desenvolver em Los Angeles e em Londres, uma série de clubes foram abertos para atender à nova música (o Avalon Ballroom em San Francisco, o Whiskey-a-Go-Go em Los Angeles, o UFO Club e o Middle Earth em Londres), e músicos de rock consagrados estavam prestando atenção.

A questão sobre qual seria a primeira gravação de rock psicodélico disponível comercialmente continua controversa. Alguns apontam para o single "Shapes of Things" dos Yardbirds, lançado em fevereiro de 1966. Esta parece uma escolha um tanto arbitrária. Por um lado, no final de 1965, os Yardbirds já haviam lançado músicas como a neo-indiana "Heart Full of Soul" e a neo-gregoriana "Still I'm Sad", que podem ser chamadas com precisão de

[6] Notas do encarte, The Psychedelic Sounds of the 13th Floor Elevators, International Artists IA-LP 1, 1966.

proto-psicodélicas; por outro lado, sua mudança para a psicodelia completa em músicas como "Happenings Ten Years Time Ago" e "Glimpses" ocorreu somente depois que Jimmy Page se juntou à banda no verão de 1966.

Outros defenderam que teria sido o álbum de estreia do Mothers of Invention, Freak Out!, lançado em 27 de junho de 1966. Embora não haja dúvidas de que a américa suburbana por volta de 1966 teria ouvido esse álbum desafiador e muitas vezes desorientador como psicodélico em um sentido amplo, em um sentido estritamente estilístico, seus dois épicos finais, "Help, I'm a Rock" e "Return of the Son of Monster Magnet", são mais bem compreendidos como as primeiras faixas de *avant-rock*, misturando elementos de rock, vanguarda clássica e *free jazz*. (Dito isso, pode-se argumentar que tanto a sombriamente reverberante "Who Are the Brain Police?" quanto a seção de abertura de "Help, I'm a Rock" são de fato psicodélicas tanto em sentidos gerais quanto estilisticamente específicos). Parece provável que grande parte do público em geral tenha considerado "Tomorrow Never Knows" dos Beatles, o *grand finale* de seu álbum Revolver, lançado em agosto de 1966 (pouco antes de The Psychedelic Sounds of the 13th Floor Elevators) como a primeira gravação de rock psicodélico disponível comercialmente. Em suma, em vez de argumentar que uma faixa específica inaugurou o rock psicodélico, provavelmente é melhor simplesmente reconhecer que ele começou a surgir mais ou menos simultaneamente em Londres, Los Angeles e Bay Area na última parte de 1965, e se cristalizou totalmente como um subgênero distinto durante o verão de 1966.

Dado que John Lennon adaptou a letra de "Tomorrow Never Knows" do livro de Timothy Leary, *The Psychedelic Experience: A Manual Based on The Tibetan Book of the Dead*, devemos nos dirigir diretamente a Leary, o apóstolo do LSD, que, no Human Be-In realizado no Golden Gate Park de São Francisco em 14 de janeiro de 1967, proferiu seu famoso lema: "*Turn On, Tune In, Drop Out*" ("Ative-se, Sintonize-se, Desconecte-se"). Sob a influência de Leary, um segmento considerável da subcultura hippie passou a ver o uso de alucinógenos como uma forma de protesto político, acreditando que o LSD e outros alucinógenos abriam novos portais de consciência que a sociedade convencional – o Establishment, como o chamavam – estava determinada a ignorar. Após o fim dos anos sessenta, a intenção original de Leary se perdeu, sendo cada vez mais comum a suposição de que ele havia simplesmente chamado as pessoas para se drogar. Durante o final dos anos 1960, no entanto, ele levava a sério os alucinógenos como um veículo para a transformação política, acreditando que alguém que tivesse passado pela experiência alucinatória não apoiaria mais guerras intermináveis, racismo sistêmico, exploração ambiental suicida e outras tolices da sociedade industrial tardia.[7] E ele foi levado a sério, como uma ameaça genuína à ordem social existente, pelo *Establishment* contra o qual ele se manifestava: foi preso 36 vezes e supostamente chamado de "o homem mais perigoso da América" pelo presidente Richard Nixon. Como alguns outros revolucionários e aspirantes a revolucionários do século XX, Leary tinha uma ideia bem desenvolvida de como a arte poderia servir sua visão política, e em 1966 pediu uma "arte alucinatória"[8] à qual o rock psicodélico parecia ser uma resposta quase instantânea.

É evidente que a revolução psicodélica de Leary não trouxe a mudança política que ele esperava, por uma série de razões que levariam muito mais tempo para serem abordadas do que o possível aqui. No entanto, ela afetou profundamente tanto o consumo quanto a natureza do rock no final dos anos sessenta. Em relação ao primeiro aspecto, devido à preferência dos *hippies* por usar alucinógenos, ouvir música, frequentemente acompanhada por um show de luzes, se tornou uma parte muito mais integrante da cultura do final dos anos sessenta do que a dança: ou seja, entre 1965 e 1970, o rock de vanguarda passou a ser uma música para ser ouvida ativamente, em vez de apenas um som feito para dançar.[9] Não é surpreendente que, à medida que os *hippies* começaram a ver sua música como um fórum primariamente para ouvir, em vez de dançar, os músicos começaram a experimentar ritmos incomuns, texturas complexas, novos timbres, longas estruturas multisetoriais que tinham poucos paralelos em estilos anteriores de música popular.

Havia, de fato, um estilo de rock psicodélico? Michael Hicks, em sua brilhante exegese do rock psicodélico em seu livro *Sixties Rock*, chamado "Getting Psyched," argumenta que sim, e descreve-o da seguinte forma:

---

7 O trabalho Aquarius Revisited: Seven Who Created the Sixties Counterculture That Changed America (Nova York: MacMillan, 1987), de Peter Whitmer e Bruce VanWyngarden, continua sendo um ponto de partida útil para entender a tentativa de Leary de semear uma revolução sociopolítica psicodélica.

8 Timothy Leary, "The Second Fine Art: Neo-Symbolic Communication of Experience," Psychedelic Review 8 (1966), 10-11.

9 Na Bay Area, grupos independentes como o Joshua Light Show foram contratados por locais como o Avalon Ballroom e o Fillmore para executar shows de luzes para os atos. O Pink Floyd, por outro lado, tinha seu próprio show de luzes. O consenso geral era que os shows de luzes da Bay Area eram mais elaborados, mas o show de luzes do Floyd era melhor integrado à música da banda. Veja Nicholas Schaffner, Saucerful of Secrets: The Pink Floyd Odyssey (Nova York: Harmony Books, 1991), 33.

> "Psicodélico" é um rock extremamente alto, reverberante, contrapontístico, desacelerado no ritmo, instável na harmonia e justaposicional na forma. Além disso, para ser verdadeiramente "psicodélico", pelo menos alguns dos parâmetros da música devem passar por dispositivos que criam formas "derretidas" em timbre, articulação e colocação espacial.[10]

Eu concordo com todas as características que Hicks lista aqui, mas acrescentaria uma a mais: na maioria das vezes, o rock psicodélico vocal (ou seja, a grande maioria dele) usa o novo tipo de letra conotativa e mais ou menos surreal de Dylan.

Hicks argumenta que há três aspectos específicos da experiência psicodélica que moldaram a música: descronização, despersonalização e dinamização. A descronização envolve sair "da percepção convencional do tempo"; como Hicks observa, "no nível mais simples, a descronização alonga as músicas e as desacelera".[11] Em relação ao tempo, basta pensar em algumas das músicas psicodélicas mais icônicas: "Inna-Gadda-da-Vida" do Iron Butterfly, "Purple Haze" de Hendrix, "The End" dos Doors, ou praticamente qualquer épico do Pink Floyd do final dos anos 1960. De fato, parece significativo que muitos dos novos gêneros musicais que surgiram por volta de 1970 – *funk, roots reggae, early metal* – preservem a predileção do rock psicodélico por tempos mais lentos. Em relação ao comprimento das músicas, seria tedioso citar todas as faixas de rock psicodélico com mais de dez minutos; deve-se apenas observar que a expansividade do rock psicodélico foi incomparável a qualquer estilo anterior de rock e, na verdade, a qualquer estilo anterior de música popular americana.

Há várias maneiras mais sutis pelas quais a descronização se manifesta no rock psicodélico: aqui citarei apenas duas. Primeiro, a tendência de algumas faixas mais longas a se montarem lentamente a partir de gestos musicais fragmentários (como "The End" dos Doors e "Careful with that Axe, Eugene" do Pink Floyd). Segundo, a nova importância de notas graves tocadas pelo contrabaixo aparentemente repetidas infinitamente (ostinatos), frequentemente usadas para sustentar solos de guitarra ou órgão que se expandem lentamente: o efeito dessa música é frequentemente o de quase êxtase, ao qual o ideal do "*Raga Rock*" de uma guitarra ou cítara "*droning*"[12] está intimamente relacionado.

---

[10] Michael Hicks, *Sixties Rock: Garage, Psychedelic and Other Satisfactions* (Urbana and Chicago: University of Illinois Press, 1999), 73.

[11] Hicks, 64.

[12] Em música, drones são sons longos e sustentados, como notas e acordes. Eles continuam por longos períodos sem variação e são mais frequentemente usados para um efeito atmosférico ou ambiente. Nota de tradução.

Por "despersonalização", Hicks se refere à perda do eu e à obtenção de "uma consciência de unidade indiferenciada". Aqui, Hicks observa a importância da banda para o estilo do rock psicodélico: em um grau muito maior do que nos estilos anteriores de *rock and roll*, não há mais uma distinção clara entre "elementos principais" e "acompanhamento"[13]. De fato, uma banda como The Who, cuja emergência precede a psicodelia, modificou um pouco sua abordagem de arranjo no período de 1967-69, quando o estilo psicodélico estava em seu auge, com o baixo e a bateria emergindo como iguais aos vocais principais e à guitarra, e às vezes se tornando não apenas suporte rítmico, mas também contrapontos melódicos a eles.

Hicks observa duas maneiras adicionais pelas quais a despersonalização se manifesta na música. A primeira é o volume extraordinariamente alto em que muitas dessas bandas tocavam. O rock psicodélico foi o primeiro estilo de rock cuja evolução ocorreu durante a disponibilidade de amplificação extremamente alta. No início dos anos 1960, Jim Marshall, um baterista que administrava uma loja de música no subúrbio de Ealing, em Londres (frequentada, por coincidência, pelo guitarrista do The Who, Pete Townshend), produziu seu primeiro amplificador, e o famoso "Marshall stack" nasceu. Menos famoso, mas igualmente significativo, foi o lançamento do sistema de som WEM de 1.000 watts de alta clareza por Charlie Watkins em 1967; um de seus primeiros clientes foi o Pink Floyd[14]. O público ficava surpreso e, às vezes, incomodado com o quão altas as apresentações ao vivo da música eram naquele período, sendo altas o suficiente para que o ouvinte não apenas ouvisse a música, mas a sentisse, se tornando parte dela.

Outra maneira pela qual a despersonalização se manifesta no rock psicodélico é a enorme quantidade de reverberação eletrônica usada por bandas psicodélicas, sugerindo vastos espaços.[15] Dado que o período de 1967-69 marcou o auge não apenas do uso de LSD, mas da corrida espacial, os dois conceitos de espaço interior e espaço exterior estavam sempre presentes tanto para as bandas de rock psicodélico quanto para seu público *hippie*.[16] O uso pelo rock psicodélico da reverberação desenvolveu-se a partir da música *surf*, que a usava para evocar o oceano: os músicos e enge-

13 Hicks, 65.

14 Os capítulos 9-10 do livro *Rock Hardware: The Instruments, Equipment, and Technology of Rock*, editado por Tony Bacon (Nova York: Harmony Books, 1981), fornecem uma boa descrição da evolução dos amplificadores e sistemas de som (PA) durante a década de 1960.

15 Hicks, 65.

16 O Pink Floyd do final dos anos 60, em particular, explorou o interstício do espaço interior e exterior em seus clássicos psicodélicos "Interstellar Overdrive", "Astronomy Dominé" e "Set the Controls for the Heart of the Sun".

nheiros de rock psicodélico apenas a utilizaram de forma mais abrangente e radical. Na verdade, as raízes do rock psicodélico podem ir ainda mais longe no passado do que a *surf music*, para o futurista "Bo Diddley" de Bo Diddley(1955), em que um ritmo hipnoticamente repetido, sobreposto com harmonia que possui notas repetidas produzindo um efeito de drone e quebras de guitarra carregadas de reverberação, parece antecipar vários elementos-chave do estilo psicodélico. Suspeita-se que pelo menos alguns músicos psicodélicos também tenham considerado a abordagem de arranjo "Wall of Sound" de Phil Spector um modelo útil para construir a impressão de vastos espaços sonoros.

Com "dinamização", Hicks se refere à maneira como a experiência psicodélica faz com que os objetos físicos pareçam derreter: "os objetos tornam-se líquidos, gotejantes, fluindo, com luz ou eletricidade incandescente"[17]. O musicólogo vê a experiência de dinamização impactando a música de três maneiras: em sua forma, harmonia e timbres.

Em relação à forma, a partir de 1965 bandas como Yardbirds e Mothers of Invention estavam lançando músicas ("For Your Love" e "Help, I'm a Rock", respectivamente) nas quais os modestos contrastes entre verso, refrão e ponte que caracterizavam o rock anterior foram abandonados em favor de seções que contrastavam claramente em termos de compasso, estilo, modalidade, textura e instrumentação. Em 1966, músicas com múltiplas seções estavam se tornando a norma no emergente som do rock psicodélico e, como Hicks observa, em 1967 esse processo estava essencialmente completo, com bandas "fazendo a transição entre músicas individuais de tal forma que um lado inteiro do álbum se tornava uma única faixa; em concertos, elas tocavam músicas sucessivas *attacca*, sem pausa de uma para a outra".[18] De fato, no auge da psicodelia, bandas de rock não psicodélicas que desejavam evocar o estilo perceberam "que poderiam 'psicodelizar' uma música em nível macro simplesmente justapondo blocos sonoros".[19]

Em relação à harmonia, o rock psicodélico foi o estilo de rock mais harmonicamente aventureiro na época de seu surgimento, e mesmo o estilo progressivo mais complexo que o sucedeu após 1970 não ampliou seu vocabulário harmônico de maneira essencial. A modalidade – o uso dos antigos modos eclesiásticos, ou modos similares, em vez das escalas maiores e menores

[17] Aqui Hicks cita "A experiência religiosa: sua produção e interpretação", de Leary, Journal of Psychedelic Drugs 1 (inverno de 1967-68), 10.

[18] Hicks, 66.

[19] *Ibid.*

modernas – já havia se tornado um aspecto importante do rock dos anos 1960 através das bandas da Invasão Britânica. Foi apenas com o surgimento do rock psicodélico, no entanto, que a modalidade se tornou predominante no rock. Musicólogos como John Shepherd veem a harmonia funcional, com seu movimento de afastamento e retorno ao acorde tônico, como um espelho do conceito de progresso da sociedade capitalista através do tempo espacializado em direção a um objetivo claramente definido, e suas mudanças de acordes regularmente recorrentes como uma encapsulação da preocupação da sociedade capitalista com a passagem do tempo cronológico objetivamente medido.[20] A modalidade, por outro lado, com suas progressões e hierarquias de acordes mais fracas e um senso tonal mais ambíguo, pareceria espelhar precisamente o tipo de sensação induzida pelo ácido de liberdade do tempo que Timothy Leary esperava que uma "arte alucinatória" transmitisse.[21]

Como resultado de sua modalidade predominante, o rock psicodélico é caracterizado por progressões de acordes em que esses se movem em movimento paralelo. Muitas vezes, isso envolvia o ^{b}II deslizando para o acorde de tônica, mas às vezes o movimento é mais radical, como em "Astronomy Domine" do Pink Floyd, em que o acorde subdominante desliza para o acorde subtonal através de uma série de tríades maiores descendo meio tom. Os movimentos de raiz entre os acordes frequentemente são não funcionais: especialmente chocante é a progressão entre a tônica e o trítono (a introdução de "Purple Haze" de Hendrix) e entre os chamados relacionamentos de mediantes cromáticos, ou seja, progressões de acordes com raízes separadas por uma terça em que um dos acordes não pertence à tonalidade. Esse tipo de progressão é usado com tanta frequência no rock psicodélico que é inútil citar apenas um exemplo. Não é incomum que uma música psicodélica crie ambiguidade harmônica entre tons alternantes (por exemplo, "White Rabbit" do Jefferson Airplane, "Strange Days" dos Doors). Em seu aspecto mais radical, o rock psicodélico às vezes fomentava uma sensação de bitonalidade, ou seja, dois tonais distintos soando simultaneamente, o que decorre de sua estética de "notas erradas" – como Jimi Hendrix colocou, um aspecto central da abordagem psicodélica era "tocar as notas opostas às que você acha que deveriam ser... É como tocar notas erradas de maneira séria, entende?".[22]

---

[20] John Shepherd, *Music as Social Text* (Cambridge, U.K.: Polity Press, 1991), chapter 6, "Functional Harmony: a Basis for Musical Hegemony," 96-127.

[21] Edward Macan, *Rocking the Classics: Progressive Rock and the Counterculture* (New York: Oxford University Press, 1997), 52.

[22] Hendrix citado em Melody Maker, 30 de maio de 1987, 14.

Talvez o veículo mais óbvio para dinamizar a música psicodélica, no entanto, não tenha sido nem a forma nem a harmonia, mas sim o equipamento de estúdio e os dispositivos de efeitos novos que poderiam transformar timbres anteriormente estáveis em algo "derretido". Havia o *fuzzbox*, que a parte memorável de Keith Richards em "Satisfaction" dos Stones havia tornado uma peça obrigatória no arsenal de todo guitarrista de rock subsequente. O pedal *wah-wah*, associado especialmente a Eric Clapton durante seu tempo com o Cream, acabou se tornando uma espécie de maneirismo psicodélico: como Hendrix colocou, o pedal fazia uma linha de guitarra elétrica comum soar "como se algo estivesse se estendendo".[23] O feedback, com Hendrix, seu maior praticante, foi cada vez mais cultivado como um gesto expressivo, transformando-o em uma espécie de fanfarra psicodélica. O *backtracking* foi introduzido pelo engenheiro dos Beatles, George Martin; seu potencial psicodélico era óbvio, pois transformava o decaimento de uma nota em um ataque, como o solo de guitarra de Hendrix em "Are You Experienced?", que oferece um exemplo especialmente memorável. Outra inovação, o *phasing*, envolvia a sobreposição das mesmas partes em velocidades ligeiramente diferentes; "Blue Jay Way" dos Beatles oferece um exemplo especialmente exagerado. Finalmente, o *panning*[24] estereofônico complementava a reverberação como um esforço para sugerir vastos espaços onde o som vagava de um lado para o outro; as bandas de rock psicodélico frequentemente experimentavam com efeitos de *panning* exagerados em suas mixagens. Como Hicks atesta, "*Feedback e phasing* haviam sido falhas do passado; *wah-wah, backtracking e panning* estereofônico haviam sido novidades. Mas todos eles se tornaram fundamentos da 'arte alucinatória' na música".[25]

A historiografia tradicional do rock identificou dois subconjuntos do rock psicodélico: o da Costa Oeste e o Britânico. Eu sugeriria pensar em termos de três: o da *Bay Area*, o de Los Angeles e o Britânico.

Os principais atos do rock psicodélico da área da baía de São Francisco (San Francisco Bay area) foram fortemente influenciados pelos estilos tradicionais americanos, particularmente os estilos acústicos mais antigos, como o blues rural, o *country* antigo, o *bluegrass,* além do *folk* urbano. A psicodelia da Bay Area tende a ser idealista e utópica em sua mensagem, talvez mais convincentemente expresso em "We Can Be Together" e "Volunteers" do

---

[23] Hendrix citado em Jann Wenner e Baron Wolman, "It's Jimi Hendrix," Rolling Stone 1 (9 de março de 1968), 12.

[24] O termo "panning" refere-se ao ato de manipular uma faixa estéreo ou mono e distribuí-la pelos canais esquerdo e direito de um campo estéreo. Nota de tradução.

[25] Hicks, 73.

Jefferson Airplane (as canções de encerramento de seu álbum Volunteers de 1969) além de comunitária, de fato quase anticapitalista em sua prática, talvez melhor refletido no encorajamento do Grateful Dead de seus fãs trocarem gravações piratas. Politicamente, muita dessa música antecipa a filosofia geral dos Partidos Verdes modernos.

O rock psicodélico de Los Angeles e do Sul da Califórnia tende a ser mais pesado musicalmente, mostrando uma dívida maior com o blues urbano e o *garage rock* de meados dos anos 60 do que a psicodelia da Bay Area, e costuma ser mais sombrio em seu conteúdo. E atinge uma perspectiva mais individualista, variando do anarquismo romântico torturado de Jim Morrison, do Doors, ao libertarianismo sarcástico de Frank Zappa, do Mothers of Invention. De fato, o título do primeiro álbum do Mothers, Freak Out!, é instrutivo, assim como o seguinte trecho das notas do encarte de Zappa para o álbum: m contraste com a visão de mundo coletivista/socialista das bandas da Bay Area, ele

> Em um nível pessoal, *Freaking Out* é um processo pelo qual um indivíduo se livra de padrões ultrapassados e restritivos de pensamento, vestimenta e etiqueta social para expressar CRIATIVAMENTE seu relacionamento com seu ambiente imediato e a estrutura social como um todo. Indivíduos menos perceptivos se referiram a nós que escolhemos essa maneira de pensar e SENTIR como "*Freaks*", daí o termo: *Freaking Out*. Em um nível coletivo, quando qualquer número de "*Freaks*" se reúne e se expressa criativamente por meio de música ou dança, por exemplo, geralmente é chamado de *FREAK OUT*. Os participantes, já emancipados de nossa escravidão social nacional, vestidos com suas vestimentas mais inspiradas, percebem como um grupo qualquer potencial que possuem para a livre expressão. Gostaríamos de encorajar todos que OUVEM essa música a se juntarem a nós... se tornarem membros das *United Mutations... FREAK OUT!*.[26]

Ao longo do restante da vida de Zappa, o aspecto mais consistente de sua política foi uma defesa militante da liberdade de expressão. Enquanto o Establishment norte-americano raramente distinguia entre a cultura *freak* de meados dos anos 60 e a cultura *hippie*, identificando corretamente ambas como virulentamente anti-establishment, Zappa se identificava com a pri-

[26] Frank Zappa, notas do encarte, Freak Out!, Verve Records V5005-2, 1966.

meira e não gostava da última[27]. O terceiro álbum do The Mother, We're Only in it for the Money (1968), postula a América *mainstream* como um estado policial corporativista-fascista no qual a conformidade irracional e o consumo conspícuo foram institucionalizados, e vê a oposição dos *hippies* a ela como irremediavelmente ingênua, intelectualmente desamparada e, em última análise, impotente. Zappa satiriza a cena psicodélica de São Francisco em "Who Needs the Peace Corps?" e "Flower Punk", que faz um trocadilho com o cover de Hendrix de "Hey Joe" (na verdade, o álbum como um todo faz um trocadilho com Sgt. Pepper dos Beatles, até mesmo no encarte). Correndo o risco de generalizar demais, é justo dizer que a psicodelia da Bay Area é uma manifestação da cultura *hippie*, e a psicodelia do sul da Califórnia, da cultura *freak*. Além do Doors e do Mothers of Invention, as principais bandas da psicodelia do sul da Califórnia incluem Steppenwolf, Iron Butterfly e Alice Cooper, que se originaram em Phoenix, mas se mudaram para Los Angeles, onde foram descobertas por Zappa.

A cena psicodélica britânica não apresentava a disjunção óbvia de sensibilidades políticas que se observa entre as cenas psicodélicas da Bay Area e de Los Angeles, embora não seja muito difícil colocar várias bandas em um campo ou outro (por exemplo, os Moody Blues eram *hippies*, o Crazy World of Arthur Brown, *freaks*). Ela exibia uma dualidade de estilo musical, especialmente entre bandas voltadas para guitarra e aquelas nas quais os teclados desempenhavam um papel importante. As primeiras, mais notavelmente os Yardbirds, Cream e Hendrix Experience, estavam enraizadas no renascimento do blues urbano de Londres do início dos anos 1960 e tocavam rock pesado baseado em guitarra que fluiria de forma relativamente perfeita para o metal inicial do Led Zeppelin, Black Sabbath e Deep Purple conforme os anos 1960 passavam para o início dos anos 1970.

Do outro lado, havia bandas nas quais os teclados desempenhavam um papel mais proeminente. Assim como a psicodelia introduziu uma série de dispositivos de efeitos e técnicas de estúdio no mainstream do rock, ela também destacou instrumentos de teclado em um grau sem precedentes.

---

[27] Embora os membros das subculturas freak e hippie de meados ao final da década de 1960 geralmente concordassem que não eram idênticos, não havia um acordo comum sobre o que os distinguia e, à distância de quase sessenta anos, é extremamente improvável que algum dia haja. Da mesma forma, a alegação de Zappa de falar com autoridade em nome da cultura freak sobre quais eram essas diferenças deve ser tomada com cautela. No entanto, será útil resumir suas três principais queixas contra os hippies, como segue: ele achou a ala apolítica, pacifista e "flower power" do movimento hippie insuportavelmente ingênua; ele achou a ala política militante do movimento perigosamente autoritária; finalmente, ele acreditava que muitos dos ícones intelectuais do movimento, particularmente Leary e Ram Dass (também conhecido como Richard Alpert), eram charlatões intelectuais.

As bandas da Invasão Britânica trouxeram *combo organs* (órgãos eletrônicos portáteis) como o Vox Continental ou o Jaguar, ou um dos modelos Farfisa — órgãos relativamente leves, geralmente transistorados, com um som brilhante e reedy (que podia ser modificado, até certo ponto, através de switches, abas ou drawbars) — para o uso comum. Esses órgãos foram incorporados ao movimento do rock psicodélico: as duas bandas psicodélicas da Costa Oeste que tornaram os teclados centrais em seu som, The Doors e o Iron Butterfly, ambos usavam o Vox Continental.

No entanto, na música das bandas psicodélicas britânicas que pavimentaram o caminho para o rock progressivo pleno dos anos 1970 – os Moody Blues, Procol Harum, Pink Floyd e o Nice (que eu chamo de "Os Quatro Grandes" do rock proto-progressivo britânico) – bem como o Crazy World de Arthur Brown, cujo único álbum oferece algo como um análogo britânico aos Doors – nota-se outras inovações. A primeira é a introdução do Mellotron, uma invenção do início dos anos 1960 que produzia som ao passar uma fita magnética por uma cabeça de reprodução, com sua biblioteca de vozes pré-gravadas de cordas, madeiras e coros permitindo a um tecladista evocar uma orquestra de cordas ou um grande coro. Os Beatles usaram-no esporadicamente como uma espécie de item de novidade; os Moody Blues o tornaram central em seu som. A segunda inovação é a substituição dos *combo organs* pelo órgão Hammond, maior e mecanicamente mais complexo. O Procol Harum usou-o como substituto do órgão de tubos em suas músicas mais conhecidas, como "A Whiter Shade of Pale", enquanto o tecladista do Nice, Keith Emerson, frequentemente chamado de "o Hendrix do órgão", passava seu Hammond por um alto-falante Leslie, microfonava-o e passava o alto-falante microfonado por um amplificador Marshall para criar o som áspero e distorcido com um exagerado "keyclick" que se tornaria central para o rock posterior. Havia outras diferenças entre essas quatro bandas: os Moody Blues e o Procol Harum permaneceram essencialmente baseados em canções, à maneira dos Beatles, enquanto Pink Floyd e o Nice eram muito mais inclinados a longas seções instrumentais. No entanto, estavam unidos pelo uso dos teclados como um método adicional de criar uma sensação de vasto espaço sonoro – "semelhante a uma catedral" no caso do Hammond ou "sinfônico" no caso do Mellotron.

O rock psicodélico surgiu repentinamente entre 1965 e 1966; dissolveu-se, um pouco menos repentinamente, entre 1969 e 1971. O Cream fez seus últimos shows no final de 1968 e lançou seu último álbum de estúdio em 1969. Frank Zappa desfez os Mothers of Invention no final de

1969; quando os reformou um ano depois, era como The Mothers, e sua música mudou substancialmente. Keith Emerson desfez o Nice no início de 1970. Jimi Hendrix e Janis Joplin morreram com um mês de diferença em setembro e outubro de 1970; Joplin já havia deixado o Big Brother and the Holding Company e formado o Full Tilt Boogie Band. The Doors lançaram seu último álbum com Jim Morrison em abril de 1971; ele morreu menos de três meses depois. O Jefferson Airplane essencialmente se dissolveu em 1972; mais tarde, eles se reuniriam como o mais polido e comercial Jefferson Starship. As únicas duas grandes bandas de rock psicodélico que continuaram sem interrupções durante os anos 1970 foram Pink Floyd, que suavizou e aprimorou suas paisagens sonoras psicodélicas do final dos anos 1960 em um rock progressivo polido, focado em canções bem estruturadas, e o Grateful Dead, que explorou uma variedade de estilos durante os anos 1970, unidos principalmente pelo seu compromisso contínuo com a improvisação e a espontaneidade.

Talvez ainda mais importante para a dissipação do rock psicodélico do que o desaparecimento de muitos de seus principais músicos e bandas em um período relativamente curto foi o surgimento de uma série de novos estilos de rock derivados da linhagem psicodélica. Talvez os dois mais significativos tenham sido o rock progressivo (ou prog) e o metal clássico. Sem dúvida, os dois momentos-chave no surgimento do rock progressivo foram o primeiro álbum do King Crimson, lançado em outubro de 1969, e o primeiro álbum de Emerson, Lake and Palmer, um grupo fundado por Keith Emerson e Greg Lake após Emerson ter desfeito o Nice e Lake ter deixado o King Crimson, em novembro de 1970. A explicação de Emerson para a razão pela qual ele desfez o Nice pode oferecer uma das descrições mais claras da diferença entre o rock psicodélico e os estilos que surgiram a partir dele por volta de 1970: "Não era mais aceitável enlouquecer de maneira indiscriminada. Não era mais aceitável gritar e berrar letras. Havíamos nos divertido, e, com a aproximação dos anos 70, preparei-me para uma 'década de controle'"[28].

Lembremos que Michael Hicks descreveu o estilo do rock psicodélico da seguinte forma:

> "Psicodélico" é um rock extremamente alto, reverberante, contrapontístico, com tempo reduzido, harmonia instável e forma justapositiva. Além disso, para ser verdadeiramente

[28] Keith Emerson, Pictures of an Exhibitionist (Londres: John Blake, 2003), 160.

> "psicodélico", pelo menos alguns dos parâmetros da música devem passar por dispositivos que criem formas "derretidas" em timbre, articulação e colocação espacial.

O rock progressivo continuou a desenvolver as texturas contrapontísticas, a harmonia aventureira e as estruturas justapostas do rock psicodélico. Assim como o rock psicodélico se baseou em certos elementos dos estilos de rock anteriores e os desenvolveu de forma mais focada do que seus predecessores, os músicos de prog rock fizeram o mesmo com o psicodélico. O rock psicodélico trouxe um novo nível de virtuosidade instrumental para a música rock com guitarristas como Hendrix e Clapton: o rock progressivo perseguiu a virtuosidade ainda mais insistentemente, não apenas em termos de solos individuais, mas na capacidade de todo o conjunto de navegar por redes de métricas ímpares e mutantes. O rock psicodélico havia demonstrado um novo interesse por instrumentos de teclado e, como resultado da chegada de tecladistas treinados em música clássica, pela música clássica europeia (sobretudo a música de J. S. Bach): o rock progressivo avançaria muito mais na integração tanto de instrumentos de teclado (especialmente os novos sintetizadores analógicos dos anos 1970) quanto de técnicas e estruturas da música clássica no *mainstream* do rock.

Talvez sejam as diferenças, no entanto, as mais significativas. Como sugere a citação de Emerson, o rock progressivo reagiu contra a percepção de "ausência de forma" das longas passagens instrumentais do rock psicodélico; o prog tende a ser mais estruturado e sistematicamente composto, com uma relativa falta de ênfase na improvisação, que geralmente é restrita a seções específicas. Ele também reagiu contra o que percebia como o uso excessivo de reverberação: embora o prog rock seja, como o psicodélico, contrapontístico, suas partes geralmente não se misturam da maneira como muitas vezes faziam no psicodélico, mas permanecem claramente separadas. Em resumo, o prog transforma muitas das características mais significativas do psicodélico para torná-lo um estilo musical apropriado para uma "década de controle". A risco de traçar uma analogia sobrecarregada entre a música e a era em que surgiu, talvez possamos colocar da seguinte maneira: a música de vanguarda dos anos setenta buscava trazer estrutura e organização às explosivas inovações musicais dos anos sessenta, da mesma forma que a política dos anos setenta procurava lidar e integrar as novas preocupações com igualdade racial e de gênero e a proteção ambiental que haviam surgido em destaque nos anos 1960.

Embora o metal inicial do Black Sabbath, Deep Purple e Zeppelin seja bem diferente do rock progressivo de Emerson, Lake and Palmer e King Crimson, seu desenvolvimento a partir do rock psicodélico mostra certas características comuns. Novamente, as formas se tornam mais rígidas; o *reverb* "excessivo" é eliminado e as texturas são esclarecidas; e uma virtuosidade agressiva e muito masculina (mais exclusivamente solística e menos orientada para o conjunto do que no prog rock) é destacada. No meu livro *Rocking the Classics: English Progressive Rock and the Counterculture*, de 1996, argumentei que o prog rock dos anos 1970 continuava o legado Apolíneo do psicodélico na sua abordagem de tópicos filosóficos e sociopolíticos, enquanto o metal inicial carregava o legado Dionisíaco do psicodélico na sua celebração da energia sexual masculina, foco em estados emocionais pesados (e frequentemente negativos) e assuntos "ocultos".[29] Embora agora eu acredite que a forma como formulei essa ideia possa ter sido um pouco simplista, ainda acho que há algo a se dizer sobre a ideia em si: o prog rock e o metal inicial, quando experimentados simultaneamente como dois lados de um meta-estilo maior, carregam logicamente diferentes aspectos dos legados musicais, sociais e políticos do movimento do rock psicodélico para os anos 1970.

E, com certeza, o legado do rock psicodélico durante a década de 1970 não terminou com o rock progressivo, o metal inicial ou os estilos que surgiriam deles. Pelo contrário, ele influenciou estilos que vão do *jazz-rock fusion* (especialmente o Mahavishnu Orchestra, cuja música pode ser descrita com precisão como uma fusão de rock psicodélico, jazz modal e música clássica indiana) ao *funk* (especialmente através dos vários grupos liderados por George Clinton, que mesclaram funk e psicodelia) ao *Southern rock*, onde bandas como Allman Brothers e ZZ Top fundiram elementos do rock psicodélico baseado em guitarra, música country e *jump blues*. E, através da concepção do Doors do show de rock como um novo tipo de teatro, impactou o desenvolvimento do *glam rock*, do *shock rock* (lembre-se de que Alice Cooper começou como um protegido de Frank Zappa) e do *art rock*. Embora o distanciamento irônico de um *art rocker* como David Bowie da mensagem aparente de sua música marque uma ruptura com as noções de autenticidade e sinceridade que guiavam o rock psicodélico do final dos anos 60, suspeita-se que ele foi influenciado pela prática de Zappa de colocar formas de música popular de estoque entre aspas irônicas.

---

[29] Macan, 83-84.

Nem deve o legado do rock psicodélico ser entendido como tendo se dissipado no momento em que os estilos dos anos setenta que dele se desenvolveram seguiram o seu curso. Pelo contrário, é apenas por volta de 1980 que a longa história dos revivalismos neo-psicodélicos começa. Eles surgiram inicialmente da cena pós-punk do início dos anos 80 na Grã-Bretanha, produzindo, de forma mais famosa, o Echo and the Bunnymen. Isso foi seguido nos EUA pelo movimento Paisley Underground na Califórnia, que atingiu seu auge em meados dos anos 1980. Duas cenas que se tornaram populares no Reino Unido e nos EUA durante meados e final dos anos 1980, a cena dos festivais livres e a cena das bandas de jam, respectivamente, têm fortes laços com a psicodelia: no Reino Unido, os Ozric Tentacles evocavam a fusão do rock psicodélico/progressivo da banda britânico-francesa Gong dos anos 1970, enquanto nos EUA o Phish, uma banda profundamente influenciada pelo Grateful Dead, tornou-se uma grande banda de turnê na cena das bandas de jam, assim como a Dave Matthews Band. Outro revival psicodélico surgiu no final dos anos 1980 e início dos anos 1990 através da vertente "Shoegaze" do rock alternativo britânico. Finalmente, o *drone rock* dos anos 1990 de bandas como a islandesa Sigur Rós e os vários projetos liderados pelo guitarrista neozelandês Roy Montgomery deve ser entendido como outra onda de revival psicodélico. De fato, revivals periódicos do rock psicodélico continuam até os dias de hoje, com a banda australiana contemporânea King Gizzard and the Lizard Wizard conquistando um culto de seguidores dedicados.

De fato, no final do século XX, o legado do rock psicodélico não se limitava mais ao rock: as formas de música eletrônica de dança, como *house*, *techno* e *trance*, que surgiram da cena *rave* dos anos 1980 e 1990, são todas devedoras do ethos e de muitos dos objetivos gerais, senão das técnicas específicas, do rock psicodélico. De fato, é significativo que os vários revivals e continuações descritos aqui tenham tendido a ser fenômenos underground, com os músicos associados a eles que alcançaram sucesso comercial sendo muito mais exceções do que a regra. Isso sugere que, ao contrário de muitos outros estilos musicais que surgiram e desapareceram ao longo dos últimos 50-60 anos, o rock psicodélico nunca se tornou "supercodificado": parece seguro dizer que novos ouvintes sempre acharão clássicos psicodélicos do final dos anos 60 tão díspares quanto "The End" do Doors, "Careful with that Axe, Eugene" do Pink Floyd e "Who are the Brain Police?" do Mothers desafiando a audição. Os gestos musicais predominantes do rock psicodélico permanecem fundamentalmente subversivos, permitindo que ele permaneça musicalmente relevante para subculturas que resistem à conformidade com os valores professados pelas sociedades capitalistas pós-industriais.

Referências

BACON, Tony (Ed.). **Rock hardware:** *the instruments, equipment, and technology of rock.* Nova York: Harmony Books, 1981.

DYLAN, Bob. **An intimate biography**. Nova York: Signet, 1973.

EMERSON, Keith. **Pictures of an exhibitionist**. Londres: John Blake, 2003.

HICKS, Michael. **Sixties rock:** *garage, psychedelic and other satisfactions.* Urbana e Chicago: University of Illinois Press, 1999.

JANN, Wenner; WOLMAN, Baron. **It's Jimi Hendrix.** Rolling Stone, n. 1, p. 12, 9 mar. 1968.

LEARY, Timothy. **The second fine art:** *neo-symbolic communication of experience.* Psychedelic Review, n. 8, p. 10-11, 1966.

MACAN, Edward. **Rocking the classics:** *progressive rock and the counterculture.* Nova York: Oxford University Press, 1997.

MACAN, Edward. **The Beatles and the origins of Britishness in rock music**. In: JARNIEWICZ, Jerzy; KWIATKOWSKA, Alina (Ed.). **Fifty years with the Beatles:** *the impact of the Beatles on contemporary culture.* Lodz: University of Lodz Press, 2010. p. 107-130.

SCHAFFNER, Nicholas. **Saucerful of secrets:** *the Pink Floyd odyssey*. Nova York: Harmony Books, 1991.

SHEPHERD, John. **Music as social text.** Cambridge, U.K.: Polity Press, 1991. Chapter 6, "**Functional harmony**: *a basis for musical hegemony,*" p. 96-127.

WHITMER, Peter; VANWYNGARDEN, Bruce. **Aquarius revisited:** *seven who created the sixties counterculture that changed America*. Nova York: MacMillan, 1987.

2

ROCK PSICODÉLICO/PROGRESSIVO E REVOLUÇÃO NO REINO UNIDO – QUE REVOLUÇÃO?[30]

David Simonelli

A retórica da revolução estava no ar na Grã-Bretanha no final dos anos 1960, mas a possibilidade de revolução parecia dissipar-se da mesma forma que em todo o resto do mundo na época. Em 1968, os estudantes parisienses desafiaram a presidência de De Gaulle na França e levaram milhões de pessoas às ruas. A violência que acompanhou a Convenção Nacional Democrática em Chicago parecia prenunciar o colapso do esforço de guerra dos EUA no Vietnã. Estudantes mexicanos foram mortos nas ruas ao redor da Universidade Nacional à beira dos Jogos Olímpicos que estavam sendo realizados lá. Toda a sociedade tchecoslovaca saiu para enfrentar os tanques do Leste Europeu enviados para esmagar suas aspirações durante a Primavera de Praga.

Tudo isso não resultou em mudanças políticas. Em Londres, um protesto em frente à Embaixada dos EUA viu cavalos e policiais atacarem a multidão; o observador Mick Jagger se inspirou para escrever "Street Fighting Man" para tentar entender o momento. "Well, what can a poor boy do / 'Cept to sing for a rock 'n' roll band?" parecia um sentimento apropriado para a época – havia pouco interesse ou esforço da sociedade em abandonar o sistema parlamentar britânico e a cultura que o sustentava em favor de uma nova abordagem para a política, governo e sociedade. No entanto, a elite contracultural dos anos 1960 e 1970 tentou e identificou o rock psicodélico e o rock progressivo e seus músicos como os veículos para liderar a revolução.

É fundamental começar descrevendo exatamente o que era "rock psicodélico", particularmente na Grã-Bretanha na década de 1960. Talvez a ideia mais importante seja que, embora a música possa ter sido origi-

[30] Este ensaio inédito foi escrito originalmente em inglês. Tradução de Lívia de Mattos Juliani (Unesp/Araraquara) e Marco Aurélio Abrão Conte (Unesp/Araraquara).

nalmente inspirada pela experiência de viagens com drogas psicodélicas, a ideia de experiências psicodélicas e, portanto, de uma revolução psicodélica se distendeu bem além da experiência limitada de tomar LSD ou psilocibina ou mescalina. Em outras palavras, não era necessário ter uma viagem para achar a experiência de ouvir música psicodélica revolucionária. O escritor e crítico de rock Jim DeRogatis oferece talvez a melhor definição. Em *Turn on Your Mind: Four Decades of Great Psychedelic Rock*, DeRogatis argumenta: "Rock psicodélico não significa 'rock das drogas', mas rock que é inspirado por uma abordagem filosófica implícita pelos significados literais de 'psicodélico' como 'revelador da mente' e 'manifestante da alma... Rock psicodélico oferece algo para o intelecto, bem como para o corpo".[31] Na visão de DeRogatis, o rock psicodélico é uma arte praticamente abstrata para o ouvinte, na medida em que a sua apreciação requer uma mente aberta.

A musicóloga Sheila Whiteley forneceu definições para os limites que DeRogatis havia desfeito. Ela argumentou que havia um conjunto comum de marcadores que definia o que tornava a música "psicodélica" além das fronteiras da viagem com drogas. Esse "código psicodélico", como ela o chamou, via os músicos combinando diferentes cores tonais dos instrumentos, melodias e harmonias brilhantes às vezes contrastando com efeitos de drones ameaçadores[32], e ritmos irregulares, talvez não ocidentais, criando "colagens" sonoras. O que os tornava "psicodélicos" não eram apenas essas definições musicais, mas os contextos em que eram ouvidos. Nos anos 1960 e 1970, os jovens exploravam a vida comunal e experimentavam drogas, buscando um significado espiritual que não encontravam nas vidas de seus pais. Ouvir a música em si era uma forma de libertação das circunstâncias; na verdade, toda a experiência do álbum, do som ao ambiente e à simples análise da capa do disco, era uma fuga da realidade.[33] A ideia de rock psicodélico, portanto, era tanto uma construção do ouvinte e de suas circunstâncias quanto uma intenção do músico – uma circunstância revolucionária por si só.

---

31 Jim DeRogatis, Turn on Your Mind: Four Decades of Great Psychedelic Rock (Milwaukee: Hal Leonard Corp, 2003), 11-12; Jim LeBlanc, "Psychedelic Affordances in the Music of Highasakite", Studia Musicologica Norvegica 45, no. 1 (31 de outubro de 2019): 62 https://www.idunn.no/doi/epdf/10.18261/issn.1504-2960-2019-01-06 [acessado em 20 de outubro de 2023].

32 Como discutido no capítulo anterior, em música, drones são sons longos e sustentados, como notas e acordes. Eles continuam por longos períodos sem variação e são mais frequentemente usados para um efeito atmosférico ou ambiente. Nota de tradução.

33 LeBlanc, "Psychedelic Affordances in the Music of Highasakite", 61; Sheila Whiteley, *The Space Between the Notes: Rock and the Counter-Culture* (New York: Routledge, 1992), 3-4.

Conforme definido nos anos 1960 pelos psicólogos de Harvard, Timothy Leary, Ralph Metzner e Richard Alpert, os elementos-chave em uma viagem psicodélica são definidos – a história, experiências, traumas, humores e personalidade que o usuário de drogas traz para a viagem – e o cenário – o clima e as circunstâncias que cercam o usuário de drogas durante a viagem. Assim, a experiência da música psicodélica requer as mesmas circunstâncias para ser verdadeiramente expansiva mentalmente. De fato, no seu melhor, a música cria um cenário para o ouvinte, tornando-se definidora por si só; isso adiciona o elemento do sublime à experiência.[34]

Se a música psicodélica e o rock progressivo eram janelas através das quais o historiador podia ver uma revolução social e cultural ocorrendo na Grã-Bretanha no final dos anos 1960 e início dos anos 1970, é razoável supor que havia algo do qual os ouvintes de rock psicodélico queriam escapar, uma razão para desejar a mudança que uma revolução traria. Isso requer menos definição. Embora os anos 1960 e 1970 tenham sido um período empolgante para os jovens na Grã-Bretanha, particularmente em Londres e em outras cidades como Liverpool, Birmingham, Manchester ou Newcastle, qualquer olhar superficial para o futuro revelaria muitas preocupações. A posição estratégica, diplomática, econômica e política da nação no mundo estava sendo regularmente desmontada à medida que o antigo Império Britânico era liquidado em favor de países independentes. Ao mesmo tempo, pessoas de todas as ex-colônias estavam migrando para a Grã-Bretanha em busca de melhores oportunidades econômicas. O *Race Relations Acts* (Leis de relações raciais) de 1965 e 1968 proibiu a discriminação racial em resposta à imigração dos países da Commonwealth, mas foram publicamente contestadas pelo deputado conservador Enoch Powell, que se tornou um herói para muitos brancos ao prever "rios de sangue" decorrentes da abertura das fronteiras do país.

O boom econômico dos anos 1950 nunca foi comparável ao das seis nações que compunham a Comunidade Econômica Europeia (CEE), e em novembro de 1967 – apenas cinco meses após o lançamento do *Sgt. Pepper* dos Beatles – o governo teve que desvalorizar a libra na pior crise econômica desde a austeridade pós-Segunda Guerra Mundial. No mesmo ano, o pedido da Grã-Bretanha para ingressar na CEE foi rejeitado pela segunda vez. Na Irlanda do Norte, a *Northern Ireland Civil Rights Association* (Associação dos Direitos Civis da Irlanda do Norte) começou suas marchas

[34] LeBlanc, "Psychedelic Affordances in the Music of Highasakite", 63-66.

em favor da igualdade dos católicos no estado de *apartheid* estabelecido pelos protestantes; em 1968, cenas de oficiais da *Royal Ulster Constabulary* quebrando os crânios dos manifestantes eram uma visão frequente na emissora de televisão BBC. Um ano depois, tropas do Exército Britânico estavam em Belfast e Derry tentando manter a paz. O desemprego alcançou 800.000 em abril de 1971, o maior desde o final da depressão econômica dos anos 1930. Mineiros e outros trabalhadores nacionalizados entraram em greve em 1972, e o governo teve que anunciar um congelamento de salários e preços até o final do ano para conter a inflação. A adesão à CEE em 1973 foi mitigada pelo impacto de um embargo de petróleo da OPEP que acompanhou a Guerra do Yom Kippur no final do ano. A falta de carvão e petróleo como fontes de energia foi tão difícil de gerenciar que o governo de Heath aprovou uma lei estabelecendo um limite de velocidade de 50 mph nas estradas britânicas e reduziu a semana de trabalho para três dias a partir do primeiro dia de 1974 para conservar calor e eletricidade.

Obras literárias, particularmente aquelas escritas por marxistas, refletiam a necessidade de uma revolução nos valores e, talvez, até mesmo no governo. Historiadores, críticos literários e críticos de cultura em geral publicaram trabalhos que pediam um renascimento muito semelhante nas tradições culturais românticas britânicas, valores que frequentemente ecoavam os dos jovens britânicos. *The Making of the English Working Class* (1964) de E.P. Thompson, *Culture and Society* (1958) de Raymond Williams e *The Uses of Literacy* (1957) de Richard Hoggart foram amplamente lidos em círculos populares e refletiam muito bem seus tempos e valores. Esses trabalhos enfatizavam a criação de cultura pelos comuns, a elevação de suas criações ao reino da chamada arte "alta", especialmente em como eram comercializadas e vendidas, e todos destacavam o potencial nacionalista desse movimento. Em um mundo da Guerra Fria, a cultura britânica poderia e deveria se tornar um modelo para o resto do mundo sobre o que uma cultura comum moral deveria ser e em que deveria estar fundamentada – na natureza, nos valores dos trabalhadores, na expansão das mentes e na abertura dos corações para uma conexão entre classes, gêneros e raças. Hoggart estabeleceu o Centro de Estudos Culturais Contemporâneos da Universidade de Birmingham com esses propósitos. Eventualmente, tornou-se uma instituição marxista, dedicada à ideia de cultura de Gramsci como um fórum para a negociação entre classes. Os textos críticos que produziram incluíram *Subculture: The Meaning of Style* (1979) de Dick Hebdige e *Resistance through Rituals* (1976) de Stuart Hall e T. Jefferson, cada um abordando como as subculturas juvenis estabeleceram um fórum no qual as tensões de classe eram aliviadas.[35] Basicamente, no auge da era do rock, na qual músicos de rock psicodélico e progressivo falavam regularmente sobre revolução, parecia haver evidências suficientes na vida britânica de que havia a necessidade de uma.

Isso não era um fenômeno exclusivamente britânico. Em resposta à pressão de um futuro incerto, a identidade juvenil cresceu no mundo ocidental no final dos anos sessenta, com base em uma divisão assertiva em relação às gerações mais velhas e ao que eram considerados valores materialistas e falidos da classe média, especialmente à luz das vicissitudes da Guerra Fria. O Vietnã, os direitos civis na América e na África do Sul, os protestos estudantis, as drogas, a revolta estudantil de maio de 1968 em Paris – jovens de todo o mundo estavam em oposição aos mesmos valores.

E não havia dúvida de onde os jovens buscavam inspiração quando se tratava de desafiar o *establishment* cultural predominante. O *rock 'n' roll*, como meio cultural, sempre esteve em oposição aos valores adultos – desde seu surgimento. Ele era tanto a trilha sonora da mudança quanto o líder dela. Nos anos 1960, a proliferação dos psicodélicos transformou a música, tornando-a reflexiva acerca da revolução que ocorria na mente dos ouvintes. Então, a música tentou se tornar a própria revolução, primeiro como "rock", depois como "rock progressivo". Era uma música que prometia uma experiência sensorial semelhante à dos psicodélicos e que inspiraria jovens políticos, jornalistas e os próprios músicos a destacá-la como a trilha sonora de uma suposta revolução juvenil.

O primeiro single psicodélico é frequentemente creditado aos Kinks com "See My Friends", produzido em julho de 1965, com um som pesado que simula o efeito de drone de uma tambura indiana. Com sua harmonia oscilante, guitarra elétrica percorrendo a paisagem sonora turva e os vocais monótonos de Ray Davies, "See My Friends" é muitas vezes considerado a primeira tentativa ocidental de capturar o som de um raga indiano em um ambiente elétrico.[36] Da mesma forma, "Anyway, Anyhow, Anywhere" de The Who incorporou um solo de guitarra com feedback eletrônico como distorção, introduzindo um som hipnótico nas paradas pop que se tornaria

[35] CWE Bigsby, "The Politics of Popular Culture", in Approaches to Popular Culture, CWE Bigsby, editor (London: Edward Arnold, 1976), 9; Meredith Veldman, Fantasy, the Bomb and the Greening of Britain (New York: Cambridge University Press, 1994); Andrew Blake, The Land Without Music: Music, Culture and Society in Twentieth Century Britain (Manchester: Manchester University Press, 1997), 94-97.

[36] Jonathan Bellman, The Exotic in Western Music (Lebanon, NH: University Press of New England, 1998), 294-295.

comum nos cinco anos seguintes. Mas como tudo sobre a música britânica nos anos sessenta, os mestres reconhecidos da estética psicodélica foram os Beatles. *Rubber Soul* foi lançado no final de 1965; com a foto distorcida da banda na capa e o nome do álbum em uma fonte de bolha, os Beatles produziram uma capa que merecia ser considerada uma obra de arte. "Norwegian Wood" foi a primeira de muitas faixas de álbuns posteriores de George Harrison a apresentar cítara. *Revolver* levou esses novos paradigmas ainda mais longe em 1966. Enquanto *Rubber Soul* foi o último dos álbuns "de maconha" da banda, várias faixas de *Revolver*, especialmente "Tomorrow Never Knows", foram inspiradas por LSD, pelos escritos de Timothy Leary e pelo *Livro Tibetano dos Mortos*. "Rain", "Strawberry Fields Forever" e "Penny Lane" marcaram o terreno no qual o rock psicodélico floresceria. Claro, então, que *Sgt. Pepper's Lonely Hearts Club Band* de 1967 se tornou o maior álbum de rock psicodélico já lançado, uma experiência sensorial completa desde a capa do álbum até os efeitos musicais e sua conexão solta entre as faixas, supostamente gravadas por uma banda de *music hall* com um alter ego misterioso liderado pelo Sargento Pepper.

Os ouvintes britânicos consideravam o rock psicodélico como música "underground", a música dos jornais radicais baseados em Londres como *International Times* e *OZ*. Bandas representativas no final dos anos 1960 incluíam Pink Floyd, Soft Machine, Incredible String Band, King Crimson, Edgar Broughton Band e outras. Os jornais de contracultura que promoviam esses artistas também promoviam a ideia da futura revolução política juvenil que eles supostamente representavam. A proliferação de rock, rock psicodélico, música underground, ou como se queira chamá-la, era a vanguarda de uma revolução juvenil iminente, na qual as mentes seriam explodidas da mesma forma que em qualquer um dos shows dessas bandas.

A música psicodélica à qual eles respondiam nasceu da experiência de seus músicos nas faculdades de arte da Grã-Bretanha, incubadoras para a noção de experimentação cultural e, eventualmente, social e psicodélica. Lá, os estudantes foram expostos ao jazz moderno e a sua ênfase na improvisação; também foram influenciados por compositores experimentais europeus como Stockhausen, Boulez e Satie. A exposição à música folclórica tradicional sempre foi essencial para a experiência educacional britânica, mas com a expansão da população imigrante da Comunidade Britânica, veio a música folclórica de todo o antigo império: especialmente da música indiana, árabe, africana e afro-caribenha. Os textos que liam – Tolkien, C.S. Lewis, *The Wind in the Willows* de Kenneth Grahame, as obras de Lewis Carroll, os poetas românticos – apresentavam-lhes um utopismo ideológico e pastoral, que muitas vezes resultava em letras enraizadas na fantasia, temas religiosos exóticos ou pacifismo político.[37] Todos esses princípios também eram encontrados nas concepções do Romantismo dos séculos XVIII e XIX; o que parecia a um jovem aspirante a artista gráfico ou a um ambicioso jornalista contracultural novas maneiras de ver o mundo havia inspirado seus predecessores culturais por 200 anos.[38] Isso fazia com que a ideia de revolução juvenil transmitida por meio da música psicodélica parecesse simultaneamente vanguardista e, ao mesmo tempo, representava valores vagamente familiares, conferindo um ar de conforto à ideia de revolução – e também de comercialidade.

O ponto de partida essencial para o rock psicodélico foram as drogas psicodélicas. Referindo-se novamente ao trabalho de Sheila Whiteley, *The Space between the Notes* (1992), os músicos manipulavam o timbre da música, deslizando para cima na escala musical, com ritmos oscilantes e às vezes irregulares. A ideia, para solistas como Eric Clapton ou Jimi Hendrix, era imitar na música a montanha-russa mental provocada pelo LSD[39]. Da mesma forma, o Pink Floyd utilizava, em suas apresentações, shows de luzes que imitavam as visões de uma viagem psicodélica. Isso era visto como uma forma de subversão por parte das bandas envolvidas, como se estivessem oferecendo ao ouvinte no show uma viagem psicodélica sem precisar tomar as drogas reais. Acrescentando à atmosfera em Londres, muitos shows de bandas eram realizados no contexto de clubes de dança – além da taxa de entrada para lugares como o UFO Club, Middle Earth ou Sibylla's, a música era essencialmente gratuita.[40] Um show psicodélico do Pink Floyd no Roundhouse em Camden, então, parecia oferecer a promessa de uma sociedade revolucionária futura na qual o dinheiro era irrelevante e o objetivo de uma experiência cultural era expandir a mente.

O compositor do Pink Floyd, Syd Barrett, era um bom escritor de singles – "Arnold Layne" e "See Emily Play" chegaram às paradas pop da BBC, sendo que a última chegou ao top 10. No entanto, Barrett logo se tornou famoso como a primeira vítima do ácido dos anos sessenta. Seu comportamento tornou-se cada vez mais bizarro e pouco confiável. Seu amigo David Gilmour foi incorporado à banda como guitarrista adicional, mas poucas semanas

---

37 Blake, *The Land Without Music*, 139-140.

38 Veldman, *Fantasy, the Bomb and the Greening of Britain*, 304-308.

39 Whiteley, *The Space Between the Notes*, 8-20.

40 Blake, *The Land Without Music*, 141-142.

após a chegada de Gilmour, a banda pediu a Barrett que deixasse o grupo, já que ele estava muito chapado para ser útil – mais tarde, descobriu-se que ele era esquizofrênico. No entanto, a perda do principal compositor da banda acabou sendo uma bênção disfarçada, pois os outros membros, especialmente o baixista Roger Waters, aprenderam a compor músicas por conta própria, mudando completamente a direção da banda. Os demais membros da banda eram conhecidos por não usarem LSD, após a experiência de Barrett, um fato que não é tão irônico quanto parece. A atmosfera do público em que se apresentavam inspirou-os a abandonar o mercado de singles, optando por se concentrar no espaço sonoro que poderiam definir e expandir no UFO Club. Eficazmente, o público de hipsters londrinos para o qual se apresentavam era inspiração suficiente para eles fazerem uma carreira atendendo aos interesses desse público – e o que eles queriam era música para se perder na viagem.

Em 1967, não era totalmente incomum para uma banda ganhar seu dinheiro principalmente com shows, mas a ideia de desprezar abertamente os singles em vez de permitir que o mercado determinasse o potencial comercial parecia realmente radical. "Pensamos: 'Certo, 'See Emily Play' foi um bom single, mas não é o tipo de coisa que alguém quer tocar', então nós não a tocaríamos, e [o público] nos atirava cerveja e moedas. Limpávamos mais palcos do que você já teve jantares quentes", disse Roger Waters[41]. Eles, então, realizaram shows gratuitos em Hyde Park e lançaram um segundo álbum, *A Saucerful of Secrets* (1968), repleto de experimentação musical com feedback, notas sustentadas, loops de fita e afins. O álbum consistia em uma série de peças conceituais, atmosféricas e espaciais, e certamente não poderia ser descrito facilmente como *rock 'n' roll*, pois era indançável. Músicas como "Set the Controls for the Heart of the Sun" e "Careful with that Axe, Eugene" se estendiam por mais de dez minutos cada, constituindo uma série de variações instrumentais sobre um tema central, como peças clássicas em conceito, utilizando instrumentação e ritmos do rock para ilustrar ideias de uma maneira pouco diferente da música de arte experimental da época.[42]

The Soft Machine foi a outra grande banda de clubes de Londres identificada desde o início como rock psicodélico. Formados em Canterbury, eles tocaram nos mesmos clubes que o Pink Floyd, com as duas bandas frequentemente se alternando como bandas de abertura ou encerramento. Os compositores Robert Wyatt e Kevin Ayers nunca tiveram as habilidades para

[41] Michael Wale, *Voxpop: Profiles of the Pop Process* (London: Harrap, 1972), 136.

[42] Peter Clark, "Welcome to the Machine", *The History of Rock*, 6, issue 66 (1984): 1309-1310.

escrever singles pop como Syd Barrett, mas isso pouco importava quando eles repetiam mantras poéticos no palco em clubes como o *Middle Earth* e mantinham uma motocicleta funcionando em ponto morto ao lado do palco para que pudessem acelerar seu motor no meio de uma música. A ideia de experimentação deles incorporava elementos de jazz e música clássica em seus repertórios, e então começaram a se afastar de seu som caprichoso anterior – assim como o Pink Floyd – tornando-se um grupo mais experimental, brincando com minimalismo e composição modernista. Mais tarde, eles passariam a tocar sem um guitarrista na banda, talvez o símbolo supremo de seu rompimento com a norma.[43]

The Incredible String Band surgiu da cena de música folclórica inglesa. Eles tocavam instrumentos tradicionais folclóricos, mas também os combinavam com instrumentos e estilos musicais de folk da Ásia, África e outras partes do mundo. O guitarrista e violinista Robin Williamson conheceu o outro guitarrista e vocalista, Mike Heron, que havia sido banido de um clube em Aberdeen por não cantar músicas folclóricas de maneira tradicionalmente aprovada – os dois tinham uma mentalidade semelhante em querer expandir os gostos de seu público para incluir música mundial como sua forma de viagem psicodélica.[44] Seu segundo álbum, *The 5000 Spirits or the Layers of the Onion* (1967), e seu sucessor, *The Hangman's Beautiful Daughter* (1968), eram obras-primas *hippies* românticas, cheias de odes ao campo, vegetarianismo, cientologia, amor por todo ser vivo, espiritualidade da natureza e potencial dos psicodélicos. Eles exploravam as mesmas fontes líricas que o folk britânico, especialmente nas lendas galesas. Os álbuns estavam repletos de instrumentação exótica, especialmente das fontes norte-africanas que Williamson havia adquirido durante suas viagens ao Marrocos. Suas músicas eram frequentemente simplesmente estranhas: no quarto álbum, *Wee Tam and the Big Huge* (1968), a canção de Heron "Douglas Traherne Harding" descrevia um homem sem cabeça, com um olho, um corpo cheio de luz e uma casa em um porão.[45] Eles eram *anti-establishment*, terrenos e ao mesmo tempo espaciais, exóticos, obcecados pela natureza, oblíquos e estranhos – a incorporação do ideal psicodélico e revolucionário na Grã-Bretanha em todos os aspectos. Em entrevistas, frequentemente reforçavam esse status com suas declarações bizarras sobre si mesmos e o estado da revolução:

---

43 "Soft Machine – a brief history: Beginnings, psychedelic, jazz fusion (1966–68, 1969–71)", Soft Machine https://www.softmachine.org/history [accessed October 23, 2023]; Blake, *The Land Without Music*, 151-155.

44 Steve Peacock, "Incredible String Band Part 2", *Sounds* (March 27, 1971): 8.

45 Luther Paisley, "The Incredibles' Journey", *The History of Rock* 7, issue 74 (1984): 1468-1470.

> Revolução é pensar que você tem que lutar contra algo – o governo não está lá para ser combatido, está lá para ser educado. Se há algo que eu sou, é o oposto de revolucionário – reacionário – evolucionário. Eu não quero controlar as pessoas. Esse não é o meu caminho. Mas acho que deve haver algum tipo de governo, mas ele deve ser feito pelas pessoas individualmente. Talvez precise haver algum tipo de código com que todos concordem... O jeito como estou abordando a política é melhorando a mim mesmo a ponto de não precisar de leis.[46]

Muitos comentaristas, tanto jovens quanto adultos, acreditavam que esse seria o momento em que a classe social seria transcendida, e que a idade substituiria a juventude como a maior divisão social na sociedade ocidental. No entanto, na época, não se percebeu que os exponentes mais barulhentos e visíveis da contracultura eram estudantes, ex-estudantes e desistentes – um grupo decididamente de classe média, especialmente na Grã-Bretanha. Na verdade, a contracultura e sua revolução através da música foram, afinal, uma extensão dos valores da classe média levados aos seus extremos. Enquanto a contracultura clamava para que as pessoas "fizessem a sua própria coisa", os valores da classe média enfatizavam a individualidade e a autoexpressão[47]. Onde as classes médias se deleitavam em uma cultura de mercadorias capitalistas, os intelectuais jovens construíram uma cultura psicodélica em torno da mercadoria da música rock. Em outras palavras, os jovens da Grã-Bretanha nas décadas de 1960 e 1970 eram eles próprios separados por gostos, classe social, trabalho, o trabalho de seus pais, o sistema educacional, gênero ou raça, e suas próprias reações à cultura britânica que os cercava. No entanto, isso não parecia perceptível para os revolucionários jovens da época, absorvidos como estavam na empolgação e impaciência do momento. A revolução estava prestes a chegar, e eles tinham um lugar na primeira fila e uma excelente trilha sonora para acompanhar.

Essa mentalidade levou à evolução do rock psicodélico para um tipo de música identificada por um novo termo, o "rock progressivo", que era muito mais exclusivo do que a música pop tocada na BBC e menos dependente da experiência com drogas psicodélicas para transmitir suas ideias ao ouvinte. O rock progressivo proporcionou um momento muito "britânico" na história do rock e da cultura jovem, durando desde o lançamento

[46] "Child That I Am I Do", *Oz* no 20 (April 1969): 34-35.

[47] Graham Murdock and Robin McCron, "Youth and Class", in *Working Class Youth Culture*, Geoff Mungham and Geoff Pearson, editors (London: Routledge and Kegan Paul, 1976), 22-26.

de *Sgt. Pepper* e o surgimento das bandas psicodélicas até o fechamento do programa progressivo da *Radio One* em dezembro de 1974, das 18h às 19h. Foi o início da estima pelo músico de rock britânico como um artista romântico. O rock progressivo foi produzido por uma elite artística, muitas vezes educada em escolas de música ou de arte, que aproveitou a nova tecnologia (especialmente o sintetizador) para criar paisagens sonoras complexas e separar sua música da do público "teenybopper", que estava contaminada pelo comércio e escravizada a ritmos de dança monótonos. O rock progressivo parecia a direção lógica para muitas bandas após o eclipse da era psicodélica. Era uma música altamente experimental, derivada do *free jazz*, composições eletrônicas, minimalismo americano, o movimento barroco do século XVIII e, especialmente, fontes folclóricas – tudo para transmitir a suposta experiência suave e transformadora da viagem de ácido através da música, em vez de realmente usar ácido.[48]

Seguindo suas inspirações advindas de *Sgt. Pepper*, as bandas progressivas enfatizavam ao máximo os elementos românticos da música, tentando infundir as canções com poesia, virtuosismo instrumental, elementos das tradições do jazz e da música clássica e, às vezes, até de experimentadores da música moderna como Philip Glass, Steve Reich e Terry Riley. Tudo isso vinha do mesmo impulso que o psicodélico: transformar a música em um *Gesamtkunstwerk* sensorial, para transformar o ouvinte através da arte que escutavam pelos fones de ouvido. Muitos dos músicos eram oriundos de escolas públicas / Oxford e Cambridge ou estudaram na *Royal Academy of Music*. Crescidos em contextos economicamente privilegiados – muito semelhante à maior parte de seu público – os músicos que produziam rock progressivo acreditavam que o objetivo de transformar o ouvinte era decididamente anticomercial, e a ideia de uma iminente revolução que seria trazida pela música rock progressiva significava necessariamente a morte do capitalismo. O comercialismo era a própria essência da falta de intenção revolucionária.[49]

A cultura jovem nunca foi tão radical quanto parecia na Grã-Bretanha na década de 1960. As relações de classe foram rompidas, com jovens da classe média pós-universitária clamando por uma revolução no estilo da classe trabalhadora. Normas de grupo e normas adultas foram desafiadas em favor do que se pensava ser uma forte individualidade, embora hou-

[48] Blake, *The Land Without Music*, 146-149.

[49] David Williams, "Rock hasn't short-circuited it's just fused!", *International Times* no 68 (Nov 21-Dec 4, 1969): 16.

vesse uma grande quantidade de conformismo na nova cultura boêmia. Também havia uma compreensão implícita – nunca explícita – de que a força relativa do mundo capitalista adulto era exatamente o que tornava a contracultura boêmia possível. Como resultado, eles não tinham virtualmente nenhuma das significações políticas a que aspiravam.[50] Por mais que pregassem seu desejo de revolução, praticamente nenhuma figura conhecida na contracultura estava disposta a vender seus álbuns do Incredible String Band para conseguir dinheiro para comprar armas para derrubar o estado.

Por outro lado, o compromisso político com os objetivos do *underground* – ou melhor, uma demonstração de compromisso, por mais fraca que fosse – era importante para uma banda tentando se destacar na cena musical alternativa de Londres no final dos anos 60 e início dos anos 70. Uma banda progressiva precisava mostrar que estava comprometida com a ideia de revolução juvenil, uma revolução que não poderia ter começado sem a música rock e cuja mensagem era espalhada ainda mais pela música rock. Essa situação frustrava muitos membros dos movimentos estudantis e *underground* de Londres, que queriam que a música rock continuasse a invadir a cultura de massa enquanto planejavam a transformação da sociedade que ela representava por trás da frente cultural. Um repórter musical do *International Times*, Mark Williams, escreveu um artigo chamado "Pop Protest" com o objetivo de delinear exatamente esses problemas.

> Qualquer forma de arte, uma vez que utiliza as técnicas de marketing e planejamento de produtos, deixa de ser uma recreação e se torna uma cultura comercial e um meio de comunicação com todos os poderes comunicativos intrínsecos aos meios de comunicação. Esse poder é frequentemente ignorado ou mal utilizado, e todos no rock progressivo deveriam reconhecer isso, avaliar as possibilidades e começar a usá-las de forma construtiva... Eu quero ver uma banda que possa gritar e berrar sobre a imprudência perigosa da grande sociedade cinza, sobre a brutalidade dos nossos policiais e a estupidez das nossas leis. Quero ver um grupo incitando um motim. Quero ver ação. Esse verão é o momento certo, o clima está propício para lutarmos contra a política com a música da mesma forma que a imprensa e a televisão podem (mas raramente o fazem), porque o rock agora é um meio de comunicação. Claro, é

[50] Simon Frith, *Sound Effects: Youth, Leisure and the Politics of Rock* (New York: Pantheon Books, 1981), 192.

> basicamente uma recreação, um passatempo para a maioria das pessoas, mas como aplicamos novas regras na maneira como é gerido – também é uma arma. Vamos usá-la.[51]

Robert Fripp, do King Crimson, estava disposto a participar do jogo da contracultura promovendo a revolução. Em uma carta para o *International Times*, ele tentou explicar o que via como o futuro da música rock, e, em particular, do rock progressivo. Nela, forneceu um plano quase detalhado para a transformação do ideal original psicodélico de "música para o povo" em rock progressivo, "música para a arte".

> [...] Com o surgimento do "underground", tem havido uma crescente preocupação com as atitudes expressas na música e através dela. Mas o que queremos dizer com "underground"? [...] Acho que esperamos que "underground" seja sinônimo de honestidade, de busca por um novo e corajoso mundo [...]. A insatisfação de diferentes pessoas com condições em uma ampla gama de assuntos, seja com as condições habitacionais em Notting Hill ou a guerra no Vietnã, é vista em (ou compõe) o "underground" e, portanto, é espelhada na "música underground". Poderíamos talvez dizer que a palavra "underground" é sinônima de "melhoria"? Se for assim, pareceria que a verdadeira música "underground" está preocupada com a melhoria. [...] Talvez, ao usar [a palavra "underground"], estejamos tentando transmitir uma atitude – que muito está errado neste mundo horrível, mas que gostaríamos de fazer um pouco para corrigir as coisas.[52]

Fripp continuou discutindo o uso equivocado do termo "comercial" para descrever música ruim, apontando que a música não é necessariamente ruim apenas porque vende. Mas a motivação e a direção do rock progressivo estariam nas palavras que ele usou para descrever "melhoria", e a ideia do comercial como algo ruim duraria por muitos anos. O King Crimson seria visto, acertadamente ou não, como um pilar da concepção elitista do rock progressivo como uma forma de arte muito distante das exigências do mercado.

O desenvolvimento de uma cultura juvenil em torno do rock inspirou uma exploração política. Muitos jovens estavam interessados em uma política jovem que levasse os valores refletidos no rock para as esferas do poder. Por exemplo, um poeta britânico chamado Herbert Lomas propôs, nas páginas

[51] Mark Williams, "Pop Protest: The Media is the Message", *International Times* no 56 (May 9-22, 1969): 22.

[52] Robert Fripp, "Looking at the World thru Crimson Coloured Glasses", *International Times* no. 63 (August 29-Sept 11, 1969): 18.

do *International Times*, a criação de um "Novo Partido" – aparentemente, e ironicamente, não reconhecendo as implicações fascistas do nome na Grã-Bretanha. Seu objetivo era a Sociedade Sem Trabalho – "uma sociedade aristocrática para todos, a ser plenamente operacional nas duas primeiras décadas do próximo século". Ele tinha inúmeras ideias para o desenvolvimento desse partido e seu programa: a criação de uma sociedade onde as máquinas fizessem todo o trabalho. "Estou assumindo que [os seres humanos] serão intensamente ativos e criativos, buscando a autorrealização porque é assim que os seres humanos são quando estão livres". Ele complementa: "como podemos ver pelos vislumbres que tivemos de alguns artistas, criadores e aristocratas." Queria alcançar essa sociedade através de uma "revolução das flores: uma mudança na consciência manifestando-se gradualmente em mudanças institucionais, libertando uma sociedade de aristocratas do atual útero burguês sangrento e contraído." O Novo Partido atrairia adeptos desses ideais ao se eleger ao Parlamento. Os membros se juntariam a laboratórios de artes em todo o país como clubes juvenis. Eles elegeriam um novo membro para o Parlamento – "Ele tem 25 anos e aquele olhar levemente Schubertiano, inofensivo e intelectual que John Lennon tem. Ele tem charme. Senhoras idosas e garotas jovens gostam dele. [...] Ele é o primeiro de um grupo". Uma vez que tomassem o Parlamento, com base na aparência – é claro – abandonariam o sistema monetário, construiriam suas máquinas e viveriam uma vida de completo lazer, "como aristocratas do século XVIII." Lomas não tinha dúvidas sobre de onde viria o dinheiro para tudo isso.

> Há dinheiro? Sim. Os interesses comerciais, as indústrias de roupas e música pop foram os primeiros a perceber que a maior parte do dinheiro livre disponível hoje em dia está nas mãos dos jovens – aquelas pessoas que acabaram de começar a ganhar dinheiro e ainda não se comprometeram com as responsabilidades e despesas do casamento e da vida familiar. Daí os milionários que foram feitos na indústria do disco e da moda. Agora, alguns desses milionários podem e poderiam ajudar. Muitos deles – os Beatles, por exemplo, Mary Quant, os Rolling Stones – estão em poderosa sintonia com os objetivos e atitudes do novo movimento. Sem dúvida, estariam dispostos a contribuir com algo para um partido sério e bem planejado que visa realizar o tipo de sociedade que eles próprios gostariam de desfrutar.[53]

[53] Herbert Lomas, "Workless Society: 3 – How to Get It", *International Times* no. 47 (Jan 1-16, 1969): 8-9.

Toda essa teorização sobre uma sociedade futura trazida pela revolução juvenil e refletindo os valores dos jovens não era totalmente intelectual. Além do ocasional desenvolvimento de comunidades e laboratórios de arte, o exemplo máximo da viagem psicodélica levando à criação de uma sociedade revolucionária baseada na juventude era colocado em prática de forma temporária e contínua durante a era: o festival de rock. O festival de rock era um excelente exemplo da conexão entre psicodélicos e a política da chamada revolução juvenil. O primeiro grande festival de rock foi o Monterey Pop Festival de junho de 1967, realizado na Califórnia, e muitos outros se seguiram por todo o mundo ocidental. Mas, de forma significativa, os britânicos criaram seus próprios festivais, e festivais que duraram – Glastonbury, Knebworth, Reading e o Isle of Wight eram eventos anuais (Glastonbury e Reading ainda estão acontecendo hoje), e geraram inúmeros outros eventos que buscavam os mesmos valores. Acima de tudo, os festivais de rock, apesar da suposição por parte dos organizadores de que eram destinados a gerar lucro, foram aclamados pela contracultura como oportunidades repetidas para colocar em prática suas ideias sobre a futura utopia progressiva, apesar da lama e do assédio sexual que abundavam nesses eventos, e do fato de que os banheiros geralmente estavam a um quilômetro de distância.

Um festival de rock deveria ser uma reunião de bandas em um espaço aberto e natural diante de um público imbuído do espírito de paz e amor. Era a comunidade juvenil se formando ao redor da música, separando-se das tradições de apresentação de entretenimento. Um festival de rock era uma oportunidade de se comunicar com a natureza e com a comunidade juvenil diante de artistas de rock adorados como deuses, para criar cidades instantâneas cuja retórica de paz e amor seria (supostamente) traduzida em prática permanente. O festival reunia numerosos artistas em um só lugar para tocar, maximizando o valor do entretenimento. Eles eram frequentados por jovens com bastante dinheiro para gastar, que podiam tirar vários dias durante o ano de trabalho ou estudo, e que eram jovens o suficiente e respeitáveis o suficiente para não serem classificados como fugitivos ou vagabundos se dormissem ao ar livre. Esses jovens geralmente eram estudantes universitários, que tinham os mesmos desejos que seus pais quando visitavam acampamentos de férias ou faziam viagens ao Continente: queriam relaxar e se divertir em ambientes que refletissem seus gostos, seus valores e sua riqueza.[54]

[54] Ashley Brown, "The Festive Generation", *The History of Rock* 6, issue 63 (1984): 1241.

Havia eventos semelhantes ao festival de rock, organizados anualmente por entusiastas de jazz e folk, e vários artistas de pop e *rock'n'roll* já haviam participado deles no meio da década de 60. Não demorou para que o potencial comercial desses festivais fosse reconhecido. Em agosto de 1967, apenas dois meses após o Monterey Pop nos EUA, o Duque de Bedford sediou o Festival dos Filhos das Flores na Woburn Abbey, sua residência ancestral. As atrações eram decididamente não ameaçadoras e não psicodélicas: os Bee Gees, os Small Faces, o Jeff Beck Group. Mesmo assim, milhares de *hippies* compareceram para encher os bolsos do Duque com seu ouro, a um custo de £1 para o final de semana inteiro e 30s para um único dia.[55] Os Bedfords estavam longe de estar sintonizados com os valores do público que haviam convidado para o final de semana, como atestado pela Duquesa de Bedford, que, um pouco chocada e confusa, declarou: "Eu pensei que seria um show de flores com competições, prêmios e muitas flores".[56]

Woburn Abbey foi, no entanto, interpretada como uma vitrine para uma nova sociedade alternativa que via o rock psicodélico como sua bandeira. Começaram a ser realizados shows gratuitos em Hyde Park, onde bandas locais e atrações nacionais como Pink Floyd, Traffic, Jethro Tull, Roy Harper, T. Rex, The Nice e The Pretty Things se apresentavam para multidões de milhares de pessoas para celebrar uma subsociedade anticapitalista. Os shows gratuitos em Hyde Park eram organizados pela Blackhill Enterprises, os gestores do Pink Floyd. O mesmo grupo estava por trás do desenvolvimento dos clubes psicodélicos em Londres. Para Peter Jenner, da Blackhill, a música era a vanguarda de um movimento para alterar radicalmente a sociedade britânica, arrancando-a de suas raízes industriais e devolvendo-a a um mundo pastoral onde a pequena Inglaterra não precisaria se preocupar com conceitos de lucro, classe e similares. O intuito nos primeiros shows gratuitos era compartilhar ideias e uma comunidade.

Quando os Rolling Stones quiseram realizar um show gratuito em tributo à morte de Brian Jones em julho de 1969, Jenner teve a oportunidade de espalhar ainda mais esses ideais para um público muito além dos grupos psicodélicos ainda *underground*. O encontro para o show gratuito dos Stones foi o maior que o parque havia visto desde os dias dos comícios Chartist dos anos 1840.[57] Meio milhão de pessoas lotaram o parque para

---

[55] "Festival of the Flower Children, Woburn Abbey 1967" *DJTees* https://www.djtees.com/blogs/djtees-blog/festival-of-the-flower-children-woburn-abbey-1967 [accessed October 22, 2023].

[56] Dafydd Rees, "Festivals Diary", *The History of Rock* 6, issue 63 (1984): 1242.

[57] "Free Concerts: The Aftermath", *International Times* no 61 (Aug 1-14 1969): 10.

ouvir Mick Jagger recitar "Adonais" de Shelley e assistir a milhares de borboletas africanas, não acostumadas ao clima do norte, saírem de caixas das quais foram especialmente enviadas da África para morrer em poucos segundos. A morte das borboletas era profética. Em uma atmosfera à qual centenas de milhares de pessoas compareciam para ouvir música, havia contradições demais para criar um verdadeiro senso de comunidade na plateia.[58] A imprensa alternativa londrina se voltou com veemência contra os Rolling Stones quando percebeu que a banda nunca havia feito nada para promover a "revolução". O fracasso dos Stones em incitar um motim irritou um público progressista cada vez mais elitista. Germaine Greer resumiu a "traição" dos Stones após o concerto em Hyde Park de 1969:

> Qual é então o modo da música revolucionária em outubro de 1969? [...] Por que Mick Jagger não disse a essas 250 mil pessoas para tomar a cidade? Por que eles se comportaram tão bem e recolheram todo o lixo deles? Eles estavam celebrando sua união, ostentando a contracultura. Eles mostraram à geração dos pais como eram gentis, amorosos e cooperativos. [...] Ninguém precisa mais ter medo dos Rolling Stones. Eles não podiam mudar nada. Eles não queriam mudar nada.[59]

Deixando os Stones de lado, certos artistas como a Edgar Broughton Band construíram suas reputações em shows gratuitos, como grupos dedicados a apresentar sua música de graça e a expulsar os cambistas do templo da sociedade alternativa. Broughton ficou conhecido por entoar "Out, demons, out!" ("Fora, demônios, fora!") do palco, como se pudesse pessoalmente destruir a aura de lucro em um festival.[60] A banda de Broughton era na verdade uma banda de *rhythm and blues* de pub glorificada, mas se tornou a favorita da imprensa alternativa por sua representação dos valores da sociedade juvenil revolucionária no palco. Broughton se aventurava em magia e ocultismo, e a banda de três integrantes – guitarra, baixo e bateria – baseava todos os seus shows e álbuns em torno do simbolismo de um triângulo. Eles usavam mímicas e rituais mágicos no palco como parte do seu ato, sendo assim acusados pela imprensa musical *mainstream* de se envolverem nas artes negras: uma forma perfeita de estabelecer suas credenciais psicodélicas/progressivas.[61] Eles também eram conhecidos por

[58] Colin Shearman, "Barefoot in the Park", *The History of Rock* 6, issue 63 (1984): 1245-1247.

[59] Germaine Greer, "Mozic and the Revolution", *Oz* no 24 (October 1969): 27-28.

[60] Mitch Howard, "They Won't Let Edgar Do It in the Park", *Cream* (October 1971): 7-8.

[61] Mick Farren, "Magic Triangle: Broughton's Band", *International Times* no. 54 (April 11-24, 1969): 17.

seu compromisso com "a Revolução". Em Hyde Park, arrecadaram £100 para doar à *London Street Commune*, um grupo de invasores que havia ocupado o prédio no número 144 da Piccadilly no verão de 1969. O próprio Broughton era visto como um líder, um papel que ele evitava aceitar com veemência, temendo que estivesse traindo seus princípios comunitaristas, dizendo: "[...] [P]essoas simplesmente não conseguem acreditar que não queremos ganhar muito dinheiro. Claro que queremos ganhar dinheiro, mas esse não é o nosso objetivo principal, e quando ganhamos dinheiro queremos fazer algo com ele, não apenas guardá-lo para nós mesmos".[62] E, no final, é claro, ele foi acusado de ser um vendido porque na verdade precisava ganhar a vida. A Blackhill Enterprises começou a cobrar £500 por show para seus eventos, um valor médio para a época, e Peter Jenner foi forçado a defender Broughton diante de seus críticos.

> Acho que [...] Edgar paga suas contribuições revolucionárias. [...] Eles não estão negando a necessidade de uma revolução, mas eles já foram queimados muitas vezes por esses malditos revolucionários. [...] Diga que Edgar tem £5 milhões no banco, e você vai até ele e diz 'Precisamos de dinheiro para tirar fulano da cadeia ou para conseguir algumas bombas'; e ele não faz nada. Ou mesmo agora, quando ele tem apenas £50, e você vai até ele e ele se esquiva. Então você pode criticá-lo, certo?[63]

Alguns festivais foram particularmente bem-sucedidos, criando, como disse um promotor, "uma atmosfera relaxada de tribos livres se reunindo".[64] O Glastonbury começou em 1971 na Fazenda Worthy, em Pilton, Inglaterra, como uma celebração do solstício de verão.[65] Sua programação de bandas, comida e bebida gratuitas, e a atmosfera festiva levaram um crítico a chamá-lo de "parte de uma progressão que deve levar a uma comunidade rural permanente [...] O momento de planejar o festival onde você não precisa voltar para casa é agora". Foi seguido por um festival em Reading para comemorar o 1100º ano de existência da cidade, que também foi relativamente bem recebido, apesar do assédio policial.[66] O festival de

62 Steve Peacock, "Edgar: fighting for a cause", *Sounds* (April 3, 1971): 6; Dave Williams, "Music for the Hell of It", *International Times* no 66 (Oct 10-23, 1969): 21.

63 "It's All a Wank: Peter Jenner of Blackhill", *International Times* no 92 (Nov 20-Dec 3, 1970): 11.

64 "You Wanna Have a Free Rock Festival Next Year?", *International Times* no 118 (Dec 2-16, 1971): 7.

65 Steve Peacock and Marian Partington, "Festival of all time", *Sounds* (July 3, 1971): 14.

66 Mick Farren, Charles Shaar Murray and Paul Lewis, "Glastonbury Fair to Independence Day", *International Times* no 108 (July 15-29, 1971): 11-14.

rock representava a alternativa real que a cultura juvenil estava tentando criar – pastoral, musical, pacífica, espiritual, erótica, psicodélica. A atmosfera de um festival era mais intensa do que a própria música, muito acima da mensagem de qualquer banda no palco.

> [...] Parece que a diferença entre um show e um festival de rock é que você assiste a um show, enquanto realmente participa de um festival, e a sensação de fazer parte de um grupo tão grande de pessoas com um interesse comum e até muitas ideias comuns é tão atraente quanto as bandas de rock. [...] [O] festival requer um grau tão alto de participação da plateia que supera a ideia de apenas uma grande reunião para ouvir música.[67]

Claro, cada festival era organizado com a noção de lucro em mente. Enquanto jovens britânicos dos anos 70 iam a um festival esperando recriar uma forma de sociedade alternativa com uma trilha sonora de *rock'n'roll* durante um fim de semana, fora do Hyde Park, geralmente tinham que pagar várias libras pelo privilégio. Um dos mais caros foi o Festival da Ilha de Wight de 1970, que ficou famoso por estar superlotado e lamacento, com um sistema de som horrível. Alguns fãs chegaram a sair do estádio para subir em árvores ao redor para assistir ao show, que acabou sendo um lugar melhor para ver e ouvir as bandas, de graça. Milhares de pessoas foram embora antes de Jimi Hendrix encerrar o show, e um grupo de anarquistas franceses causou problemas ao derrubar cercas e quebrar janelas de lojas nas proximidades. Assim era a comunidade.

Em 1971, o espírito dos festivais já estava em declínio. Os promotores esperavam obter grandes lucros combinando vários artistas famosos para atrair um enorme público; o público esperava construir sua comunidade romântica juvenil ideal sob o sol e a grama, centrada na música que tornava tudo isso possível. Nenhum dos objetivos foi alcançado. Um festival posterior foi tão ruim que um escritor sugeriu a nomeação de um "Comitê do Povo" para garantir que as necessidades de meio milhão de frequentadores do festival pudessem ser atendidas.[68] O desdém do *establishment* em relação aos festivais significava que eles enfrentavam cada vez mais interferências policiais e estatais. A maioria das autoridades estava aterrorizada com o espetáculo de grandes reuniões de jovens em aberta zombaria e rebelião contra os valores da comunidade adulta

---

[67] Mick Farren, "How 'free' is a free festival?" *Cream* (February 1973): 10-11.

[68] Richard Neville, "Stanley Baker's Barbed Wire Circus", *International Times* no 132 (June 23-July 5, 1972): 30.

afluente. A opinião pública tendia a associar festivais de música pop a comícios políticos, manifestações, passeatas de protesto e similares, e os desaprovava profundamente. Um homem sugeriu em um jornal local que o Festival da Ilha de Wight de 1969 estava calculado para derrubar a civilização anglo-saxã.[69] Além disso, muitos organizadores de festivais eram incompetentes, pouco confiáveis ou ambos. Gradualmente, os festivais de rock foram se reduzindo aos dois grandes festivais permanentes que ainda são realizados na Grã-Bretanha, Glastonbury e Reading, ambos organizados com o objetivo de gerar enormes lucros.

Na verdade, todo o empreendimento de estabelecer a sociedade alternativa juvenil em torno do rock progressivo e seus valores já estava em declínio em 1971 e 1972. Bandas de rock progressivo, desde a era psicodélica – como Pink Floyd, Yes, Emerson Lake and Palmer, e Moody Blues – estavam muito mais interessadas na experimentação musical do que em seus papéis como vanguardas de uma cultura juvenil revolucionária. O rock progressivo estava essencialmente evoluindo além do ponto de rebelião, adotando muitos dos valores dos estilos de vida burgueses em que seus músicos haviam sido criados e parecendo cada vez menos relevante para o edíficio em ruínas da ordem econômica e cultural dos anos 1970 do que havia sido alguns poucos anos antes. Um entrevistador da Sounds, Steve Peacock, tentou resumir essas mudanças.

> Na década de 60, o rock começou a se libertar das amarras do poderoso controle empresarial, começou a estabelecer um estilo de vida que afetou milhares, milhões de pessoas, e devido à forma como havia sido reprimido no passado, com as estrelas do rock sendo pouco mais do que produtos de consumo brilhantes, [...] naquela época era necessário para os músicos de rock se estabelecerem como músicos. Mas isso já foi feito, agora é possível para as pessoas terem sucesso fazendo o que desejam fazer. O problema é: para onde vamos a partir daqui? [...] O rock parece ter atingido um ponto de crise que várias formas de arte enfrentaram repetidamente – tendo atingido um certo estágio de liberação em seu próprio desenvolvimento, como aplicar essa liberação em um contexto mais amplo? A questão não é "quem será a próxima superestrela?"; mas "como usamos o que já conquistamos?"[70]

---

69 Tim Heald, "To feed the pop festival – 50 tons of chips!", *Daily Express* (July 25, 1970), n.p.

70 Steve Peacock, "Pete Townshend – rock music in the future", *Sounds* (July 24 1971): 8.

Alguns jornalistas da contracultura simplesmente não conseguiam se desprender da visão de uma sociedade alternativa que viam na música e nos festivais. Em 1971, um certo Jody Breslaw recebeu várias páginas na *International Times* para imprimir sua visão da utopia juvenil futura.

> A construção de uma nova sociedade [...] a forja da unidade comunal [...] o triunfo do amor nas relações humanas [...] a libertação da expressão individual [...] a elevação da consciência espiritual [...] a transformação radical do ser humano: [...] o glorioso amanhecer de uma nova era. Isto [...] é uma expressão do que poderia ser chamado de "a visão apocalíptica"; [...] e [I]sto é uma das correntes principais no rock. [...] Como uma forma de entretenimento popular, o rock representa algo como um desvio ao dar voz a esse tema. [...] A incorporação do pensamento religioso oriental na contracultura e das drogas, particularmente das psicodélicas, introduziu um elemento espiritual e filosófico na consciência apocalíptica. A experiência interior foi trazida para o foco, e a nova consciência permitiria transcender os limites materiais mesquinhos. O rock continuou a trabalhar nos dois lados dessa cerca - revolução na sociedade e revolução dentro de sua mente. De qualquer forma, soa o toque de finados para a antiga realidade e se anuncia o novo. [...] A tendência à expressão de emoções extremas, à experimentação dos limites da experiência humana, se combina com a fé na tecnologia (que, afinal, é central para o rock eletrificado) para produzir a viagem energética. Uma boa parte da música rock aspira a levar seu público ao extremo, a uma esfera completamente diferente de experiência libertadora. A alta energia é empregada para queimar as proteções dos mecanismos inibidores, para libertar a alma aprisionada da cultura jovem. Nesse sentido, o rock procura não apenas descrever, mas criar o Apocalipse, fazer com que tudo aconteça.[71]

Breslaw — um crítico musical — era um verdadeiro crente no conceito de rock psicodélico e progressivo como um meio para uma revolução da mente. Ele também fez a suposição um tanto equivocada de que os músicos sobre os quais pregava compartilhavam sua visão. Não demorou muito para que ele se desapontasse com essa ideia. Alguns meses após a publicação de seu artigo na *International Times*, ele realizou uma entrevista com o Pink

[71] Jody Breslaw, "A Hard Rain's Gonna Fall: Visions of the Apocalypse", *International Times* no 111 (Aug 26-Sept 9 1971): 13.

Floyd para a Rock Magazine, em que expôs toda a pretensão e grandiosidade dos esforços da contracultura para transformar o meio comercial da música rock em um veículo para a transformação da sociedade.

> JB: Em seu primeiro álbum e várias faixas em *Relics*, datando do mesmo período, o tom predominante parece ser uma espécie de humor louco, uma sátira social surreal que, no entanto, se relaciona com o mundo como o conhecemos. Depois, em *Saucerful of Secrets* e *Ummagumma*, toda a metáfora do espaço assume o controle, uma expressão mística da autoconsciência, da exploração psíquica e espiritual, etc. O que dizer sobre essa mudança?
> PF: Apenas uma mudança de foco quando o Sid (Barrett, a força original orientadora do grupo) saiu... Nós nunca nos propusemos conscientemente a fazer isso, "Vamos ficar cósmicos" e tudo isso.
> JB: Mas vocês não tiveram nenhum pensamento sobre o que a metáfora do espaço significava para vocês? Não é coincidência que de repente isso tenha se tornado tão importante na sua música? Quero dizer, a metáfora da exploração espacial se encaixa de certa forma - a relação carismática com o público, com vocês como os pilotos, e assim por diante...
> PF: Não é nada intelectual, na verdade - tudo o que é, é uma manifestação de nós respondendo aos sons que fazemos, muito da mesma forma que você faria. Nós apenas saímos para fazer uma peça de música... Certo, "Saucerful of Secrets" foi escrita primeiro, e então criamos um título. Não planejamos isso... Todos nós estávamos muito envolvidos na ficção científica, ela nos deu material para as músicas, bons assuntos...
> JB: Mas não é realmente tanto o assunto em si, as palavras das músicas... *Ummagumma* parece tão intensamente em um estado de consciência diferente, um estado muito alienígena (risos gerais). É como se estivessem perdidos no universo... para mim, isso não tem relação com os assuntos mundanos, com as vidas humanas do dia a dia.
> PF: Olha, no espaço não há som algum, ele não faz barulho... Na verdade, o som é mais parecido com cavernas, edifícios grandes.
> JB: Eu não vou perseguir o paralelo com a exploração espacial, já que todos vocês parecem tão sensíveis a respeito disso, mas se tem uma sensação em Saucerful de algo muito deliberado de mudança de mente, ampliação da consciência, etc. Isso se relaciona com a coisa psicodélica? Havia algum machado particular para moer? Qual era o impulso?[72]

[72] Jody Breslaw, "An interview (sort of) with Pink Floyd", *Rock* 3 (December 20, 1971): 16-17.

Vários jornalistas e críticos da contracultura se consideravam comunistas de algum tipo, essencialmente porque o comunismo equivalia na mente britânica à ideia de revolução e a um futuro utópico de igualdade que minaria o mundo dos pais deles. Assim, compartilhavam uma visão com a de EP Thompson, Richard Hoggart e Raymond Williams, todos eles intelectuais marxistas proeminentes na Grã-Bretanha nas décadas de 1960 e 1970. Em vez disso, os marxistas desprezavam a cultura popular, particularmente na Grã-Bretanha, porque a viam como uma ferramenta para desintelectualizar as massas, e nada era pior nesse aspecto do que o *rock'n'roll* e o rock. Eles viam isso como uma distração para o esforço de construir uma sociedade justa, uma nova religião que matava as energias das classes trabalhadoras, direcionando-as para uma nova direção menos prejudicial à perpetuação do estado burguês. Eles também odiavam o fato de que a cultura popular frequentemente exibisse a vulgaridade das classes trabalhadoras para todos verem, e nenhum meio de comunicação tornava isso mais óbvio do que aquele horrível importado americano, o *rock'n'roll*.[73] Tanto Hoggart quanto Williams enfatizavam que qualquer cultura baseada na tecnologia moderna não era capaz de suprir as necessidades culturais das massas. Como bons marxistas, eles viam a música do rock como "alienação", a redução do ser humano a um funcionalismo sem alma que resultaria na perda de sua própria humanidade. A cultura de massa, em geral, era, para os marxistas, uma droga soporífera que reduzia alguém como Jody Breslaw a intelectualizar sobre uma arte que não era real. Em vez disso, os críticos marxistas tendiam a olhar nostalgicamente para uma era em que a comunidade era orgânica, quando a produção de cultura e trabalho faziam parte do mesmo processo, uma parte da própria vida, de modo que a cultura não poderia ser comprada, como um disco, assim como o trabalho não poderia ou não deveria ser comprado.[74]

A política da revolução jovem foi um fracasso, em última análise, porque os intelectuais que definiram a revolução eram muito esotéricos em suas visões para fazer a revolução acontecer, e os músicos que queriam apoiar a revolução não se importavam o suficiente. Com a nação mergulhada na crise econômica de 1973-74, uma eleição se aproximava em fevereiro de 1974, a qual não gerou entusiasmo algum entre o público em geral. A *Melody Maker* sondou vários músicos de rock para obter suas opiniões sobre

[73] Robert Pattison, *The Triumph of Vulgarity: Rock Music in the Mirror of Romanticism* (New York: Oxford University Press, 1987), 166-168.

[74] Bigsby, "The Politics of Popular Culture", 14-16.

as próximas eleições e suas atitudes políticas em geral. A maioria declarou que não iria votar, tinha pouca ideia sobre os problemas, não gostava da greve dos mineiros em andamento e parecia inclinada a votar nos Liberais simplesmente porque os Liberais não eram um dos outros dois partidos. O pesquisador anônimo ficou obviamente um pouco surpreso e talvez um pouco insatisfeito com esses resultados quando descobriu que não tinha um artigo para publicar.

> Com o país mergulhado em dificuldades políticas e econômicas, achamos que seria educativo testar os sentimentos políticos de músicos de rock e jazz. Afinal, o rock na década de 60 deveria ser um instrumento de revolução, embora a pouca verdade disso na década de 70 leve a pensar que pode ter sido apenas uma moda passageira. Onde estão todos os políticos que faziam *slogans* na época? De modo geral, parece que os músicos de rock são bastante apolíticos. Em todo caso, nenhum deles tem o desejo de pegar em armas e derrubar o *establishment*; nem houve uma real aliança de ideias com os fatores comunistas no sindicato dos mineiros. Embora nenhum deles tenha declarado que votaria no Partido Conservador, poucos pareciam considerar a ideia de unir seus fãs em torno de qualquer partido estabelecido ou enfatizar a validade ou não do voto.[75]

Então, no final das contas, a revolução política juvenil, mal concebida e mal liderada, morreu. No entanto, o fato de que uma revolução política não ocorreu não significa que não houve revolução alguma. O rock na Grã-Bretanha na época serviu como um reflexo dos valores sociais, culturais e econômicos, e certos aspectos desses valores estavam em processo de mudança na Grã-Bretanha com a mesma rapidez com que as melhores bandas da época lançavam novos álbuns. Em outras palavras, se uma revolução equivale a mudanças rápidas, uma série cuidadosamente definida de mudanças rápidas estava ocorrendo na Grã-Bretanha no final dos anos 1960 e início dos anos 1970 – mas não politicamente, onde todos estavam focados. A experiência com drogas psicodélicas, a subsequente abertura da mente e expansão da consciência, as cores e sons percebidos e a tentativa de estabelecer sociedades alternativas temporárias na forma de festivais representaram uma revolução cultural, como refletido no rock da época.

O rock psicodélico e o rock progressivo não mudaram imediatamente a forma como as pessoas pensavam sobre divisões sociais. Mas eles atraíram

[75] "Rock at the Polls", *Melody Maker* (January 26, 1974): 11.

pessoas de diferentes classes, etnias, gêneros e outras divisões socioculturais. Se houve uma mudança, eles plantaram a semente para que transformações florescessem e crescessem nas décadas seguintes, de uma forma que foi aceita, estudada e expandida como nenhum outro meio cultural da década de 1960 conseguiu igualar. Eventualmente, a verdadeira revolução ocorreu na cultura britânica, em sua ênfase inspirada no psicodélico em valores românticos renovados, que se provaram comercializáveis e traduzíveis para o resto do mundo. O rock psicodélico e seu sucessor, o rock progressivo, tornaram a cultura musical britânica permanentemente exportável na segunda metade do século XX e transformaram o que antes era "a terra sem música", como os alemães a chamavam sarcasticamente, na segunda maior fonte mundial de cultura musical popular para os Estados Unidos, uma revolução cultural se é que houve uma. E, ironicamente, a maioria dos valores que deram origem a essa revolução era tão antiga quanto a cultura romântica na Grã-Bretanha, datando da era da revolução industrial.

Referências

BELLMAN, Jonathan. **The exotic in Western music**. Lebanon, NH: University Press of New England, 1998. p. 294-295.

BIGSBY, C. W. E. **The politics of popular culture.** In: BIGSBY, C. W. E. (Ed.). Approaches to popular culture. Londres: Edward Arnold, 1976. p. 9.

BLAKE, Andrew. **The land without music**: *music, culture and society in twentieth-century Britain.* Manchester: Manchester University Press, 1997. p. 94-97, 151-155.

BROWN, Ashley. **The festive generation**. The History of Rock, v. 6, issue 63, 1984. p. 1241.

CLARK, Peter. **Welcome to the machine.** The History of Rock, v. 6, issue 66, 1984. p. 1309-1310.

DeROGATIS, Jim. **Turn on your mind**: *four decades of great psychedelic rock.* Milwaukee: Hal Leonard Corp, 2003. p. 11-12.

DJTEES. **Festival of the flower children**, Woburn Abbey 1967. DJTees. Disponível em: https://www.djtees.com/blogs/djtees-blog/festival-of-the-flower-children-woburn-abbey-1967. Acesso em: 22 out. 2023.

FARREN, Mick. **Magic triangle:** *Broughton's band.* International Times, n. 54, p. 17, 11-24 abr. 1969.

FARREN, Mick; MURRAY, Charles Shaar; LEWIS, Paul. **Glastonbury fair to independence day.** International Times, n. 108, p. 11-14, 15-29 jul. 1971.

FRIPP, Robert. **Looking at the world thru crimson coloured glasses**. International Times, n. 63, p. 18, 29 ago.-11 set. 1969.

FRITH, Simon. **Sound effects:** *youth, leisure and the politics of rock.* Nova York: Pantheon Books, 1981. p. 192.

GREER, Germaine. **Mozic and the revolution.** *Oz*, n. 24, p. 27-28, out. 1969.

HOWARD, Mitch. **They won't let Edgar do it in the park.** *Cream*, p. 7-8, out. 1971.

INTERNATIONAL TIMES. **You Wanna Have A Free Rock Festival Next Year?** *International Times*, n. 118, p. 7, 2-16 dez. 1971.

INTERNATIONAL TIMES. **Free concerts: the aftermath**. *International Times*, n. 61, p. 10, 1-14 ago. 1969.

INTERNATIONAL TIMES. **It's all a wank: Peter Jenner of Blackhill.** *International Times*, n. 92, p. 11, 20 nov.-3 dez. 1970.

LEBLANC, Jim. **Psychedelic affordances in the music of Highasakite.** Studia Musicologica Norvegica, v. 45, n. 1, p. 62, 31 out. 2019. Disponível em: https://www.idunn.no/doi/epdf/10.18261/issn.1504-2960-2019-01-06. Acesso em: 20 out. 2023.

LOMAS, Herbert. **Workless society:** *3 – how to get it. International Times*, n. 47, p. 8-9, 1-16 jan. 1969.

MURDOCK, Graham; McCRON, Robin. **Youth and class**. In: MUNGHAM, Geoff; PEARSON, Geoff (Ed.). **Working class youth culture.** Londres: Routledge e Kegan Paul, 1976. p. 22-26.

OZ. **Child that I am I do**. *Oz*, n. 20, p. 34-35, abr. 1969.

PATTISON, Robert. **The triumph of vulgarity:** *rock music in the mirror of romanticism.* Nova York: Oxford University Press, 1987. p. 166-168.

PAISLEY, Luther. **The Incredibles' journey.** *The History of Rock*, v. 7, issue 74, 1984. p. 1468-1470.

PEACOCK, Steve. **Edgar: fighting for a cause.** *Sounds*, p. 6, 3 abr. 1971.

PEACOCK, Steve. **Incredible String Band part 2.** *Sounds*, p. 8, 27 mar. 1971.

PEACOCK, Steve; PARTINGTON, Marian. **Festival of all time**. *Sounds,* p. 14, 3 jul. 1971.

REES, Dafydd. **Festivals diary.** *The History of Rock,* v. 6, issue 63, 1984. p. 1242.

SHEARMAN, Colin. **Barefoot in the park.** *The History of Rock,* v. 6, issue 63, 1984. p. 1245-1247.

SOFT MACHINE. **Soft machine** – *a brief history: beginnings, psychedelic, jazz fusion* (1966–68, 1969–71). Disponível em: https://www.softmachine.org/history. Acesso em: 23 out. 2023.

VELDMAN, Meredith. **Fantasy, the bomb and the greening of Britain**. Nova York: Cambridge University Press, 1994.

WALE, Michael. **Voxpop**: *profiles of the pop process.* Londres: Harrap, 1972. p. 136.

WENNER, Jann; WOLMAN, Baron. **It's Jimi Hendrix.** *Rolling Stone,* n. 1, p. 12, 9 mar. 1968.

WHITELEY, Sheila. **The space between the notes**: *rock and the counter-culture.* Nova York: Routledge, 1992. p. 3-4.

WILLIAMS, David. **Music for the hell of it.** *International Times,* n. 66, p. 21, 10-23 out. 1969.

WILLIAMS, David. **Rock hasn't short-circuited it's just fused!** *International Times,* n. 68, p. 16, 21 nov.-4 dez. 1969.

WILLIAMS, Mark. **Pop protest: the media is the message.** *International Times,* n. 56, p. 22, 9-22 maio 1969.

3

A DIALÉTICA LENNON/MCCARTNEY E AS TRANSFORMAÇÕES DA CANÇÃO NOS BEATLES

José Adriano Fenerick

Se você está ouvindo esta canção
Você pode achar que os acordes estão errados
Mas eles não estão
Nós os escrevemos assim mesmo
"Only a Northern Song", George Harrison

A parceria entre John Lennon e Paul McCartney, sob quaisquer pontos de vista, seja comercial ou artístico, é uma das colaborações musicais mais bem sucedidas da história do rock e da música pop. Entre 1962 e 1969, a assinatura Lennon/McCartney aparece em cerca de 180 canções gravadas pelos Beatles, o que significa ter sido a principal força criativa da aclamada banda de Liverpool. Essa parceria, como se sabe, nem sempre ocorreu do mesmo modo. Muitas canções dos Beatles foram efetivamente compostas pelos dois, trabalhando em conjunto, a quatro mãos; outras, mesmo que mantivessem a assinatura Lennon/McCartney, eram obras individuais, compostas por um ou pelo outro. No entanto, mesmo nesse segundo caso, independente de questões contratuais envolvendo direitos autorais, a parceria se mantinha porque um enxergava no outro o melhor crítico para sua própria canção que poderia existir. De acordo com Barry Miles (1997, p. 227),

> Há uma crença persistente de que John e Paul só compuseram juntos para valer nos primeiros tempos, mas isso não é verdade. Ambos tinham em alta conta sua parceria musical. Não só era um recurso comercial valioso, mas também se mostrava gratificante em termos artísticos; não se tratava de algo que encarassem de maneira displicente. [...] Os dois parceiros confiavam um no outro para dar acabamento às

> canções, mesmo numa fase tão avançada quanto aquela em que se compôs "The ballad of John and Yoko"; John, antes de tê-la gravado (abril de 1969), a trouxe para que Paul visse.

Além desse aspecto colaborativo na criação do catálogo de músicas dos Beatles, John Lennon e Paul McCartney passaram a ser considerados – seja pela crítica especializada, pelo marketing da banda e/ou pelos fãs – como polos antagônicos, como polos antitéticos, um do outro. Assim, John Lennon passou a ser visto como o "roqueiro revolucionário, politizado e vanguardista", e Paul McCartney como o "músico pop, apolítico e comercial" (Greene, 2016, p. 11). Embora essa caracterização seja, a rigor, falsa, ela contém um aspecto de verdade: os polos vistos como antitéticos sintetizam a obra dos Beatles. Há uma dialética entre Lennon e McCartney, mesmo que isso não signifique que um tenha sido sempre *o roqueiro vanguardista politizado* e o outro sempre o *músico pop apolítico*. Mas os Beatles carregam todos esses elementos contraditórios em sua obra.

Os Beatles, antes de qualquer rótulo ou categorização que se possa atribuir (se era uma banda pop, de *rock and roll* ou de rock), se apresentaram como uma banda que compunha, tocava e gravava canções. Do primeiro ao último disco da banda, os Beatles fizeram toda sua carreira em torno da canção, quase sempre com a duração típica da canção de rádio, em torno dos 3 minutos (poucas canções dos Beatles vão muito além, ou ficam aquém, dos 3 ou 4 minutos). Dentre os discos de carreira, lançados enquanto a banda estava em atividade, só há uma única faixa instrumental ("Flying", presente no *Magical Mystery Tour*, de 1967)[76]; no restante, mesmo nas faixas mais experimentais, o que se tem são canções. Lennon e McCartney, desde o início da banda, ou mesmo antes, tinham como objetivo serem compositores de canções. Fazer música para eles era sinônimo de fazer uma canção. Nas palavras de Paul McCartney, relembrando o início de sua parceria com John Lennon, antes de os Beatles existirem:

> Sentávamos (sic) com um caderno de escola que guardo até hoje, um caderno velho e esfarrapado, daqueles de linhas azuis no papel branco, e eu escrevia qualquer coisa que nos ocorresse, começando no alto da primeira página com a indicação: "Um original de Lennon-McCartney". Na página

[76] Há ainda uma outra faixa instrumental, "Cry for a Shadow", composta por John Lennon e George Harrison (a única parceria entre os dois), lançada no LP *Beatles in the Beginning*. Esse disco, embora seja um trabalho dos Beatles, não faz parte dos discos de carreira da banda. Trata-se de uma gravação, feita pela Polydor, realizada em Hamburgo em 1960, nos primórdios dos Beatles, ainda com o baterista Pete Best, e lançada em 1970, logo após o término dos Beatles como banda em atividade.

> seguinte, "Outro original de Lennon-McCartney", todas as páginas tinham aquilo. Nós nos considerávamos a próxima grande dupla de compositores. E o gozado é que nos tornamos isso mesmo! Acho que começamos com uma canção chamada "Too bad about sorrows". Todas tinham acordes muito simples, mas foi assim que aprendemos nosso ofício. (McCartney apud Miles, 1997, p. 59).

Esse aspecto da parceria, narrado acima por Paul, foi um dos diferenciais dos Beatles em seus primórdios. No começo dos anos 1960, ser uma banda que compunha e tocava seu próprio material não era muito comum no universo da música pop da época, quando a divisão do trabalho predominante separava o compositor do intérprete. Quem compunha nem sempre, ou muito raramente, era quem interpretava e gravava. Essa autossuficiência dos Beatles, isto é, o interesse e a capacidade de compor, interpretar e gravar seu próprio material, nas palavras de Jonathan Gould, "proporcionou à música popular o arquétipo de 'banda de rock', um modelo de organização musical que viria a perdurar nas décadas seguintes" (Gould, 2009, p. 18). Evidentemente, no início dos Beatles, Lennon e McCartney não tinham no horizonte serem compositores nos moldes das bandas de rock que vieram no decorrer dos anos 1960, na esteira dos Beatles, pois essas bandas sequer existiam como bandas profissionais (ou simplesmente não existiam). O modelo de compositor que John e Paul tinham no horizonte era outro.

De acordo com John Covach, os Beatles, em particular John Lennon e Paul McCartney, nutriam uma especial admiração por Chuck Berry e Buddy Holly, por serem dois expoentes do *rock and roll* emergente nos EUA e, principalmente, por serem compositores/intérpretes de suas próprias canções. (Covach, 2006, p. 38). No entanto, Chuck Berry e Buddy Holly eram mais exceções que a regra na cena do *rock and roll* estadunidense. Elvis Presley, Jerry Lee Lewis, Little Richards, dentre outros, raramente compunham as canções que gravavam. Nos anos 1950, década em que eclode o *rock and roll* nos EUA, o sistema de produção e difusão de música popular se fazia ainda nos moldes do que ficou conhecido como *Tin Pan Alley*. Ou seja, havia uma divisão do trabalho quase "fordista", de "linha de montagem", da música popular voltada para o disco e para o rádio. O compositor (ou compositores), o arranjador, os instrumentistas, o intérprete (cantor ou cantora), eram pessoas distintas e que nem sempre tinham alguma afinidade, fosse pessoal ou artística. Os escritórios da Brill Building, localizados na Broadway em Nova York, contratavam o compositor, os instrumentistas e o arranjador para criarem um "hit", que depois seria gravado pelo cantor ou pela cantora de renome, visando a garantir o sucesso da canção na venda de discos e/ou na difusão pelo rádio. Um sistema que privilegiava enormemente, em termos de exposição para o público, o intérprete. Não importava muito quem tivesse composto a canção, ou mesmo quais instrumentistas que tocaram nela, ou quem tinha feito o arranjo: para o público era a voz do Elvis Presley ou do Frank Sinatra que estava tocando no rádio, e isso bastava. Sendo assim, quando John e Paul se conheceram, eles começaram a compor "tendo em vista uma carreira musical como a de Rodgers e Hammerstein. Naquele tempo, o máximo galardão de um compositor era fazer algum trabalho para Frank Sinatra" (Miles, 1997, p. 233). A mudança de paradigma para John e Paul se daria concomitante às transformações da canção dos Beatles, protagonizadas pelos próprios Lennon e McCartney.

Da beatlemania à autoconsciência da canção

O produtor dos Beatles, George Martin, comentou certa vez que, no início da década de 1960, quando travou contato com os Beatles pela primeira vez, nos estúdios da gravadora EMI, em Londres, acreditava-se que "uma banda que cantarolasse bem seria a garantia – e mesmo o único caminho – para o sucesso". Devido a essa crença, o então empresário do grupo, Brian Epstein, havia insistido para que os Beatles gravassem, no que seria o seu primeiro LP, apenas os "hits" do momento. Além do mais, argumentava Brian, "as paradas estavam cheias daquele troço, de modo que devia ser isso que o povo queria" (Martin, 1995, p. 41-42).

Como se sabe, o primeiro disco dos Beatles, *Please Please Me* (1963), não apresentou apenas "covers" de sucessos do momento; das 14 faixas do LP, 8 eram composições originais de Lennon e McCartney. Tal situação manteve-se praticamente inalterada no segundo LP, *With The Beatles* (1963): das 14 faixas, 6 eram *covers*, 7 eram assinadas por Lennon e McCartney e 1 creditada a George Harrison (era a sua estreia como compositor). No terceiro LP de carreira da banda, *A hard day's night* (1964), todas as 13 faixas foram assinadas por Lennon e McCartney. Entretanto, os *covers* voltariam a aparecer nos 2 LPs seguintes: em *Beatles for Sale* (1964), das 14 faixas, 8 são de Lennon e McCartney e 6 são *covers*; e em *Help* (1965), das 14 faixas, 11 são de Lennon e McCartney, 1 de George Harrison e apenas 2 *covers*. A presença exclusiva de faixas autorais em LPs dos

Beatles – independente se de Lennon e McCartney, de George Harrison ou de Ringo Starr – apenas se estabilizaria após o sexto LP de carreira da banda, *Rubber Soul* (1965).[77]

Os três primeiros LPs marcam o período em que os Beatles se tornaram um estrondoso sucesso na Inglaterra, depois nos EUA e, na sequência, em praticamente o mundo todo. É a fase dos Beatles *mop tops* (um corte de cabelo criado nos anos 50 e que os Beatles transformaram em sua marca registrada na primeira metade dos anos 60), das botas Chelsie, dos blazers sem gola, enfim, é a época denominada pela imprensa britânica de: *Beatlemania*. Do ponto de vista formal, entretanto, a música dos Beatles desse momento em nada, ou em praticamente nada, se diferenciava da música *pop* de rádio da época, fosse ela derivada do *rock and roll* ou do *Tin Pan Alley*. Nas palavras, bem detalhadas, de Paul McCartney:

> Muitas vezes, John tinha a melodia e a letra para a primeira estrofe, e o mais difícil é fazer isso deslanchar. Quase sempre, a segunda estrofe é o que mata, porque muitas vezes a gente já disse tudo na primeira. Mas, com esforço, dá mesmo para conseguir uma segunda estrofe melhor que a primeira. É sempre mais difícil porque a gente não pode repetir, tem que levar a ideia para outro lado, mas a métrica e a melodia têm que ser as mesmas. Era nisso que, muitas vezes, ele ou eu precisávamos de ajuda. Depois havia o estribilho ou a parte B. Costumávamos chamar tudo de "Parte B", mesmo quando a música não tinha 32 compassos. George Martin costumava chamar a atenção: "Paul, essa aí não tem dezesseis compassos?" "É, George, tem." "E mesmo assim vocês estão falando de parte B?" "É, George, estamos" "Entendo. Ótimo!" Nós as chamávamos "partes B" porque tínhamos ouvido os músicos dizerem: "É uma bela parte B". Não pegamos bem o significado. Simplesmente aprendemos o termo, e era assim que dizíamos: estrofes, estribilhos e partes B. Nossas canções tendiam a quatro estrofes, um estribilho que se repetia o tempo todo e uma parte B. Por isso, se a ideia era do John, geralmente eu entrava na segunda estrofe e ficava ali para a parte B e para a terceira e a quarta estrofe – a resolução. Muitas vezes liquidávamos a quarta e repetíamos a primeira, porque parecia que assim a coisa se fechava bem e também porque havia um aspecto comercial de que estávamos cientes: se as pessoas ouvirem uma estrofe duas vezes, será mais provável que a guardem na memória. A primeira estrofe era sempre

[77] Estamos sempre tomando como a base as edições inglesas dos LPs dos Beatles, pois em outras edições, como por exemplo nas lançadas nos EUA (pela Polydor), por vezes, algumas faixas eram subtraídas.

> boa para terminar. Era como dizer: "Lembram do que eu disse no começo dessa canção? Pois agora vou reiterar." Era um truquezinho bom. (McCartney apud Miles, 1997, p. 227-228)

O estudo de John Covach (2006, p. 37-44), sobre a forma das músicas dos Beatles, nos mostra que as canções do período da *Beatlemania*, no geral, ou se apresentavam na forma ABA' (verso contrastando com o refrão/estribilho) ou em variações da forma tradicional da canção *Tin Pan Alley*, AABA, com trinta e dois compassos (podendo ser apresentada em variações de 16 ou 8 compassos). Do ponto de vista de arranjos e timbres, a sonoridade dos Beatles dessa época se limitava basicamente a seus instrumentos principais: baixo elétrico, guitarra elétrica e bateria – vez ou outra acrescentavam uma harmônica de boca, alguma percussão de mão ou um violão, mas nada muito além disso. E do ponto de vista das letras, invariavelmente se tratava de temas amorosos, muitas vezes inocentes, quando não infantilizados: "I Want Hold Your Hand", "Love me Do", "All my Loving", "She´s Loves You", são exemplos de títulos de canções de Lennon e McCartney que fizeram muito sucesso na época, posto que o público-alvo da *Beatlemania* era o adolescente.[78] Porém, foi devido mesmo à *Beatlemania* que os Beatles criaram as condições para pôr fim à *Beatlemania*. Em fevereiro de 1964, os Beatles realizaram a primeira turnê para os EUA, dando início ao que ficaria conhecido como a "invasão britânica". Isto é, os Beatles abririam as portas do mercado musical norte americano (o maior do mundo) para as demais bandas inglesas que surgiam por essa época (The Rolling Stones, The Who, The Kinks etc.). E foi nessa viagem, realizada no auge da *Beatlemania,* que eles se encontraram com Bob Dylan, o que permitiu aos Beatles entrarem em contato com outras abordagens artísticas, carregadas de uma visão de mundo muito diferente da música *pop* que os Beatles estavam acostumados até ali.

Bob Dylan pertencia a uma outra tradição musical dos EUA, diferente, quando não antagônica, do *rock and roll* dos anos 1950: a chamada *folk music*, ou música de protesto. Essa tradição deita raízes no século XIX, mas em sua versão mais politizada e ativista, ligada ao Partido Comunista dos EUA (perseguido e extinto durante os anos do macarthismo), pode-se dizer que teve origem nos anos 1930/40. Nomes como Pete Seeger e Woody Guthrie

---

78 Embora, sociologicamente falando, a palavra "adolescente", ou *teenager*, seja bastante vaga – pois, em si, não carrega recortes de classe, étnicos, sociais e nem mesmo de gênero –, aqui a utilizamos no sentido de distinguir esse primeiro público dos Beatles de seu público posterior, os "jovens". Esse último se trata de um conceito desenvolvido em meados dos anos 1960 e associado ao movimento estudantil universitário e à contracultura. Sobre isso, ver: Frith, Simon - **Sociologia del Rock.** Madrid, Ediciones Júcar, 1978, p. 28.

figuravam como expoentes da *folk music* que, para alguns de seus membros, não se tratava de um gênero musical, e sim um movimento musical de natureza política e ideológica. É bastante conhecida a frase que Woody Guthrie ostentava em seu violão: *this machine kills fascists.* Ou seja, para o movimento folk a canção devia carregar uma mensagem (política, ideológica) e não servir de fonte de lucro para o *show business.* Nesse sentido, opor-se a qualquer tipo de "música pop" (incluindo aqui o *rock and roll*) era uma questão de princípio. Mais que isso, opor-se inclusive aos símbolos da música pop, como a guitarra elétrica, era também uma atitude política. Mesmo a noção de show, que na música pop está atrelada à questão do lucro, não era bem-vista pelos membros da *folk music.* Conforme Greil Markus, biógrafo de Bob Dylan, o que quer que um cantor folk fizesse em público não era visto como um show:

> Era um concerto, um convite, uma reunião, uma celebração de valores – valores de tradição e fraternidade, igualdade e concórdia –, um congraçamento de espíritos afins, um ritual, e esse era o significado daquele palco redondo, feito para recordar peças e cantos em aldeias medievais, depois da colheita. Ninguém na frente, ninguém atrás, nenhum privilégio, nenhuma vergonha. (Markus, 2010, p. 31)

Quando eclodem os anos 1960, e com ele uma série de pautas progressistas sacodem os EUA, Bob Dylan é alçado ao posto de principal herdeiro dos mestres menestréis da *folk music,* como Seeger e Guthrie. Juntamente com os estudantes universitários e com o movimento negro dos EUA, Dylan é figura de proa nas manifestações pelos Direitos Civis, que tinha em Martin Luther King seu principal líder. É esse Bob Dylan que os Beatles encontram em 1964. Um Bob Dylan que ainda não havia feito sua conversão à guitarra elétrica (realizada no ano seguinte), mas que já era um expoente da juventude universitária engajada na luta pelos Direitos Civis. Não se tratava do público adolescente dos Beatles, e sim do jovem universitário que no decorrer da década faria parte central daquilo que, a partir de 1968, seria denominado de contracultura.

Esse evento com Bob Dylan, ocorrido em agosto de 1964, causou um impacto bastante relevante na obra dos Beatles. Inicia-se o processo de adesão dos Beatles à contracultura. Trata-se de um processo relativamente lento, mas cada vez mais intenso. No contexto da discografia dos Beatles, inicia-se a "fase Dylan", algumas vezes também chamada de "os discos da maconha" (fazendo referência ao fato de ter sido Dylan quem apresentou a cannabis aos Beatles).

Os discos (LPs) comumente apontados, pela crítica e pelos próprios Beatles, como pertencentes à "fase Dylan" são: *Beatles for sale* (1964), *Help* (1965) e *Rubber Soul* (1965). Esses três LPs dos Beatles, quando ouvidos separadamente, isoladamente uns dos outros, se apresentam como trabalhos bastante distintos e desconexos entre si. *Beatles for sale,* do ponto de vista das obras autorais, parece ser um retrocesso em relação ao LP que o antecedeu, posto que ele apresenta uma grande quantidade de *covers,* ao contrário de *A Hard Day's Night,* que tinha todas as faixas assinadas por Lennon e McCartney. *Help* é basicamente a trilha sonora do filme homônimo, estrelado pelos Beatles e lançado no mesmo ano do disco, 1965. E *Rubber Soul* é o aclamado, pela crítica e pelo público, *ponto de virada* da banda, o disco de transição rumo à psicodelia. Pode-se ainda acrescentar que são discos, cada um a seu modo, e em intensidades diferentes, voltados para a sonoridade do *folk rock,* que então eclodia nos EUA, na esteira de Bob Dylan (particularmente após sua conversão à guitarra elétrica, no festival de Newport, em 1965).[79] No entanto, se ouvidos de forma articulada, esses três trabalhos dos Beatles nos revelam uma mudança de concepção da canção em relação aos trabalhos anteriores da banda. A canção, para Lennon e McCartney, começa a se autonomizar, passa a ter, nos termos utilizados pelos historiadores da arte para se referirem à arte moderna, *autoconsciência,* isto é, a canção se reconhece a si mesma enquanto canção. E, no mesmo movimento de autoconsciência da canção, se desenvolve a subjetividade do compositor, uma coisa estando atrelada a outra.

Beatles for sale já foi descrito como "um disco de personalidade dividida" (Gould, 2009, p. 299). Embora a temática das letras, nas 8 canções assinadas por Lennon e McCartney, continuasse a ser sobre temas amorosos, com abordagens muitas vezes simplistas, a sonoridade geral do disco procurava se dissociar da estética da *Beatlemania* e se aproximar do *folk rock,* com a presença mais constante de violões acústicos (como em "I follow the sun", "No reply", "Baby's in Black" e "I'll Follow the Sun") e com a inclusão de algumas técnicas de gravação até então inéditas nos trabalhos dos Beatles. Nas palavras de Jonathan Gould (2009, p. 300):

> Efeitos que eram novidades em gravações anteriores dos Beatles, como inserção de pausas e reinícios para criar impacto dramático ou o uso de contrastes dinâmicos, foram empregados rotineiramente faixa após faixa.

[79] Sobre o *folk rock,* ver: Friedlander, Paul – "Folk Rock: Então você quer ser uma estrela do rock", in: **Rock and Roll: uma história social**. Trad. A. Costa. RJ: Record, 2002, p. 211-224.

O aspecto de "personalidade dividida", apontado por Gould, se deve também ao fato de algumas de suas faixas autorais (assinadas por Lennon e McCartney) terem sido compostas antes do encontro com Dylan – embora o disco tenha sido lançado após esse evento. Sendo assim, somando-se *covers*, faixas compostas antes da turnê aos EUA e faixas compostas depois do encontro com Dylan, fez-se de *Beatles for sale* um LP indefinido, com propostas artísticas distintas e não bem resolvidas. No caso de *Help*, por se tratar de uma trilha sonora de filme, o aspecto de uma certa incoerência artística (ou "personalidade dividida") continua presente, mas pode ser justificada, ao menos em parte, pelas necessidades do roteiro do filme. Entretanto, em *Help*, algumas das questões apenas esboçadas em *Beatles for sale* ganham contornos mais nítidos. De acordo com Paul Friedlander (1996, p. 132),

> Dylan não só contribuiu para uma consciência quimicamente expandida, ele também mostrou a importância de usar a visão desta consciência para criar letras consequentes. Como Lennon uma vez recordou: "Eu não estava muito ligado nas letras naquela época. Não pensava que elas fossem importantes. Dylan costumava dizer 'Preste atenção nas letras, cara'. E eu dizia 'Eu não presto atenção nas letras'". Em um ano, as letras dos Beatles adquiriram um formato psicofilosófico. A trilha sonora de *Help* continha nuances de introspecção e vulnerabilidade.

"Help" é a faixa-título que abre o lado 1 do LP homônimo. Trata-se de uma composição exclusiva de Lennon, e pela qual, mesmo já após o fim dos Beatles, ele sempre nutriu um interesse especial, se referindo a ela várias vezes como sendo uma de suas favoritas – ele a considerava verdadeira. Isto é, expressava o seu Eu, a sua subjetividade. Nas palavras do próprio John: "eu *realmente* quis dizer aquilo. Eu pedia por ajuda e de fato queria dizer isso..." (Lennon apud Gould, 2009, p. 314). John elogiava "Help" e a considerava uma de suas preferidas muito em função da letra da canção, de seu aspecto altamente pessoal, e que ele se esforçou ao máximo para dar uma interpretação devida em meio à eloquência de guitarras, baixo e bateria (um tanto contrastante com o sentido intimista da letra). Segundo Jonathan Gould (2009, p. 314),

> O que torna *Help* cativante não é o fato de ser tão eloquente, mas o de ter sido escrita e cantada com uma voz mais claramente *autoral* do que qualquer beatle havia tentado até então. É uma distinção escorregadia – o ponto em que o

> *eu* numa música popular deixa de se referir ao cantor que interpreta o papel de um ator musical e começa a se referir ao "próprio" cantor. Mas o terreno escorregadio desta distinção toma uma significância especial no caso de um cantor que também é o compositor.

Em "Help" (a canção), temos o surgimento da autoconsciência do compositor, no caso, John Lennon. Mas em *Help* (o LP) podemos observar também o surgimento da autoconsciência da canção: em "Yesterday", de Paul McCartney.

"Yesterday" é a penúltima faixa do LP e é uma composição exclusivamente de Paul McCartney. Por ser uma das músicas mais regravadas e mais tocadas dos Beatles, até hoje, ela se tornou uma espécie de atmosfera, que nos cerca, mas não a sentimos mais. Esse excesso de exposição de "Yesterday", ao longo de décadas, pode ter ofuscado alguns de seus aspectos mais interessantes. Geralmente ela é comentada por ser uma linda balada romântica, mas é preciso lembrar que ela não foi a primeira balada romântica de Paul (e nem a última); ou por ela ter o arranjo de quarteto de cordas (o que era bastante comum na música pop, tanto antes como depois de "Yesterday", embora tenha sido uma novidade em se tratando de discos dos Beatles); ou ainda por ter sido a primeira faixa de LP em que um beatle grava sozinho, sem o auxílio dos outros três integrantes da banda. Todavia, o que torna "Yesterday" interessante para nossos propósitos são outras questões que ela apresenta. "Yesterday" rompe com o padrão formal de que os Beatles vinham se utilizando até então. As formas musicais, fossem elas derivadas do *blues/rock and roll* ou das canções do *Tin Pan Alley*, não estão presentes em "Yesterday". Paul a escreveu na forma de 7 compassos (e não na tradicional forma de 32, que poderia ser subdividida em 16 ou 8 compassos). Utilizar-se da forma de sete compassos, além de ser algo incomum na música *pop*, causa um problema de métrica, por se tratar de número ímpar. Conforme a análise de Jonathan Gould (2009, p. 326-327):

> "Yesterday" é um exercício de truques composicionais. A música coloca estrofes de aparente simetria – cada uma termina com a mesma palavra e acorde com que começou – sobre uma estrutura excêntrica de sete compassos, tão bem equiparada pelo fraseado da letra que o compasso "perdido" mal é notado. Essa construção empírica ao extremo [...] suporta um arco frágil de melodia que se inclina tristemente sobre a palavra "yesterday" na abertura do primeiro compasso antes de pausar com uma espécie

> de inércia dramática ao longo de quatro tempos completos. A melodia então ascende com dificuldade do segundo tempo do segundo compasso ("All my troubles seemed..."), quando escapa um pouquinho do tom da música, como para enfatizar a incerteza de "seemed" (pareciam), e alcança o máximo de sua extensão melódica no terceiro compasso ("so far away..."). O verso então refaz o caminho de subida e cai fundo ao longo do quarto e quinto compassos ("now it looks as though they're here to stay..."), desliza sobre outro retalho de ambiguidade harmônica no sexto ("Oh, I believe...") e repousa numa subida suave ("in yesterday...").

Nesse ponto, ao fim do sexto compasso, geralmente um compositor ou um arranjador completaria o sétimo compasso com alguma passagem meramente instrumental, preferencialmente estendendo essa passagem instrumental para mais um compasso (completando-se assim 8 compassos), para dar o aspecto de canção pop tradicional. No entanto, Paul se mantém na forma de 7 compassos e na estrofe seguinte ele canta "Suddenly, I'm not half the man I used to be" ("De súbito, não sou mais o homem que costumava ser"). Ao cantar "suddenly", a canção ao mesmo tempo resolve o problema do "compasso perdido" referido acima por Gould e o faz "de súbito", sem necessitar de preparação ou de passagem instrumental. Ou seja, passa a existir uma correspondência entre a forma da canção e a letra da canção, elas agora estão conectadas por necessidades da própria canção e não mais por necessidades externas (seja comercial, por motivos de tradição cultural ou outra). A canção se tornava autoconsciente nos Beatles.

A autoconsciência do compositor/canção, apresentada em "Help" e "Yesterday", leva os Beatles ao *Rubber Soul.* Conforme constatou um biógrafo dos Beatles: "a música de *Rubber Soul* é bem representada pela capa: são os Beatles de antes, mas com os eixos distorcidos, com o olhar voltados para direções diferentes e dispostos contra um fundo de tons mais escuros e sombrios" (Gould, 2009, p. 344). A cada novo disco, e muito em função ao fenômeno comercial no qual eles haviam se tornado desde a *Beatlemania*, os Beatles vinham conquistando cada vez mais o domínio artístico sobre seus trabalhos e ganhando cada vez mais autonomia dentro da gravadora EMI. Assim, *Rubber Soul* não apenas consolida de vez o trabalho autoral dos Beatles (abandonando definitivamente os *covers*), como é a primeira tentativa (ainda não muito bem realizada) de se pensar o LP, não como uma coletânea de *singles,* mas como uma forma artística específica, com as faixas todas articuladas entre si de algum modo (o que se efetivaria na fase psicodélica da banda). Seja como for, *Rubber Soul* é o disco que encerra a "fase Dylan" dos Beatles, demarcando um dos aspectos mais importantes da *estética beatle* a partir de então: o arranjo como parte integrada e necessária da narrativa da canção. "Norwegian Wood (This Bird Has Flown)", de John Lennon, a segunda faixa do lado 1 do LP, nos mostra muito bem como isso funciona.

"Norwegian Wood" é uma homenagem a Bob Dylan. Trata-se de uma balada, aos moldes tradicionais, com a sonoridade predominante do violão folk, com uma melodia/harmonia modal, em compasso 12/8 e traz implícita a história entre uma garota e, possivelmente, um *beatle* (não uma garota e um jovem qualquer, mas um *beatle*, no caso, o próprio autor da canção). Nas palavras de John Lennon: "Tentei ser sofisticado ao escrever sobre um caso de amor, mas sob uma tal cortina de fumaça que era impossível perceber" (Lennon apud Gould, 2009, p. 346). Seja fato ou ficção, isto é, esteja Lennon falando dele mesmo ou não, o verso inicial de "Norwegian Wood" remete ao padrão (ao clichê) de início de centenas de baladas tradicionais: "I once had a girl / Or should I say, she once had me" ("Certa vez tive uma garota / Ou deveria dizer, ela me teve"). A canção prossegue narrando uma espécie de comédia amorosa sombria, entre dois potenciais amantes com intenções diferentes entre si. No entanto, para se entender a interação do arranjo com história narrada, é preciso entender o que significa "nowergian wood", qual o sentido dessa expressão no contexto da canção. De acordo com Jonathan Gould (2009, p. 347):

> Embora a expressão "Norwegian Wood" tenha sido tomada por alguns como referência a maconha ou ao haxixe, não se refere a nada mais ou menos intoxicante do que a mobília de teca em estilo escandinavo com a qual a jovem e ambiciosa garota pretende transformar seu minúsculo quarto de república numa vitrine de sensualidade e *design cool*. Simboliza as pretensões da garota, bem como a rotina minimalista da sedução (vinho, conversa, cama) que ela parece ter em mente.

Isso posto, o arranjo da canção não se faz de modo artificial, isto é, alheio à narrativa e forma da própria canção. Do ponto de vista harmônico, por se tratar de uma melodia modal, então procurou-se um timbre que remetesse ao universo da música modal. No caso, o sitar indiano, que articula e integra os aspectos propriamente musicais da canção. E, do ponto de vista da narrativa da canção, o sitar cumpre outra função: simboliza as pretensões sedutoras da garota. Prossegue Gould (2009, p. 347) em sua análise:

> George Harrison toca a melodia (da canção) no início de cada parte numa cítara indiana (com corpo de teca), que dá à música um efeito instrumental de exotismo tão calculado quanto o avanço da garota. São um par perfeito: o sitar, cujas notas claras e metálicas soam contra um fundo de sobretons mais obscuros, e a garota, que existe num estado análogo de vibração receptiva com o que a cerca, ao dizer a frase de efeito: "Isn't good?" (Não é bom?).

A "fase Dylan", do *folk rock*, se encerrava com o *Rubber Soul*, mas ela legou aos Beatles a necessidade da autoexpressão, ainda que do centro da música pop, lugar que eles ocupavam. A *Beatlemania* lhes havia tornado um sucesso em escala mundial, mas a partir de agora eles passaram a sentir a "necessidade de validar o sucesso com experimentações em composição e gravação de maneiras que teriam parecido inimagináveis apenas alguns anos antes" (Gould, 2009, p. 386). Assim, em 1966, inicia-se a psicodelia dos Beatles.

A psicodelia e a autocrítica da canção

A "fase psicodélica" traduz a adesão definitiva dos Beatles à contracultura. O público dos Beatles, agora, era preferencialmente a juventude universitária politizada e/ou *freak*, articulada em torno da Nova Esquerda que emergia nos EUA no decorrer das lutas pelos direitos civis e, na Inglaterra, em torno das lutas pelo desarmamento nuclear e do marxismo revigorado dos Estudos Culturais Britânicos, destacando-se nomes de historiadores e teóricos da cultura como E. P. Thompson, Raymond Williams, Stuart Hall e Richard Hoggart. A mudança de concepção da canção e do papel do compositor ocorrida com os Beatles, em particular com Lennon e McCartney, os havia transformado em verdadeiros "gurus culturais" da contracultura, um papel até então reservado apenas aos poetas *Beat* (Ginsberg, Kerouac etc.) e a filósofos como Jean-Paul Sartre e Herbert Marcuse. Lennon e McCartney passam a ser vistos como uma espécie de "intelectuais públicos", um papel social impensável para os músicos e compositores ligados tanto ao *rock and roll* quanto ao sistema *Tin Pan Alley*. A título de uma pequena ilustração sobre o novo papel social adquirido pelos Beatles e de sua conexão profunda com a contracultura, nada melhor do que citar um

> [...] incidente ocorrido no *campus* de Berkeley durante uma greve estudantil na primavera de 1966, quando uma multidão de cerca de mil pessoas passou espontaneamente de uma interpretação desorganizada da *Internacional Socialista*

> (da qual poucos sabiam a letra) a um coro ressonante do compacto mais recente dos Beatles, *Yellow Submarine*. Para que não passasse em branco, o simbolismo do momento foi explicado pelo ativista Michael Rossman (um dos membros fundadores do Movimento pela Liberdade de Expressão) num panfleto que cobriu o *campus* no dia seguinte: "O Submarino Amarelo nos foi proposto pela primeira vez pelos Beatles, que também nos ensinaram um novo tipo de música... Ontem à noite, celebramos a fusão crescente de coração, mente e ação; de *hippies* e ativistas; e nossa alegria e confiança em nossa habilidade de nos importar e tomar conta de nós mesmos e do que nos pertence. E então fizemos uma resolução que irrompeu numa música, e adotamos de hoje em diante esse símbolo inesperado da confiança no futuro e da esperança por um lugar onde todos possamos viver. Por favor, afixem (este panfleto), especialmente onde for proibido. Nós amamos vocês" (Gould, 2009, p. 403).

A "fase psicodélica" compreende 4 discos e dura dois anos, de 1966 a 1967. No entanto, cabe aqui um esclarecimento: desses 4 discos, 2 são trilhas sonoras de filmes dos Beatles, a saber: *Magical Mystery Tour*, lançado, tanto o filme como o LP, no final de 1967; e *Yellow Submarine*, lançado, o filme em 1968 e o LP em 1969 (num período em que os Beatles já não compartilhavam mais a estética psicodélica, tratando-se, portanto, de um lançamento "fora de época", por assim dizer). Por se tratarem de trilhas sonoras de filmes, esses dois trabalhos dos Beatles acabaram sendo uma espécie de coletâneas de *singles* lançados em compactos anteriormente ou mesmo repetições de faixas já lançadas em outros LPs da mesma época da psicodelia – ainda que contenham também faixas inéditas até então. Seja como for, os álbuns que aqui nos interessam mais de perto são os outros dois dessa fase: *Revolver* (1966) e *Sgt. Pepper's Lonely Hearts Club Band* (1967).

Em *Revolver*, aquilo que havia sido apenas esboçado em *Rubber Soul* começa a ganhar forma. O título do disco não tem ligação alguma com a arma (não remete a um revólver), mas com o verbo. Trata-se de revolver, de mover algo, de girar algo... assim como o faz um disco, um LP. Ou seja, em *Revolver* os Beatles passam a ter consciência que o LP não é apenas um suporte material para a venda de música: ele é também uma forma artística – ou que pode ser explorado de modo artístico e não apenas comercialmente. Ainda que não seja um álbum conceitual, como viria a ser o trabalho seguinte, o *Sgt. Pepper*, *Revolver* possui uma certa organicidade entre as faixas. Logo na primeira faixa, no caso, "Taxman" (de George Harrison), em vez de se ouvir o início da música propriamente, ouve-se "one, two, three, four, one, two", contra um ruído de fundo típico de uma fita de gravação mal ajustada. Ou seja, logo de início, *Revolver* avisa: trata-se de um disco, de uma gravação. Há uma consciência do suporte, do disco, que é compartilhada com o ouvinte desde o início. Feito esse anúncio, as faixas que se seguem são uma espécie de catálogo sonoro da psicodelia, buscando efeitos como a *descronização* (efeito de suspender a percepção convencional da passagem do tempo, por meio da desaceleração rítmica) presente, por exemplo, em "I'm Only Sleeping"; a *depersonalização* (rompimento dos limites da consciência, por meio de alterações inesperadas da dinâmica musical), como em "Doctor Robert"; ou a *dinamização* (dissolução do som convencional dos instrumentos musicais e uso de sons não musicais), como em "Yellow Submarine".[80] Além disso, o disco está organizado por meio de contrastes que, alternados faixa a faixa, levam o ouvinte a percorrer "caminhos sonoros" – formas musicais, timbres, temas, sonoridades – dos mais diversos, numa verdadeira "expansão da mente", como era o mote da psicodelia. Assim, por exemplo, ao término de "Love You Too", mais uma composição de George Harrison, a quarta faixa do lado 1, de caráter metafísico, modal e com instrumentação oriental, se segue para a quinta faixa, "Here There and Everywhere", de Paul McCartney, que se inicia com uma vigorosa melodia tonal, feita a partir de tríades ascendentes, reafirmando, no contexto do LP, a música tonal do Ocidente. E, dentre os contrastes todos de *Revolver*, há um, talvez não tão explícito, que é a chave para se entender a canção dos Beatles desse período: a dialética entre cultura de massas e experimentações radicais. Tomemos a acima referida "Here There and Everywhere", de Paul, e "Tomorrow Never Knows", de John, para a entendermos.

A gravação de "Tomorrow Never Knows" teve início em 6 de abril de 1966, nos estúdios da Abbey Road em Londres, e em meio as exaustivas turnês mundiais que os Beatles ainda realizavam por essa época. Embora seja a última faixa do LP, ela foi a primeira a ser gravada, o que torna plausível que *Revolver* tenha sido produzido com a premissa que ela seria a conclusão do LP. É como se todas as faixas anteriores fossem uma espécie de pré-requisito, uma espécie de estudos preparatórios, com as variadas abordagens psicodélicas nelas presentes, para o ouvinte, então, chegar a "Tomorrow Never Knows". Originalmente intitulada "Mark I", como um protótipo de canção, essa faixa, mais que qualquer outra do LP, e mais que qualquer outra

80 Sobre os aspectos musicais da psicodelia, ver: Hicks, Michael – **Sixties Rock**. *Garage, Psychodelic & Other Satisfactions*. Chigago, UIP, 1999, p. 63-64

que os Beatles tinham feito até então, é o resultado do emprego de técnicas de produção e de árdua pesquisa de sons e de timbres realizados em um estúdio de gravação. John, desde a adesão à contracultura, assim como Paul e os demais Beatles, passou a frequentar, assiduamente, a cena *underground* de Londres. E foi das mãos de Barry Miles, um dos fundadores do International Times (uma referência da imprensa underground e da contracultura londrina), que John havia recebido o livro *The Psychedelic Experience* (1964), de Tymothy Leary, que, por sua vez, era uma reinterpretação poética do *Livro Tibetano dos Mortos*" (Turner, 2009, p. 181). Do ponto de vista da letra da canção, foi desse livro, voltado para experiências psicofilosóficas do budismo tibetano, que John extraiu o tema de "Tomorrow Never Knows". No entanto, o que nos interessa aqui é a maneira como essa faixa foi criada e gravada, do ponto de vista musical. Essa canção é, do começo ao fim, um experimento de música eletrônica, nos moldes das vanguardas musicais do pós-segunda guerra mundial, como por exemplo, Stockhausen[81]. De acordo com Robert Rodriguez (2012, p.108), a faixa foi criada por meio *loops* de fita magnética, que combinavam os seguintes sons:

1. A gravação acelerada de uma risada de Paul McCartney;
2. Trechos da Sétima Sinfonia de Jean Sibelius;
3. Duas cítaras indianas, gravadas separadamente, sendo uma delas gravada de forma acelerada e a outra gravada com o solo de trás para frente;
4. Um Mellotron (instrumento eletrônico que precede o sintetizador) imitando sons de cordas e sons de instrumentos de sopros de metais (algumas vezes de flauta também).

Esses sons todos foram mixados e receberam tratamentos (filtros e outros efeitos) de gravação para formar uma espécie de continuum rítmico da canção. A esse mix eletrônico foram acrescentados: a bateria de Ringo, que faz a mesma marcação de tempo durante a faixa toda; um acorde feito no órgão (um acorde de Si Bemol, que aparece repentinamente ao fim de

[81] Os Beatles passaram a ter contato com a música de vanguarda no *underground* londrino. Tanto John Lennon quanto Paul McCartney, embora nunca tenham sido ouvintes rotineiros desse tipo de música, entraram em contato com as obras de Stockhausen, John Cage dentre outros compositores de vanguarda do segundo pós-guerra. Sobre isso, ver: Miles, Barry – "A Londres Vanguardista", in: **Paul McCartney: many years from now.** SP: DBA, 2000. p. 267-332

cada estrofe da canção e depois desaparece novamente); e um solo de guitarra gravado de trás para frente. De acordo com Aaron Krerowicz (2014, p. 13), "Tomorrow Never Knows" gira em torno de um único acorde: de Dó Maior (o acorde de Si Bemol do órgão, quando surge, apenas cria uma tensão pontual e desaparece em seguida), que juntamente com a bateria repetitiva, cria um efeito de música modal. Um efeito de tempo suspenso, de transe. E, por fim, sobre essa engenhosidade sonora toda, foi gravada a voz de John Lennon. John queria que sua voz soasse como um monge tibetano. Na verdade, ele queria ouvir as palavras, mas não exatamente a sua voz. George Martin, o produtor dos Beatles, resolveu o problema gravando a voz de John perpassada por uma caixa de som Leslie, o que criou o efeito de voz metálica, adequando-se assim o timbre da voz à sonoridade global da faixa, que é um constructo de música eletrônica.

"Tomorrow Never Knows" tornava-se não apenas a faixa mais psicodélica dos Beatles, como também a mais experimental (ao menos até aquele momento). Do ponto de vista formal ela é única, pois não se vale de nenhuma forma anteriormente utilizada pelos Beatles em suas canções. Forma e conteúdo (sons) se construíram conjuntamente, realizando assim uma crítica da própria linguagem da canção, uma canção que critica os próprios fundamentos do que é ser uma canção de rock: uma autocrítica, portanto. Na dialética Lennon e McCartney, "Tomorrow Never Knows" puxava a corda para o lado do experimentalismo radical. Sua contraparte é "Here There and Everywhere".

De autoria exclusiva de Paul McCartney, "Here There and Everywhere" foi gravada meses após a gravação de "Tomorrow Never Knows", em junho de 1966. Ela não possui nenhum aspecto experimental, muito menos vanguardista, mas é também única a seu modo, entre outras coisas, por ser a única balada de Paul que John elogiava. Tanto John quanto Paul a consideravam "uma de suas canções favoritas dos Beatles" (Turner, 2009, p. 167). Desde "A taste of honey", do primeiro LP dos Beatles (*Please Please Me*), Paul havia criado uma espécie de subgênero nos discos dos Beatles: as "baladas românticas do Paul". Praticamente em todos os discos dos Beatles há, pelo menos, uma delas. De qualquer modo, suas baladas românticas não são sempre da mesma natureza, isto é, não são iguais como forma de expressão. As primeiras baladas românticas, dos primeiros discos, são muito carregadas de clichês, sejam musicais ou poéticos, oriundos das canções românticas do *Tin Pan Alley*. "Yesterday" é um ponto de inflexão em suas baladas, conforme já comentando anteriormente e, após seu sucesso, tanto comercial quanto artístico, Paul tentou fazer "outra

Yesterday", sem muito sucesso, com "Michelle". O que McCartney procurava era um equilíbrio entre a forma clichê das baladas românticas e a forma autoexpressiva (como em "Yesterday") da balada romântica. Esse equilíbrio deu-se em "Here There and Everywhere", entre outras coisas, porque *Revolver* é um álbum – e não uma coleção de *singles*. No contexto do álbum, essa faixa, mais que outras compostas por Paul e presentes no disco (como a não menos conhecida "Eleanor Rigby"), assume uma centralidade quando comparada às demais faixas. No contexto do disco, ela é a "balada otimista", em oposição a "For No One", a "balada sombria" – também escrita por Paul, presente no lado 2 do disco. Por não ser psicodélica, "Here There and Everywhere" serve de contraste a todas as faixas psicodélicas do LP. E quanto mais psicodélica for a faixa, como é o seu caso, maior fica o contraste – ou mesmo, nesse caso, a contradição. Do ponto de vista formal, entretanto, embora ligada aos padrões do *Tin Pan Alley*, ela também é uma balada autoexpressiva de Paul. Conforme observa Gould (2009, p. 414):

> [...] as estrofes começam, respectivamente, com as palavras "here", "there" e "everywhere" ("aqui, lá, em todo lugar"); as duas primeiras seguem esquemas de rimas diferentes que são então combinados na terceira; e o título da música só é cantado por completo no final, onde atua como um refrão postergado. Todavia, o efeito geral é de intoxicação, não de organização, pois a música está embriagada de amor.

Ou seja, McCartney consegue equilibrar aspectos autoexpressivos (formais) com aspectos oriundos dos clichês do *Tin Pan Alley*, o que tornou imediatamente "Here There and Everywhere" outro grande sucesso comercial, regravada por muitos músicos e tocada exaustivamente mudo afora até os dias de hoje. Portanto, a dialética Lennon e McCartney equilibrava o experimentalismo radical com o sucesso comercial, como um princípio estético criado na "fase psicodélica". No trabalho seguinte, esse princípio será desenvolvido ainda mais.

1967 é o ano em que a contracultura se consolida em várias partes do mundo e atinge seu auge. As manifestações contra a guerra do Vietnã se fazem sob os lemas *hippies*: "não faça a guerra, faça amor" e "paz e amor". É o ano do "verão do amor", que tomou conta de boa parte dos EUA e da Europa. E é o ano de *Sgt. Pepper's Lonely Hearts Club Band*, tido como a "sinfonia hippie" definitiva, como a grande homenagem dos Beatles à contracultura. Trata-se do icônico álbum conceitual da banda. Desde logo, é importante observar: conceitual não é o mesmo que temático. Não há um tema central, não há uma unidade temática entre suas faixas, embora o álbum funcione como uma obra completa e coerente. Também não se trata de nenhuma das chamadas "óperas rock", como *Tommy*, da banda inglesa The Who. O sentido de *conceitual*, no caso do *Sgt. Pepper*, vem da "arte conceitual", muito em voga nos anos 1960. No campo das artes plásticas, costuma-se localizar seu surgimento em 1961, ligado às atividades do grupo Fluxus de Nova York, que contava com as participações, entre outros, de John Cage e Yoko Ono. O historiador britânico Paul Wood, ainda que indique várias possibilidades de definição de "arte conceitual", comenta que ao menos em um ponto há convergência sobre o assunto: "[...] a 'obra' está na ideia. Ela não tem de ser fisicamente realizada para obter o status de uma 'obra de arte'. E, além disso, se ela fosse fisicamente realizada, a realização não teria de ser feita pela mão do artista" (Wood, 2002, p. 37). É nesse sentido, e talvez apenas nesse, que podemos chamar o *Sgt. Pepper* de álbum conceitual. A ideia que rege o álbum: a dissolução dos Beatles diante da banda de um fictício Sgt. Pepper. Ou seja, não são mais os Beatles os realizadores da obra, mas seus alter-egos, os personagens da banda do Sgt. Pepper. É a dissolução do ego, apregoada pela psicodelia, levada às últimas consequências em termos de arte.

O conceito de *Sgt. Pepper's Lonely Hearts Club Band* foi-se formando aos poucos, não nasceu pronto. Mas há um certo consenso de que esse conceito começou a ser elaborado quando deixaram de fazer shows ao vivo. Na bibliografia especializada, destacam-se alguns eventos ocorridos em 1966 que teriam levado os Beatles a deixarem de fazer turnês: como a controversa declaração de Lennon ("somos mais populares que Jesus Cristo"), que causou um grande desgaste na imagem "inofensiva" dos Beatles; e o incidente nas Filipinas, envolvendo Imelda e Ferdinando Marcos, em que os Beatles se recusaram a participar de um "cerimonial oficial" e tiveram seus cachês detidos pelo governo local. Comenta-se também o cansaço da banda, diante das extenuantes viagens para shows ao redor do mundo – shows esses em que as "plateias que só berravam e nem ouviam a música" (Miles, 2000, p. 363). No entanto, existe um outro aspecto a se levar em conta: os Beatles não tinham mais repertório para tocar nos palcos. O fim das turnês, para além da declaração de Lennon e do incidente nas Filipinas, foi provocado, antes de tudo, pelo total descompasso entre o repertório para shows e o repertório que estava sendo produzido no estúdio de gravação.

O último show ao vivo dos Beatles aconteceu em 29 de agosto de 1966 no estádio Candlestick Park, na cidade de San Francisco (Califórnia, EUA). O setlist que os Beatles apresentaram nesse show era um mix de "hits" de seus trabalhos até o momento, o que incluía "Yesterday" e "Nowhere Man", de seus então últimos dois LPs, juntamente com canções provenientes da época da Beatlemania, como "She's a Woman" e "I wanna be your man", além de *covers* como "Rock'n'Roll Music" (Chuck Berry) e "Long Tall Sally" (Little Richard). E aqui está o dilema: no mesmo mês em que ocorreu esse derradeiro show ao vivo da banda, no dia 5 de agosto, ou seja, poucas semanas antes da apresentação, os Beatles haviam lançado o *Revolver.* Criava-se então um fosso abismal entre aquilo que eles tocavam ao vivo e aquilo que eles estavam produzindo no estúdio de gravação. Parecia não fazer mais sentido algum gravar "Tomorrow Never Knows" num dia e no outro se apresentar no palco cantando "Rock'n'Roll Music", de Chuck Berry. De fato não fazia: eram músicas pertencentes a universos socio-musicais completamente diferentes. As transformações que as canções de Lennon e McCartney sofreram, e por decorrência as transformações pelas quais os Beatles passaram, desde o encontro com Bob Dylan e a adesão à contracultura, não eram apenas musicais, mas de visão de mundo. Desde então, os Beatles passaram a liderar (juntamente com outras bandas e outros músicos, mas dado o peso dos Beatles na cena musical dos anos 1960, podemos dizer que eles tiveram um papel preponderante) um processo de transformação sócio-político-artístico da canção. O *rock and roll* oriundo dos anos 1950, voltado para um público mais adolescente e ainda atrelado em grande medida ao sistema *Tin Pan Alley,* tornava-se *rock* – uma música autoral, autoexpressiva, autoconsciente, com potencialidade de realizar tanto a crítica ao mundo externo quanto a autocrítica (crítica da própria linguagem musical) e, especialmente, voltada para o público jovem ligado à contracultura. Portanto, o *Sgt. Pepper* é, ao mesmo tempo, o desdobramento dessa fratura artística e seu curativo.

A ideia central que nutre todo o álbum foi de Paul McCartney, quando retornava a Londres de uma viagem de férias na África, em novembro de 1966. Em suas próprias palavras:

> E de repente, no avião, eu tive esta ideia: "Vamos deixar de ser nós mesmos. Vamos desenvolver outros alter-egos para não ter que projetar as personas que conhecemos". Seria uma coisa muito mais livre. O realmente interessante seria assumir a imagem dessa outra banda. (McCartney, apud Miles, 2000, p. 375).

Para os padrões da indústria da música da época, romper com as turnês e shows significava um suicídio em termos de carreira comercial. A exposição pública em shows ou em apresentações ao vivo de algum tipo era a mola propulsora da venda de discos e demais produtos relacionados ao mundo musical do *show business.* Mesmo para os Beatles, romper com as turnês poderia significar, no mínimo, um risco em termos de carreira e de viabilidade comercial. Todavia, o conceito do *Sgt. Pepper* procurava amenizar esse risco, ou ao menos torná-lo um risco calculado. Posto que os Beatles, a partir do *Revolver*, ficaram com o repertório muito escasso para se fazer shows ao vivo – ainda se pode imaginar Paul McCartney tocando ao vivo "Eleanor Rigby", acompanhado de seu violão, mesmo sem o octeto de cordas que a acompanhou na gravação de estúdio, mas como fazer uma apresentação ao vivo de "Tomorrow Never Knows"? Para a tecnologia de palco existente na época isso era literalmente impossível –; e tendo em vista que continuavam criando um repertório de estúdio cada vez mais complexo (em termos de efeitos de gravação, orquestração etc.), como as canções, lançadas como *singles* em fevereiro de 1967, "Penny Lane" (de Paul) e "Strawberry Fields Forever" (de John); então, que um disco fizesse as turnês para eles. Ou seja, que o *Sgt. Pepper*, o álbum, fizesse a turnê, e não mais os Beatles. O álbum, portanto, é todo um *show.* Um show da banda do Sgt. Pepper. A *apresentação* ao público dos alter-egos (dos personagens) ocorre já na embalagem do álbum, pois os Beatles estão retratados duas vezes na capa do disco: estão presentes tanto como suas figuras de cera, trajando ternos, que foram tomadas emprestadas do museu de Madame Tussaud, remetendo à fase do grupo anterior ao encontro com Dylan, e como eles próprios, trajados com uniformes militares estilizados, coloridos e em cetim fabricados por M. Berman Ltd., de Londres. Esses últimos são os *personagens* da Banda dos Corações Solitários do Sgt. Pepper. O aspecto ficcional se estende ao disco propriamente dito, pois logo no início, na primeira faixa, também há referência de que *não se trata* de um disco dos Beatles. Nos versos do refrão da faixa título, que abre o álbum, é cantado em coro:

> We're Sgt. Pepper's Lonely Hearts Club Band
> We hope you will enjoy the show
> (Nós somos a Banda dos Corações Solitários do Sgt. Pepper
> E esperamos que vocês gostem do show).

Para reforçar a ideia de "show ao vivo" foram inseridos alguns ruídos no início da faixa, criando a sensação de uma orquestra afinando os instrumentos antes da apresentação, e alguns "sons de plateia", imitando a ovação do público, em determinados momentos ao longo da canção. Além disso, um pouco antes de terminar a primeira faixa é apresentado o nome de mais um personagem fictício: "the one and only Billy Shears" (nome ficcional de Ringo, que é o intérprete da faixa seguinte)[82]. E essa pequena trucagem de estúdio, essa colagem de uma faixa na outra, além de reforçar o conceito ficcional do álbum, permite pensarmos a forma musical de *Sgt. Pepper* de dois modos. Se pensarmos faixa a faixa, então, cada uma delas possuirá uma forma musical específica – a forma de cada faixa. E no *Sgt. Pepper* existem formas musicais variadas, desde formas mais próximas do convencional – com o contraste entre verso e refrão, como em "Lucy in the sky with Diamonds" –; até formas irregulares, ou formas livres, como em "A day in the life". Essa variedade de formas musicais se articula com a diversidade de timbres, de intensidades e de climas musicais presentes no álbum. O *Sgt. Pepper*, assim como os demais trabalhos dos Beatles da "fase psicodélica", é um verdadeiro mosaico de sons, um caleidoscópio sonoro. No entanto, no sentido de reforçar o conceito criado para o álbum, essas colagens de uma faixa na outra ocorrem mais vezes ao longo do LP. No lado 2, as três últimas faixas também se conectam sem intervalo: é como se entre o início e o fim do álbum as outras faixas (não conectadas) funcionassem como um show de variedades, cada uma delas propondo algo completamente diferente umas das outras. E esse aspecto faz com que John Covac, em seu estudo sobre a estrutura formal das canções dos Beatles, se questione se se trata de faixas isoladas mesmo, ou se o *Sgt. Pepper* deve ser pensado como uma mesma faixa composta por "fragmentos de canção". (Covac, 2006, p. 47) Se pensado como *fragmentos de canção* unificados, o álbum deixa de ter alguma forma reconhecível, ou alguma forma que já tenha sido utilizada anteriormente em alguma canção. Os Beatles, desde pelo menos *Rubber Soul*, vinham tentando pensar o LP, não como um mero suporte para uma coleção de *singles* organizada em função do mercado (as "músicas de trabalho" sendo colocadas logo no início do LP e as demais faixas se sucedendo sem maiores critérios, fossem comerciais ou outro), e sim como uma possibilidade de se criar uma obra mais orgânica[83]. De modo semelhante, seus

---

82 Billy Shears, alter-ego de Ringo, é o único personagem da banda de Pepper tratado nominalmente ao longo de todo o álbum. Os Beatles entenderam que a arte da capa, a organização das faixas ao longo do LP e a apresentação de "Billy Shears" seriam o suficiente para estabelecer o conceito do álbum.

83 Criado em 1948, pela CBS, o LP de 33 e 1/3 rpm possibilitou mudanças tanto artísticas como comerciais, na medida em que foi se difundindo no mundo da música gravada. Do ponto de vista da estratégia de vendas, o LP colocou fim, ainda que de modo processual, no antigo sistema *Tin Pan Alley*. Com o LP foi-se consolidando a estratégia de vender o compositor/intérprete, e não mais apenas a figura do intérprete. Com isso, criaram-se as possibilidades para o surgimento da ideia de álbum. No entanto, ao mesmo tempo em que possibilitava mudanças mais ligadas ao lado artístico da música gravada, ele também criou uma outra estratégia de vendas de música: as coletâneas (*de singles*). No mesmo ano do lançamento de *Revolver*, um álbum, os Beatles também lançavam, em

últimos trabalhos (especialmente o *Revolver*) também haviam mostrado que o estúdio poderia ser algo mais que apenas um local de registro das canções. Segundo Friedlander, "os Beatles usaram a tecnologia do estúdio de gravação como se fosse outro instrumento", necessitando assim cada vez mais "das inestimáveis contribuições do produtor-arranjador George Martin" (Friedlander, 2002, p. 135). Isso posto, o que faz *Sgt. Pepper* existir como ele é são duas coisas: o estúdio e o LP. Ainda que haja faixas que se tornaram *hits* descolados do todo da obra, a forma musical do *Sgt. Pepper* é a forma LP. Trata-se de um álbum e não de uma coleção de *singles*. É um romance com vários capítulos e não uma antologia de contos curtos. *Sgt Pepper*, assim, semelhante aos procedimentos da arte moderna, desvela o caráter artificial da própria obra de arte. Desmitifica a canção de rock. Revela o suporte material/comercial ao qual está umbilicalmente ligada, ao mesmo tempo em que o transforma numa forma artística. É a dialética arte e mercado em estado pleno.

E a forma LP, como resultado de um trabalho árduo de estúdio, pode ser percebida em todas as faixas do álbum. Todavia, para concluir o conceito, tal como apresentado pelo *Sgt. Pepper*, continuemos com a narrativa ficcional da banda. Se na primeira faixa, que abre o LP, a banda do Sgt Pepper esperava agradar a audiência, na "reprise" (que é homônima à faixa de abertura) ela espera *ter agradado*, pois o show estava por terminar. Os versos iniciais da "reprise" são semelhantes aos do refrão da faixa de abertura do LP, apenas o verbo *to enjoy* (gostar, apreciar, divertir-se) está conjugado no passado, pois essa seria a última apresentação musical do show. Dizem os versos iniciais da "reprise":

> We're Sgt. Pepper's Lonely Hearts Club Band
> We hope you have enjoyed the show

O *show* (LP), todavia, não termina com a reprise da faixa *Sgt. Pepper's Lonely Hearts Club Band*. Existe um "bis": "A day in the life". Essa faixa fecha o álbum e, de certo modo, concentra todos os elementos da estética psicodélica dos Beatles: pesquisa e montagem de som em estúdio, colagens de sons (eletrônicos ou não), utilização de técnicas que se aproximam das vanguardas musicais, arranjos orquestrais que visam a efeitos sonoros diversos. No que diz respeito à utilização de técnicas provenientes das vanguardas musicais, é possível encontrarmos elementos do *aleatório*, técnica utilizada por músi-

---

dezembro de 1966: *A Collection of Beatles Oldies (But Goldies!)*, uma coletânea de *hits*, que incluía também faixas lançadas, alguns meses antes, no *Revolver*.

cos como John Cage e Pierre Boulez, mas também pelo Dadaísmo e pelo Surrealismo[84]. "A day in the life" foi composta por Lennon e McCatney, mas continha partes muito distintas. Assim, os compositores optaram por separar 24 compassos entre essas partes, nos quais não gravariam (ao menos era a ideia inicial) "nada". Deixariam esses 24 compassos "vazios", em "silêncio". A justificativa para a escolha de 24 compassos já era, em si, algo aleatório. Nas palavras do produtor George Martin: "Por que 24 compassos? Por que não?" (Martin, 1995, p. 66). Procedimentos vanguardistas que remetem vagamente ao aspecto do aleatório do Dadaísmo (da conhecida técnica da "poesia do chapéu" dadaísta), encontram-se também na letra da canção. A primeira parte de "A day in the life" foi composta por John Lennon, a partir de fragmentos de notícias retiradas do jornal britânico Daily Mail, e com os quais havia criado imagens poéticas *nonsense* – *surreais* (como por exemplo: "São necessários quatro mil buracos para preencher o teatro Albert Hall"). A segunda parte (que se inicia nos versos: "Woke up, fell out the bed [...]") é de Paul McCartney. Entretanto, as duas partes haviam sido compostas em métricas rítmicas diferentes: a de John estava em 4/4, e a de Paul em 4/8. Havia, pois, um problema de natureza musical: como juntar essas duas partes? A solução encontrada foi "colar" (fazer uma montagem) as partes distintas da canção por meio de um *ruído* (o sentido era esse, criar um ruído de fato) inusitado: um *crescendo* aleatório de uma orquestra sinfônica. Os 24 compassos "vazios" seriam então preenchidos por esse *crescendo*. Os compassos "vazios", entretanto, não estavam exatamente vazios. Conforme relata George Martin (1996, p. 66-67):

> Mal Evans (*roadie* dos Beatles) contou os compassos bem alto. Aquilo pareceu bem estúpido – "um, dois, três..." – então pusemos um tremendo eco crescente [...] em sua voz: no final havia uma enorme reverberação. Só para garantir que todos saberiam quando recomeçar, incluímos um despertador no final do último compasso. Isso realmente não fazia muito sentido, pelo menos naquele momento. Mas estávamos um pouco cheios e o relógio foi apenas uma brincadeira.

A gravação com a orquestra desses 24 compassos deu-se em meio a um verdadeiro *happening*, que estava em moda na década de 1960. Quarenta e um músicos da Orquestra Sinfônica de Londres foram "despejados" em

---

84 Sobre a relação dos Beatles com a vanguarda musical, ver: Krerowicz, Aaron – **The Beatles and the avant-garde.** Hartford, USA: AK Books, 2014; e ver também: Greene, Doyle – **Rock, counterculture and the avant-garde. 1966-1970.** *How the Beatles, Frank Zappa and The Velvet Underground defined na Era.* Jefferson, USA: McFarland Publishers, 2016.

Abbey Road, nos estúdios da EMI, trajando casacas e narizes de palhaços, empunhando violinos com patas de macaco amarradas nos arcos e usando óculos coloridos; incensos espalhados pelo estúdio todo, um balão preso ao fagote inflava e murchava à medida que o músico articulava as notas de seu instrumento; vários convidados e amigos do grupo (incluindo Mick Jagger, dos Rolling Stones) estavam presentes; enfim, tudo compunha o *happening contracultural* preparado pelos Beatles para o evento de gravar 24 compassos de uma então nova faixa para o novo disco[85]. E em meio a tudo isso foi dada a indicação aos músicos da orquestra para não tocarem de forma coesa como estavam acostumados na Orquestra: deveriam seguir seus "instintos" na escolha das notas que cada um tocaria. Segundo George Martin (1996, p. 69):

> O que fizemos para aqueles 24 compassos foi instruir cada músico a começar tocando a nota mais baixa de seu instrumento (o mais discretamente possível) e terminar no final do último compasso tocando a nota mais alta, no mais alto volume.

Ao término do vigésimo quarto compasso, o despertador que havia sido colocado para marcar os 24 compassos toca, e inicia-se a segunda parte da canção com os versos de Paul McCartney: "Woke up, fell out the bed" ("acordei, cai da cama") – uma, anteriormente, mera brincadeira, acabou reportando a letra da canção ao som que se ouve e vice-versa. Desse modo, com o *crescendo* (aleatório) e o despertador (de certo modo também aleatório), as duas partes distintas da canção foram "coladas". A *day in the life*, antes de terminar efetivamente e encerrar o álbum, ainda teve mais algumas colagens sonoras: um poderoso acorde final, tocado simultaneamente em três pianos e que ressoou por aproximadamente 42 segundos, e a adição de "vozes" em rotação alterada, pronunciando palavras desconexas. Toda essa *engenharia sonora* presente no *Sgt. Pepper*, ao mesmo tempo em que sintetiza a estética psicodélica dos Beatles prepara os futuros trabalhos da banda, que, dialeticamente, a mantém e a modifica radicalmente.

Da triagem à decomposição da canção

1968 foi um ano emblemático. Das enormes manifestações de rua contra a guerra do Vietnã ao maio francês, da Primavera de Praga ao acir-

[85] Ver as imagens da gravação de "A Day in the life" na sexta parte, DVD3, da coleção: **The Beatles, Anthology.** UK, Apple, 2002 (coleção com 5 DVDs).

ramento da luta do movimento negro nos EUA, 1968 pode ser entendido, ao mesmo tempo, como o ápice da contracultura e o início de seu fim. No caso dos Beatles, 1968 assinala também o início dos desentendimentos pessoais entre seus integrantes, um clima que marcou a produção do seu álbum duplo *The Beatles*, mais conhecido como *Álbum Branco*, lançado em novembro desse ano. Ao se deparar apenas com as capas dos dois álbuns já se percebe a mudança de rumos que os Beatles estavam tomando: saía a capa cheia de cores, de *Sgt. Pepper*, criada por meio de uma montagem de imagens diversas, assinada pelo artista da pop arte inglesa Peter Blake; e entrava a capa totalmente branca, contando apenas com a inscrição "The Beatles" em alto relevo, de outro artista da pop arte inglesa: Richard Hamilton. Em termos sonoros, o *Álbum Branco* possui vários aspectos que negam a estética psicodélica adotada em *Sgt. Pepper*. Enquanto no caso do *Pepper* é possível notar um certo "excesso de elementos psicodélicos" – indo desde aspectos visuais presentes na capa do disco, até outros, de ordem musical, como arranjos, orquestrações, técnicas de gravação, além do próprio conceito ficcional norteador do álbum –; o *Álbum Branco* é mais "econômico", mais "discreto", em tudo. Soma-se a isso a organização do álbum. Ao contrário do *Sgt Pepper*, o *Álbum Branco* não se apresenta como uma obra conceitual, não possui nenhum fio condutor (como a banda fictícia do Sgt. Pepper, por exemplo) que lhe dê algum caráter de organicidade, nem tampouco alguma noção de começo-meio-e-fim, com aspectos de clímax e resolução bem determinados (como em *Revolver*), embora não seja também um amontoado de *singles*, como nos primeiros discos dos Beatles. As 30 faixas do *Álbum Branco* podem ser lidas como uma sucessão de contrastes sonoros e, ao mesmo tempo, como contraposições de canções que se sucedem ao longo das quatro faces do LP duplo. A escolha das canções deu-se muito mais em função das desavenças entre os membros do grupo do que propriamente por motivos estéticos. No entanto, essa escolha acabou por dar algum sentido ao álbum duplo, justamente pelas desavenças, pelas disputas pessoais e pelos pontos de vista cada vez mais distantes entre os principais compositores da banda. Isso posto, o que o *Álbum Branco* apresenta não é exatamente a negação da estética psicodélica adotada pelos Beatles, e sim uma triagem, uma filtragem, de seus elementos. Essa triagem pode ser entendida, ainda que não se restrinja apenas a elas no *Álbum Branco*, por meio de "Blackbird" e "Revolution 9", duas faixas completamente distintas do ponto de vista sonoro e que, ao mesmo tempo, indicam processos semelhantes adotados por Lennon e McCartney.

"Blackbird" é uma canção de Paul McCartney. No contexto do tumultuado ano de 1968, essa faixa do *Álbum Branco* acabou ganhando um sentido eminentemente político. Embora algumas versões da história da criação de "Blackbird" atestem que Paul a compôs durante a viagem dos Beatles à Índia, no começo de 1968, onde teria ouvido um melro preto que teria lhe inspirado a canção, versões mais recorrentes, e talvez mais de acordo com o sentido da letra, indicam que a inspiração de Paul foi outra: o conflito racial nos EUA e a notícia do assassinato de Martin Luther King. De acordo com Steve Turner (2009, p. 260),

> É provável que ele a tenha começado na Índia, influenciado por Donovan, e terminado entre seu retorno em 26 de março e a gravação das fitas demo na casa de George no fim de maio. Isso torna mais provável a hipótese de que a letra tenha vindo na sequência da morte de Martin Luther King, em 4 de abril.

O termo "blackbird" era empregado para se referir a pessoas de origem africana, desde o período do escravismo nos EUA, sempre de forma pejorativa. No entanto, nos anos de 1960, as campanhas pelos direitos humanos se apropriaram dele o transformaram em algo positivo. Assim, diz Paul na letra da canção:

> Blackbird singing in the dead of night
> Take these sunken eyes and learn to see
> All your life
> You were only waiting for this moment to be free[86]

A letra de "Blackbird", assim, possui um sentido político, de encorajamento do movimento negro, em particular das mulheres negras, em suas lutas emancipatórias (cf. Turner, 2009, p. 260) e ao mesmo tempo lírico. Em seu aspecto sonoro, a parte musical propriamente dita, ela também possui uma certa dualidade. Se por um lado ela tem um aspecto *folk,* gravada apenas com voz e violão (acrescida de um suave canto de melro que surge em determinados momentos da faixa, o único efeito sonoro de estúdio presente na faixa)[87], por outro ela é o resultado de uma triagem de elementos da "fase psicodélica" dos Beatles, em particular das canções do próprio Paul. No "caleidoscópio sonoro" que foi a psicodelia dos Beatles,

---

[86] Em uma tradução livre: "Blackbird cantando na calada da noite/ Pegue esses olhos fundos e aprenda a enxergar/ Toda sua vida/ Você só estava esperando esse momento para ser livre".

[87] Ouve-se também, na faixa gravada no *Álbum Branco*, uma "percussão". Trata-se da marcação do tempo musical feita por Paul, batendo o pé no chão.

havia espaço para desde elementos da vanguarda mais radical até elementos de música barroca. Paul, em particular, tinha um certo interesse pela sonoridade barroca, a utilizando em algumas de suas canções. Por exemplo, em "For No One", do *Revolver*, o solo é feito por um trompete francês, que procura emular a sonoridade de um cravo, instrumento muito utilizado no barroco. De modo semelhante, em "Penny Lane", um *single* lançado um pouco antes do *Sgt. Pepper*, o solo da canção é feito por um trompete piccolo, aos moldes de um *Concerto de Brandenburg* de Johann Sebastian Bach. No caso de "Blackbird", Paul sempre conta que sua inspiração para compor a melodia não foi o canto de um pássaro (um melro), mas "sua lembrança do *Bourrée* de Bach em mi menor (da *Suíte para Alaúde* no. 1 – BWV 996), que ele aprendeu na adolescência em um manual de violão" (Turner, 2009, p. 260). Assim, em "Blackbird", o que antes estava na orquestração e nos complexos arranjos, passa para a estrutura da música, que mantem o aspecto contrapontístico (entre a melodia cantada e o acompanhamento do violão, que formam dois planos melódicos distintos, em contraponto) da música barroca, no caso, do referido *Bourrée* de Bach. Há, portanto, uma triagem dos elementos da psicodelia dos Beatles: eles continuam presentes, embora não de modo "excessivo".

"Revolution 9", por sua vez, é uma canção de John Lennon, em parceria com Yoko Ono (ainda que mantenha os créditos para Lennon e McCartney). Trata-se, sem dúvida, da faixa mais experimental, não apenas do *Álbum Branco*, mas de toda a obra dos Beatles. Houve, inclusive, alguma resistência dos demais Beatles em incluí-la no álbum. Porém, quem estava realmente disposto, ou tinha poder, para confrontar John Lennon numa situação como essa? Assim, ela aparece como a penúltima faixa, no lado 4, do álbum duplo. "Revolution 9" é uma canção feita, toda ela, apenas com recursos eletrônicos e técnicas de gravação de estúdio. Trata-se de uma peça de música eletrônica, no sentido de música de vanguarda. De acordo com Barry Miles (2000, p. 585-586),

> "aquilo (*Revolution 9*) foi feito por influência de Yoko". Nos EUA, Yoko se apresentava muitas vezes com John Cage e estava bastante familiarizada com esse tipo de trabalho. [Tratava-se] do tipo de colagem sonora que poetas e compositores vanguardistas já haviam feito durante os vinte anos anteriores, usando toda a gama do estéreo para combinar fragmentos de conversa, pedaços de sinfonia, *loops* e berros, geralmente com eco total.

É quase impossível identificar todos os sons que aparecem em "Revolution 9". No entanto, Mark Lewisohn (cf. Turner, 2009, p. 280-281), que estudou a gravação em uma mesa de som, separando ao máximo possível todos os ruídos, palavras e sons que nela aparecem, conseguiu identificar os seguintes fragmentos: coro, violino tocado ao contrário, sinfonia (provavelmente a mesma de Sibelius, utilizada em "Tomorrow Never Knows") também tocada ao contrário, *overdub* da orquestra de "A day in the life", vidro estilhaçando, aplauso, trechos de ópera, *mellotron* tocado ao contrário, murmúrios, frases faladas por John Lennon e George Harrison gravadas em uma fita cassete por Yoko Ono e, por fim, a palavra *right*, extraída de outra canção de Lennon, a "Revolution"[88]. Há ainda o som mais reconhecível de todos, que inclusive gerou parte do título da canção: uma voz bem audível entoando *number 9, number 9*. John Lennon encontrou esse fragmento em uma fita de teste com a voz de um engenheiro de som: "Essa é a série de testes número nove da EMI". Ele recortou o "number nine", descartando o resto da fita. Assim, a voz que se ouve entoando "number nine" é a de um engenheiro de som da EMI. E aqui temos a chave para entender "Revolution 9" como uma canção. Do ponto de vista formal, esse experimento de música eletrônica se apresenta no tradicional verso/estribilho, pois o "number nine", que surge várias vezes ao longo da faixa, funciona como um refrão. Inclusive, é um refrão facilmente memorizável, como em qualquer música pop de rádio. Embora contenha trechos de falas de John Lennon e George Harrison, por ser uma colagem de fitas magnéticas, "Revolution 9" é a única canção dos Beatles em que nenhum de seus quatro membros da banda aparece cantando ou tocando algum instrumento. Ela é, em sua inteireza (e diferente de "Tomorrow Never Knows"), uma composição de música eletrônica. Assim, o que Lennon faz nessa faixa é uma triagem de todas as experimentações mais radicais da "fase psicodélica" dos Beatles e as condensa nessa faixa. Se McCartney, em "Blackbird", buscava uma solução por meio da triagem dos elementos mais "exagerados" da psicodelia; Lennon, em "Revolution 9", fazia o oposto, tornava esses elementos (baseados em técnicas de estúdio) o centro da canção. Ambos, porém, estavam testando os limites da canção de rock, cada qual a seu modo. O que poderia existir aquém de uma voz e um violão e continuar a ser uma canção de rock? O que poderia existir além de "Revolution 9" e ainda continuar a ser uma can-

[88] Existem três canções de Lennon denominadas "Revolution". Uma chamada apenas de "Revolution", que foi uma gravação inicialmente feita para o *Álbum Branco*, mas se tornou apenas um *single*, não entrando no álbum duplo. Outra, denominada de "Revolution 1", que aparece no *Álbum Branco*, e a "Revolution 9". A ideia de "revolução" que havia inspirado inicialmente Lennon, surgiu a partir das manifestações estudantis do Maio de 68 na França.

ção de rock, sem adentrar o campo da música de vanguarda propriamente dita? Lennon e McCartney, assim, testavam os limites da canção de rock e da estética psicodélica no *Álbum Branco*. Testes esses que continuariam, de outro modo, no LP seguinte.

Na sequência cronológica dos LPs dos Beatles, o que vem após o *Álbum Branco* é o *Abbey Road*, lançado na Inglaterra em 26 de setembro de 1969. Esse álbum é o resultado de uma certa trégua das desavenças pessoais entre os membros do grupo, que se arrastavam desde o trabalho anterior. De acordo com Jonathan Gould (2009, p. 662):

> A decisão dos Beatles de dar ao álbum o nome do local de seus maiores trunfos artísticos foi uma das muitas indicações de que eles tinham consciência, durante o verão de 1969, de que poderiam estar gravando o último disco juntos. E o fato de ser o nome de um estúdio profissional de gravação era especialmente apropriado, já que o álbum era, em essência, um tributo à habilidade dos Beatles de funcionar – no último instante, quando todo o resto havia falhado – como uma banda profissional em estúdio.

O complexo de estúdios da EMI, em Abbey Road, não era muito conhecido fora dos meios ligados diretamente à indústria fonográfica. Na época em que foi lançado, em 1969, o título do LP era uma "referência obscura" (Gould, 2009, p. 662). Desde então, porém, a capa de *Abbey Road* se tornou um dos maiores ícones dos Beatles, sendo continuamente reproduzida em camisetas, pôsteres, chaveiros e demais produtos ligados à banda; e os estúdios da Abbey Road, desde então (até hoje), se tornaram um lugar de peregrinação para os milhares de fãs ao redor do mundo que, ano após ano, dia após dia, se dirigem a esse local agora turístico de Londres. A fotografia de Iain Macmillan para a capa do disco, registrando John, Ringo, Paul e George (nessa ordem), atravessando a faixa de pedestre da Abbey Road, na direção oposta aos estúdios, como se estivessem saindo dele naquele momento é, sem sombra de dúvidas, uma das imagens mais conhecidas da cultura pop do século XX. Já do ponto de vista musical, *Abbey Road* é um álbum que registra os membros do grupo em estágios diferentes da prática composicional. Ringo Starr, que era um compositor bissexto (ele assina apenas três canções dos Beatles), apresenta sua "Octopu's Garden", que se utiliza de efeitos sonoros e técnicas de gravação muito semelhantes à faixa "Yellow Submarine", do *Revolver*. É como se ele estivesse se aproximando, como compositor, do início da "fase psicodélica" dos Beatles. George Harrison, por outro lado, apresenta dois dos maiores *hits* dos Beatles: "Something" e "Here Comes The Sun". Embora fosse a "segunda força" criativa dos Beatles, atrás somente da dupla Lennon e McCartney, George não havia ainda alcançado o mesmo status de "criador de sucessos" que John e Paul possuíam. Isso ocorreria no *Abbey Road*, pois tanto "Something" como "Here Comes the Sun" figuram entre as canções dos Beatles mais tocadas e mais regravadas (por diversos músicos) desde então. Lennon e McCartney, por sua vez, continuavam a experimentar e testar os limites da canção de rock. O tom dessas novas experimentações pode ser visto já logo na faixa de abertura do álbum: "Come Together". De acordo com Jonathan Gould (2009, p. 665):

> *Come Together* abre o álbum como uma música de John totalmente transformada em estúdio pela contribuição de Paul ao arranjo [...]. Na composição original de John, *Come Together* era um blues animado ao estilo de Chuck Berry, com uma base de guitarra arrastada como uma locomotiva e um verso de abertura derivado de uma das músicas "automobilísticas" de Berry, *You Can't Catch Me.* Depois de ouvir John tocá-la, Paul sugeriu que, para minimizar a semelhança com a música de Berry, desacelerassem o andamento. Isso mudou o clima de *Come Together,* tanto quanto a sugestão de George Martin de acelerar o andamento de *Please Please Me* mudou o desta em 1962. No andamento mais lento e com a faixa ensopada de eco, a música parece rastejar e escapulir ao som do baixo flutuante de Paul, que sobre uma nona aumentada na duração de cada compasso, e da bateria abafada de Ringo, que sussurra e se apressa ao longo da introdução de quatro compassos de cada estrofe para se fundir, sob o vocal, ao padrão arrastado de oito notas da guitarra base abafada de John.

A mudança de andamento, conforme observado por Gould, já havia sido utilizada pelos Beatles em outros discos. No entanto, no contexto do *Abbey Road,* esse pequeno "truque musical" sugeria, ou indicava, o que estava por vir. Desacelerar o andamento, juntamente com o baixo oscilante de Paul e o eco adicionado no estúdio havia *desmontado* o "blues animado" da versão inicial. E esse é o aspecto que *Abbey Road* apresenta como foco principal de suas faixas: a desmontagem da canção. Se o lado 1 do álbum se inicia com o desmonte da música, ele se encerra com o desmonte da letra. "I Want You (She's So Heavy)", também de John Lennon, tem uma duração, pouco usual nas canções dos Beatles, que excede os tradicionais 3 minutos da canção de rádio. Ela possui 7 minutos e 44 segundos. Essa duração não é importante por si só, mas torna-se importante quando observamos do que essa faixa é constituída. Ela alterna climas sonoros que vão desde uma introdução lenta, feita em arpejos na guitarra que reverberam em compassos de 12/8, criando um clima um tanto quanto enigmático, até uma explosão de gritos desesperados em andamento de 2/4, passando por climas mais próximos a um blues bem marcado ritmicamente, em andamento de 4/4. Em todos esses climas da faixa, e esse é o aspecto que chama a atenção, John entoa, fraseando e refraseando, variando de acordo com os climas da faixa, e ao longo dos 7 minutos e 44 segundos, apenas o título da canção: "I Want You (She's so Heavy)" ("Eu quero você (Ela é tão má)"). Ocorre uma pequena variação, quando ele canta "I Want You so bad / It´s driving me mad" ("Quero tanto você / Isso está me deixando louco"). O aspecto minimalista (no sentido da repetição tanto sonora como da letra) vinha de Yoko Ono. Segundo Turner (2009, p. 309):

> *I Want You* foi escrita como uma canção de amor para Yoko. John admitiu a influência que ela teve em seu novo estilo de compor e disse que pretendia um dia escrever a canção perfeita: com apenas uma palavra. Um poema de Yoko de 1964 consistia apenas na palavra "water".

A presença de elementos de vanguarda na música dos Beatles não era exatamente uma novidade, mas agora, diferente da "fase psicodélica", não se tratava de criar *montagens dadaístas* ou *colagens surrealistas*, mas sim de decompor a canção aos mínimos elementos possíveis, a tal ponto de o título já ser a própria letra da canção. Essa decomposição se torna mais evidente no decorrer do álbum.

No lado 2 de *Abbey Road* encontram-se algumas das faixas, dentre todas as criadas pelos Beatles, mais difíceis de serem compreendidas e analisadas do ponto de vista formal, sem muitos consensos na bibliografia especializada. Trata-se do chamado *Medley*, talvez o ponto alto do *Abbey Road* e certamente um dos pontos altos de toda a obra da banda. Antes de mais nada, é preciso observar: na contracapa do LP, onde estão escritos os títulos das faixas, não existe nenhuma referência a um "medley". Existem apenas os títulos das faixas do álbum, tanto as do lado 1 quanto as do lado 2. Portanto, a ideia de agrupar um certo número de faixas do lado 2 de *Abbey Road*, em torno de uma ideia de "medley", isto é, de apresentá-las como uma espécie de junção de trechos de músicas que comporiam uma única música, é algo que não está indicado na contracapa do LP. Ainda que se leve adiante a ideia de um *Medley*, existe outro problema que não é consenso na bibliografia: quando exatamente ele começa? Para Thomas MacFarlane

(2008), o *Medley* se inicia na faixa "Because", de John Lennon. Para Doyle Green (2016, p. 68), por sua vez, "Because" não faz parte do *Medley*, que se iniciaria na faixa seguinte: "You never give me your Money", de Paul McCartney. Para MacFarlane (2008), o *Medley*, do ponto de vista formal, é pensado como uma espécie de suíte, com a seguinte estrutura, onde para cada movimento é indicado as faixas que o compõe:

> Prelúdio – *Because*
>
> Movimento I – *You Never Give Me Your Money*
>
> Movimento II – *Sun King/ Mean Mr. Mustard/ Polythene Pam/ She Came In Through The Bathroom Window*
>
> Movimento III - *Golden Slumbers/ Carry That Weigth/ The End*
>
> Poslúdio – *Her Majesty*[89]

Embora seja possível pensar essas faixas do lado 2 de *Abbey Road* como se fossem uma espécie de suíte, no sentido de uma coleção de faixas que se juntaram, o que chama a atenção do *Medley* é a manutenção de seu aspecto fragmentário. Não há um desenvolvimento temático (seja de letra ou de temas musicais) que dê algum tipo de organicidade a essas faixas para que possamos pensar em uma suíte no sentido mais convencional da *forma suíte*. O aspecto fragmentário dessas faixas, ainda que estejam "coladas" (isto é, sem intervalo entre si) umas às outras, certamente é o complicador para se pensar em alguma forma musical mais definida, ou em alguma coesão formal de qualquer tipo. Em trabalhos anteriores, Lennon e McCartney compunham "fragmentos de canção", partes de canção, que depois ou um ou o outro desenvolvia, e ambos, ao final, transformavam as partes compostas individualmente em uma única canção coesa. Mesmo em casos como o de "A day in the Life", de que cada um compôs um trecho, um fragmento bastante diferente um do outro, conseguiram, por meio do trabalho em estúdio, juntar essas partes distintas e manter a coesão da canção. O que ocorre no *Medley*, ainda que as faixas tenham sido coladas umas nas outras, é que não existe propriamente uma coesão, mas uma *decomposição* (fragmentação) da canção. Vamos aceitar a proposta de que o *Medley* se inicia em "Because": essa faixa, por si só, é uma decomposição. Segundo consta nas biografias todas dos Beatles, "Because" é uma canção composta a partir da reversão harmônica de uma sonata de Beethoven. Isto é, ela é o resultado de uma decomposição harmônica. De acordo com Turner (2009, p. 311):

[89] Em seu livro, *The Beatles' Abbey Road Medley* (2008), MacFarlane apresenta essa forma do Medley no sumário, pois cada capítulo do livro discute aspectos de cada "movimento" por ele definido como partes do Medley.

> John estava relaxando no sofá de sua casa enquanto Yoko tocava no piano de cauda o primeiro movimento da Sonata para piano no. 14 em dó sustenido ("Sonata ao Luar"), de Beethoven. John perguntou se ela podia tocar os mesmos acordes em ordem inversa. Ela o fez e isso serviu de inspiração para *Because*.

Assim como "Come Together" decompõe uma música de Chuck Berry, "Because" decompõe uma sonata de Beethoven. Porém, nesses dois casos, as decomposições se tornaram uma nova composição: ambas possuem começo, meio e fim de modo coeso. Não é exatamente o que se segue nas demais faixas do *Medley*, que não possuem o desenvolvimento completo (de começo, meio e fim) e se deixam transparecer como fragmentos de fato. Assim, após "Because", de John, inicia-se "You Never Give Me Your Money", de Paul, que por sua vez é colada, sem um desfecho propriamente, a "Sun King", outro fragmento de John, e assim o *Medley* segue até o final. Mas onde exatamente ele termina? Outro ponto não muito consensual entre os estudiosos dos Beatles é a definição exata a esse respeito. As faixas que estão, de fato, coladas umas às outras no LP, se estendem de "Because" até "The End". Muitos dão como encerrado tanto o *Medley*, como o próprio álbum, em "The End". Primeiro, porque "The End" é um bom título de faixa para encerrar o último disco gravado pelos Beatles. E, segundo, porque em nela tem-se uma espécie de síntese da "filosofia Beatle" nos versos finais da canção: "and in the end/ the love you take/ is equal to the love/ you make" ("e no final/ o amor que você recebe/ é igual ao amor que você dá"). Seria, de fato, um bom final para o *Medley* e para o último álbum dos Beatles. No entanto, após "The End", existe um intervalo de alguns segundos de silêncio, e após este intervalo temos a faixa "Her Majesty", um *fiapo* de canção que dura apenas 23 segundos. Essa faixa, composta por Paul McCartney, embora pensada inicialmente para fazer parte do *Medley*, havia sido descartada pelo próprio Paul. Ela foi incluída como última faixa do disco por um engenheiro de som, para que nada da banda "se perdesse" (Turner, 2009, p. 321). Assim, para Gould (2009, p. 686), "a inclusão de *Her Majesty* transformou *The End* no primeiro de uma série de finais falsos, adiados e inconclusivos da história dos Beatles, que se desenvolveria nos dez anos seguintes".

Seja como for, "Her Majesty" conclui o álbum dentro da proposta que estava dada na primeira faixa: a decomposição da canção. Esse pequeno fragmento de canção que encerra o *Abbey Road* torna-se mais revelador quando pensado que todo o *Medley*, todos seus fragmentos, são o desnudamento da maneira como Lennon e McCartney trabalhavam, mas agora sem os recursos (fossem musicais propriamente ditos ou de técnicas de gravação) que unificavam os trechos de canção que cada um compunha. As canções estavam juntas, mas não formavam um todo coeso. A dialética Lennon e McCartney, assim, desfazia-se ao final de *Abbey Road*. E, tal como na capa do álbum, os Beatles saíam de Abbey Road, atravessando a faixa de pedestre que fica em frente aos estúdios da EMI, como devem ter feito tantas vezes ao longo da década de 1960, mas dessa vez para nunca mais voltarem a gravar juntos novamente.

À guisa de conclusão: a canção transformada

Como mais um final falso, *Abbey Road* **não foi exatamente o último disco lançado pelos Beatles. Seu derradeiro LP foi o** *Let It Be*, lançado em 8 de maio de 1970, um mês após o fim da banda. É quase um disco "póstumo". Esse álbum não contou efetivamente com a participação dos Beatles, embora as canções sejam da autoria deles (Lennon/ McCartney e George Harrison), nem foi produzido por George Martin e nem tampouco contou com a banda na elaboração final dos arranjos, o que leva alguns autores perguntarem se realmente "se trata de um disco dos Beatles" (Friedlander, 2002, p. 143). Mas, sim, é um disco dos Beatles. *Let It Be* não possui as inovações técnicas do *Revolver*, não possui um conceito como o *Sgt. Pepper*, não é arrojado como o *Álbum Branco* e nem tem o refinamento sonoro do *Abbey Road*, mas é um disco dos Beatles. Sob um determinado ponto de vista, talvez seja um disco tão importante quanto os demais citados acima. Pois nele estão canções que são a síntese da dialética Lennon e McCartney. O abismo que passou a existir, desde o encontro com Dylan, desde a adesão da banda à contracultura, entre os *Beatles dos Shows* e os *Beatles do Estúdio*, desapareceu em *Let It Be*.

Quando deixaram de fazer turnês e passaram a se dedicar exclusivamente ao estúdio, criou-se de fato um problema para os Beatles. Não um problema financeiro, como poderíamos supor, devido ao funcionamento do mercado de música gravada da época, que os próprios Beatles ajudaram a reelaborar e colocar em outras bases, mas um problema de natureza mais artística. Era como se algo estivesse faltando. Uma banda de rock que não fazia shows, que não tocava ao vivo, era algo no mínimo estranho nos anos 1960, década que consagraria o rock nos lendários festivais: Monterey, Woodstock, Altamont, entre outros. No documentário *The Beatles*

Anthology, é possível perceber sentimentos distintos ante o fato dos Beatles terem deixado de fazer turnês. Ringo Starr, no referido documentário, diz ter "aprendido a jogar xadrez" durante a gravação de *Sgt. Pepper*, isto é, ele se sentia mais útil e, efetivamente, um membro ativo do grupo nas turnês, uma vez que não compunha e ficava aguardando sem ter muito o que fazer durante dias, até ser chamado para gravar a bateria em alguma faixa do disco. George Harrison, por outro lado diz ter sentido um alívio com o fim das turnês, pois ele "detestava" todo aquele clima da *Beatlemania*. John Lennon ficou indiferente com o fim das turnês. Paul McCartney, por sua vez, talvez tenha sido o que mais sentiu falta dos shows ao vivo. O próprio conceito, criado por Paul, para o *Sgt. Pepper*, de um LP que é um show ao vivo, talvez tenha sido uma solução possível para aquele momento. Ou seja, um paliativo para a situação de não mais fazer shows. Seja como for, partiu de Paul a ideia de voltar a fazer shows, e o *Let it Be* é o resultado dessa ideia.

Em janeiro de 1969, meses antes de iniciarem a gravação do *Abbey Road*, os Beatles estavam reunidos em torno de um projeto de Paul McCartney, que ficaria conhecido posteriormente como *Get Back*. A ideia de Paul era que os Beatles se reunissem para trabalhar um novo material, novas canções, no sentido de uma "volta às raízes" ("Get back"). Isto é, compor um novo material para voltar a fazer shows. E foi desse projeto de Paul, que surgiu aquele que é de fato o último show ao vivo dos Beatles: o *Rooftop Concert* (o concerto no telhado). Ocorrido no dia 30 de janeiro de 1969, no telhado da Apple Corps (empresa dos Beatles), os Beatles, com acompanhamento do tecladista Billy Preston, tocaram para um público incrédulo, formado por transeuntes que passavam por essa região do centro de Londres, até que a polícia os mandasse parar de tocar, alegando perturbação da ordem pública, as seguintes canções, então inéditas: "Get Back", "Don't Let Me Down", "I've Got a Feeling" e "One After 909". Essas foram as canções tocadas no inusitado show, no telhado da Apple. No entanto, durante o período em que os Beatles estavam reunidos compondo novo material para o projeto *Get Back* foram criadas outras canções, como é o caso de "Let it Be", a faixa homônima do LP. A "volta às raízes" pretendida por Paul, nesse projeto, no entanto, não significava um retorno ao *Rock and Roll*, à *Beatlemania* ou ao *Tin Pan Alley*. Ao contrário, significava criar um repertório para ser tocado ao vivo, sem todas as técnicas de gravação de estúdio, mas com canções já transformadas pela dialética Lennon e McCartney. Assim, não eram mais canções para adolescentes e nem tão pouco repletas de clichês românticos. "Let It Be", "The Long and Widding Road", "Get Back", "I've Got a Feeling",

"Across the Universe", enfim, as faixas do álbum *Let it Be,* são canções de rock: autoconscientes, autoexpressivas, com capacidade de realizar a crítica (social, política) ao mundo e a autocrítica da linguagem; sem, contudo, deixar de ter uma grande viabilidade comercial, sem deixar de ser cultura de massa. Essa síntese talvez tenha sido o maior legado da dialética Lennon e McCartney: uma espécie de utopia artística em forma de canção. E ouvir essas canções, que continuam tocando em todo o mundo, hoje – talvez mais que em sua própria época – é rememorar que essa utopia existiu, ainda que por um curto período, na nem tão distante década de 1960.

Referências

Bibliografia:

COVACH, John. "From craft to art: formal structure in the music of Beatles", *In*: WORMACK, Kenneth & DAVIS, Todd F. **Reading The Beatles.** *Cultural Studies, Literary Criticism and The Fab Four.* New York, USA: State University os New York Press, 2006.

FRIEDLANDER, Paul. **Rock'n'Roll**: uma história social. Rio de Janeiro: Record, 2002.

FRITH, Simon. **Sociologia del rock.** Madrid: Ediciones Júcar, 1978.

GOULD, Jonathan. **Can't buy me love:** *Os Beatles, a Grã-Bretanha e os EUA*. São Paulo: Larousse, 2009.

GREENE, Doyle. **Rock, Counterculture and the Avant-garde, 1966-1970.** *How The Beatles, Frank Zappa and The Velvet Underground defined na Era.* Jefferson, USA: McFarland, 2016.

HICKS, Michael. **Sixties Rock**. *Garage, Psychedelic & Other Satisfaction*. Chicago: UIP, 1999.

KREROWITZ, Aaron. **The Beatles and The Avant-Garde**. Hartford, USP: AK Books, 2014.

MACFARLANE, Thomas. **The Beatles' Abbey Road Medley**. *Extended Forms in Popular Music.* Plymouth, UK: Scarecrow Press, 2008

MARCUS, Greil. **Like a Rolling Stone**. *Bob Dylan na encruzilhada*. São Paulo: Companhia das Letras, 2010.

MARTIN, George. **Paz, amor e Sgt. Pepper**: *Os bastidores do disco mais importante dos Beatles*. RJ: Delume-Dumará, 1995.

MILES, Barry. **Paul McCartney.** *Many years from now*. SP: DBA, 2000.

RODRIGUEZ, Robert. **Revolver:** How The Beatles Reimagined Rock'n'Roll. Milwaukee, USA: Back Beat Books, 2012.

TURNER, Steve. **The Beatles**: a história por trás de todas as canções. SP: Cosac & Naify, 2009.

WOOD, Paul. **Arte Conceitual**. São Paulo: Cosac & Naify, 2002

Documentário:

The Beatles. Anthology. UK, Apple, 2002 (coleção com 5 DVDs)

Discografia dos Beatles:

Please Please Me. Parlophone (GBR), 1963 (LP)

With The Beatles. Parlophone (GBR), 1963 (LP)

A Hard Day's Nigth. Parlophone (GBR), 1964 (LP)

Beatles for Sale. Parlophone (GBR), 1964 (LP)

Help. Parlophone (GBR), 1965 (LP)

Rubber Soul. Parlophone (GBR), 1965 (LP)

Revolver. Parlophone (GBR), 1966 (LP)

Sgt. Pepper's Lonely Hearts Club Band. Parlophone (GBR), 1967 (LP)

Magical Mystery Tour. Parlophone (GBR), 1967 (LP)

The Beatles (White Album). Apple (GBR), 1968 (LP)

Yellow Submarine. Apple (GBR), 1969 (LP)

Abbey Road. Apple (GBR), 1969 (LP)

Let It Be. Apple (GBR), 1970 (LP)

4

YOU MAY SAY I'M A DREAMER: UTOPIA E ENGAJAMENTO POLÍTICO EM JOHN LENNON

Vanessa Pironato Milani

You may say I'm a dreamer
But I'm not the only one
I hope someday you'll join us
And the world will live as one

"Imagine" – John Lennon

I've had enough of reading things
By neurotic, psychotic, pig-headed politicians
All I want is the truth
Just gimme some truth
No short-haired, yellow-bellied, son of tricky dicky
Is gonna mother hubbard soft soap me
With just a pocketful of hope

"Gimme Some Truth" – John Lennon

John Lennon era um artista inconstante, que não se ligava a um *modus operandi* de fazer música por muito tempo, não seguia uma fórmula pronta nem acatava a vontade de seus ouvintes. Isso pode ser visto ao longo de suas produções, tanto nos Beatles quanto em sua carreira solo e/ou ao lado de Yoko Ono e a Plastic Ono Band.[90] Enquanto se esperava que os Beatles fossem uma banda de jovens ligados ao *rock'n'roll*, ao iê-iê-

[90] A banda foi criada pelo casal em 1969, contou com diversos músicos conhecidos deles, como Eric Clapton, George Harrison, Ringo Star, Klaus Voormann, Alan White, Phil Spector, entre outros, e serviu para que Yoko e Lennon pudessem compor, se apresentar e lançar discos juntos, bem como fazerem experimentos musicais. Ao todo foram 8 lançamentos, de 1970 a 1974, entre discos feitos em conjunto e da carreira solo de ambos. Nos anos 2000, Yoko Ono reuniu novos músicos e lançou dois discos creditados à Plastic Ono Band, mas sem nenhum membro dos anos 1970.

-iê e desfrutassem de sua fama, Lennon compôs, nos anos 1965, no auge da chamada *beatlemania*, a canção "Help!", na qual expunha o cansaço, o desânimo e a pressão causadas pela fama e o sucesso exacerbado ("And now my life has changed in so many ways / My independence seems to vanish in the haze [...] Help me if you can I'm feeling down")[91], além de trazer uma nova sonoridade para a banda, que aos poucos ia se distanciando daquelas dos primeiros discos. Já nos anos 1968, quando as lutas contraculturais estavam em seu auge, sendo o maio francês o símbolo daquele momento, o beatle compôs uma canção chamada "Revolution 1" – lançada como single junto com "Hey Jude" – mas que dizia "But when you talk about destruction / Don't you know you can count me out"[92], ou seja, ele se eximia da luta direta (e nas ruas) para continuar defendendo a revolução por meio da paz. E, no ano seguinte, em 1969, reafirmou esse seu posicionamento ao compor o single "Give Peace a Chance".

Ao longo de sua carreira foram muitos os caminhos seguidos tanto no sentido da utopia, acreditando que pela paz e pelas artes poderia ser feita a revolução, quanto no do engajamento político, confrontando as políticas e políticos da época, participando de manifestações e se aproximando de personagens ligadas às lutas contraculturais. São essas mudanças que buscaremos compreender à luz do momento histórico e pessoal de John Lennon. Assim, ainda no início dos anos 1960, quando da formação dos Beatles, a utopia e o engajamento ainda não estavam presentes nas composições. Essas seguiam os esquemas musicais e comerciais do *Tin Pan Alley* – nome dado ao conjunto de editoras musicais situadas em Nova York que tinha como objetivo contratar compositores profissionais para criarem músicas e canções que seriam vendidas para cantores e bandas, cujo auge se deu no final do século XIX e no começo do seguinte, em consequência do *boom* econômico do pós-Guerra, bem como da falta de formas de se divulgar as produções sonoras, tendo em vista que não havia ainda o rádio nem a televisão.

As editoras, então, se utilizaram da compra e venda de partituras/composições para a geração de lucro e a autopromoção. O autor Timothy Scheurer afirma que

91 "Agora minha vida mudou de muitas maneiras / Minha independência parece desaparecer na neblina [...] ajude-me se você puder, eu estou me sentindo desanimado" (tradução minha, como todas as demais de versos e canções no presente texto).

92 "Mas quando você fala em destruição/ Você sabe que não pode contar comigo".

> os compositores [...] trabalhavam o dia todo em pequenos cubículos tentando produzir canções de sucesso para produtores musicais empreendedores e novos talentos ansiosos por encontrar um nicho em um mercado musical em constante mudança (Scheurer, 2008, p. 90).[93]

Já John Shepherd (2016, p. 2) afirma que o *Tin Pan Alley*[94] teria dado início à indústria da música pop como a conhecemos até hoje, criando uma ideologia mercadológica nos mercados consumidores que se formavam com o desenvolvimento econômico. Mas ao começarem a compor suas próprias canções e desenvolver um som própria da banda, os Beatles foram deixando para trás os aspectos iniciais da carreira. Não à toa, no mesmo ano de lançamento de *Help!*, em 1965, a banda trouxe à luz o álbum *Rubber Soul*, no qual as 14 faixas eram de autoria de John Lennon e Paul McCartney, com a exceção de "Think for Yourself" e "If I Needed Someone", de George Harrison e "What Goes On", creditada a Ringo Starr, junto de Lennon e McCartney. A partir desse lançamento, a mudança nos rumos sonoros da banda passa a ser mais expressiva, como destaca George Martin[95] – produtor e arranjador:

> Na época do Rubber Soul eles estavam prontos para novos rumos musicais. No começo eram bem influenciados pelo R&B americano [...] à medida que o tempo passava, outras influências ficaram visíveis: música clássica e música moderna. Isso foi de 1965 em diante (Roylance, 2001, p. 194).

O crescente uso da maconha por parte dos membros da banda, além das influências musicais que se modificavam, bem como o crescente interesse, especialmente de George Harrison, pela música indiana foram fatores que auxiliaram nos experimentalismos dos álbuns que foram lançados a partir de 1965. As primeiras composições estavam em sinergia com o momento e rumavam para a utopia, para a busca de uma sociedade emancipada, na qual a arte seria o instrumento revolucionário, pois "é somente a partir da linguagem, das imagens e das experiências artísticas que a utopia de um

[93] "Songwriters here and more particularly across the street at Aldon Music worked all day in small cubicles trying to produce hit tunes for enterprising record producers and eager new talent who were trying to find a niche in an ever changing music Market" (No original).

[94] Para mais informações a respeito do Tin Pan Alley, ver: Timothy E. Scheurer. "The beatles, the Brill building, and the persistence of Tin Pan Alley in the age of rock"; John Shepherd. "Tin Pan Alley".

[95] George Martin, além de produtor e arranjador da banda, foi o responsável por dar vida às ideias experimentais que os garotos de Liverpool – especialmente Lennon e McCartney – traziam para os estúdios de gravação e também por aperfeiçoar suas composições, fazendo arranjos de inegável destaque na história da música.

outro mundo se mostra, ainda que precariamente, possível aos homens e mulheres" (Bretas, 2008, p. 6). Os Beatles estavam antenados com esse processo histórico contracultural e não se imiscuíram de participar dele, como destacou John Lennon, para quem

> Os anos [19]60 viram uma revolução na juventude – e ela não se concentrou só em grupos ou classes, foi uma revolução em todo um modo de pensar. A juventude entendeu primeiro e a próxima geração depois. Os Beatles foram parte da revolução, que ainda está acontecendo. Estávamos todo nesse barco nos anos [19]60. A nossa geração – um barco indo descobrir o Novo Mundo (Anthology, 2013, p. 201).

A fala do beatle mostra que estavam cientes das transformações sociais, econômicas e culturais daquele momento, especialmente entre a juventude, a qual se afastava progressivamente do modo de vida de seus pais, e isso perpassava as produções musicais da banda, haja vista que eles quiseram fazer parte dessa revolução, buscando novas inspirações, contatos, frequentando ambientes em que ocorriam os experimentos e abandonando as turnês (ao final de 1966) para se dedicarem à música e à exploração do estúdio e seus recursos. A primeira composição de John Lennon com aspectos utópicos e transcendentais foi "Tomorrow Never Knows", lançada no álbum *Revolver*, de 1966. Ela seguia a máxima de que a arte não deveria ter valor de uso, pois sua "utilidade é de um tipo transcendental" e, em seu "próprio desenvolvimento interno, em sua luta contra suas próprias ilusões, a arte vem se juntar à luta contra os poderes em curso [...] em outras palavras, a Arte, em virtude de sua própria dinâmica interna, torna-se uma força política" (Dias, 2022, p. 210-213). Portanto, ao negar a realidade existente, a sociedade tal qual ela era e os padrões pré-estabelecidos das composições da indústria cultural, a arte, ao apresentar uma nova realidade possível e romper com os arquétipos esperados, torna-se uma arma política, um meio de negar o *status quo* e uma ferramenta para a revolução social, cultural e econômica.

Dessa forma, "Tomorrow Never Knows" apresenta uma letra que estava em comunhão com o *hipismo* da época, reforçada em sua frase inicial: "Turn off your mind, relax and float down stream"[96] – expressão derivativa de Timothy Leary, um dos gurus da contracultura, defensor do uso de psicotrópicos – além de ser psicodélica e com frases de dicção existencialista ("Ainda que você possa ver o significado de dentro / Isso é ser, isso é ser";

[96] "Não pense em nada, relaxe e flutue rio abaixo".

"Então jogue o jogo da Existência até ao fim"). Tais aspectos não ficaram apenas na dimensão da escrita verbal, sendo reforçados em sua sonoridade, a qual fora criada por meio de colagem de diferentes fitas de gravação postas ao contrário, dando a ela o caráter psicodélico, como uma confusão mental durante a viagem lisérgica. Seu arranjo é constituído, majoritariamente, por efeitos eletrônicos, possíveis somente no estúdio, e suas orquestrações "tocadas de trás para frente, em tons alienígenas e velocidades impossíveis, que surgem e desaparecem como foguetes" (Gould, 2010, p. 426-427). As novidades trazidas pela composição não se limitaram à letra e à música, avançando para a vocalização de John Lennon, que pediu a George Martin para que sua voz soasse como o Dalai Lama falando do alto de uma montanha tibetana. O produtor não fugiu ao pedido inusitado do beatle. Fazendo uso das possibilidades sonoras que o estúdio lhe proporcionava, ele

> transmitiu o vocal de John por um aparelho mecânico rotativo chamado alto-falante Leslie, projetado para fazer órgãos eletrônicos soarem como órgãos de igrejas acústicos ao simular o vibrato natural provocado pela passagem do ar pelas palhetas dos tubos. O uivo tenso e etéreo produzido por esse equipamento chegou o mais próximo possível permitido pela ciência moderna da epifania tibetana que Lennon tinha em mente (Gould, 2010, p. 427).

A partir de então, John Lennon, enquanto um beatle, criou diversas canções[97] que não estavam coladas na realidade *stricto sensu*, mas sim que "abriam" a mente dos ouvintes para uma realidade distinta, em confluência com a ascensão da psicodelia, o uso de psicotrópicos e a vontade da juventude por mudanças. Daí reside o caráter revolucionário das canções compostas, pois como afirmou Herbert Marcuse, destacado pensador dos anos 1960, "toda a verdadeira obra de arte seria revolucionária, na medida em que subverta as formas dominantes da percepção e da compreensão, apresente uma acusação à realidade existente e deixe aparecer a imagem da libertação" (Marcuse, 2007, p. 10). Além disso, tratando da utopia, ele afirma que ela é um conceito histórico e

> refere-se a projetos de mudança social considerados impossíveis. Impossível por quais motivos? Na discussão habitual da utopia, a impossibilidade de concretizar o projecto de

[97] Exemplos dessas canções são: "Lucy In The Sky With Diamonds"; "A Day in the Life"; "Being for the Benefit of Mr. Kite!"; "I am the Walrus"; "I Want You (She's So Heavy)", além do medley, no qual ele contribuiu com "Mean Mr. Mustard" e "Polythene Pam".

> uma nova sociedade existe quando os factores subjectivos e objectivos de uma determinada situação social impedem a transformação – a chamada imaturidade da situação social. Os projectos comunistas durante a Revolução Francesa e, talvez, o socialismo nos países capitalistas mais desenvolvidos são ambos exemplos de uma ausência real ou alegada dos factores subjectivos e objectivos que parecem tornar a realização impossível (Marcuse, 2007, p. 250).[98]

No entanto, quando começou sua carreira solo (estando ainda nos Beatles), John Lennon passou a transitar entre 'subverter as formas dominantes' e aderir à forma imediatamente política. No ano de 1969, ele lançou, junto de Yoko Ono, o segundo disco de estúdio da dupla, chamado *Unfinished music nº 2: Life With the Lions* – que foi o sucessor de *Unfinished music nº 1: Two Virgins*, no qual o casal aparece pelado na capa, o que gerou diversos problemas para a gravadora, a qual inclusive teve de cobrir a capa com um papel que deixava à mostra somente o rosto de Lennon e Yoko – que fugia totalmente das formas pré-estabelecidas do universo da música pop, subvertendo, assim, a ordem dominante. Assim, no quesito musical, o lado A traz apenas uma composição, chamada "Cambridge 1969", de 26'28" de duração. Ela tem início com a fala de Yoko Ono e depois um grito longo e agudo, acompanhado em seguida por distorções causadas por John Lennon em sua guitarra e ruídos eletrônicos, dando a impressão de uma grande interferência acompanhando a vocalização da artista (Milani, 2022, p. 218), a qual "extrai pequenas melodias, depois retorna ao seu foco de som demoníaco", gerando "absoluta comunicação entre eles" (Junger, 2004, p. 146). Durante toda a execução dessa faixa, há momentos em que os gritos de Yoko são vocalizados sozinhos, em outros são os sons gerados por Lennon que sobressaem e, na maior parte, são os dois conjuntamente que se expressam, em uma espécie de duelo entre eles. Nos minutos derradeiros (a partir de 25'48"), há o acréscimo do saxofone de John Tchikai e a percussão, por John Stevens, dando um aspecto mais melodioso e tranquilizador após os gritos de horror e os ruídos perturbadores.

O lado B traz quatro composições, denominadas "No Bed For Beatle John" (4'40"), "Baby's Heartbeat" (5'09"), "Two Minutes Silence" (2'00") e "Radio Play" (12'34"). Essa segunda parte do disco apresenta a congregação

[98] "Utopia is a historical concept. It refers to projects for social change that are considered impossible. Impossible for what reasons? In the usual discussion of utopia the impossibility of realizing the project of a new society exists when the subjective and objective factors of a given social situation stand in the way of the transformation – the so-called immaturity of the social situation. Communistic projects during the French Revolution and, perhaps, socialism in the most highly developed capitalist countries are both examples of a real or alleged absence of the subjective and objective factors that seem to make realization impossible" (No original).

de muitos elementos vanguardistas que Yoko havia apreendido em seus tempos iniciais em Nova York, quando teve contato com destacados nomes da música, como John Cage, Georges Maciunas, Dick Higgins e outros. A primeira delas é uma espécie de paródia dos cantos gregorianos, do século VI, tendo em vista o canto monódico de Yoko, com uma nota repetida por um longo tempo e feito à capela, somente com Lennon fazendo contraponto em alguns momentos, reforçando, assim, a espacialidade do canto (outra característica daqueles da época do Papa Gregório) (Milani, 2022, p. 219). A faixa seguinte, intitulada "Baby's Heartbeat", apresenta 5'09" de som gravado dos batimentos cardíacos do bebê deles, que veio a falecer após Yoko Ono sofrer aborto espontâneo. Esse não era o primeiro filho que ela perdia, portanto, a gravação foi "uma documentação comovente e um tributo a uma vida que nunca nasceu" (Krerowicz, 2014, p. 84). Até por isso, a faixa seguinte "Two Minutes Silence", como seu título elucida, é de dois minutos de silêncio, numa espécie de homenagem ao filho perdido (Milani, 2022, p. 221). Dessa forma, como afirma Vera Terra (2000, p. 83), com o silêncio "A música deixa de ser re-presentação [sic] do mundo e se torna experiência do permanente fluir da vida. Os sons são concebidos como 'eventos em um campo de possibilidades' e não em pontos discretos definidos pela tradição". A última faixa do disco é a chamada "Radio Play", com 12'34" compostos por ruídos desse aparelho eletrodoméstico, dando a impressão de uma alternância de estações sem sintonizar em nenhuma, como se estivessem procurando por algo sem encontrar. Tais sons são entremeados por conversas entre o casal, mas não são distinguíveis (Milani, 2022, p. 222). O disco como um todo mostra, portanto, a composição de uma arte autônoma, sem funcionalidade prática na sociedade, tendo apenas função contemplativa e combativa, assim como se definiam as artes do modernismo, as quais têm um "fascínio pela heresia", ou seja,

> O poeta modernista que verte conteúdos obscenos em métricas tradicionais; o arquiteto modernista que elimina qualquer elemento decorativo dos projetos; o compositor modernista que transgride deliberadamente as regras tradicionais da harmonia e do contraponto; o pintor modernista que expõe um esboço rápido como uma pintura acabada – todos eles e seus aliados sentiam prazer em tomar um caminho novo, desconhecido, revolucionário (o deles mesmos), mas também tinham gosto pelo puro gesto de insubordinação bem-sucedida contra a autoridade vigente (Gay, 2009, p.20).

A capa do disco trazia imagem de Yoko deitada em uma cama de hospital, enquanto John estava ao seu lado, no chão, mostrando a união e parceria do casal. Já sua contracapa era um momento avesso àquele mostrado na frente do disco, pois era uma foto publicada no jornal britânico Daily Mirror de quando foram presos em Londres por posse de drogas, de forma autoritária e sem motivos aparentes, no final de 1968. Era a perseguição policial que sofriam por causa da fama e da exposição midiática, além da caça particular exercida pelo policial Sgt. Pilche, que se destacou por prender celebridades, como Mick Jagger, Keith Richards, Brian Jones, George Harrison, além do próprio John Lennon e de Yoko Ono. A dualidade apresentada nas imagens do disco é também condizente com o momento do casal que, se por um lado lançava mais um trabalho vanguardista, por outro se engajava cada vez mais nas lutas políticas, especialmente com a mensagem de paz (Milani, 2022, p. 217-218). Foi na mesma época em que chegou ao público o *Unfinished music nº 2*, que eles lançaram a manifestação denominada *bed-in*, que tinha por objetivo promover a paz – e são as imagens destes momentos que estão presentes no pequeno livreto que acompanha o disco. Também mandaram instalar outdoors em diversas cidades do mundo com a frase "A guerra acabou... se você assim quiser" (War is Over...if you Want it) (Mitchell, 2015, p. 42). Reforçando, dessarte, a luta deles pelo fim das guerras, especialmente a do Vietnã.

Foi durante o *bed-in* – uma transformação da lua de mel do casal em um evento em nome da paz mundial, em que eles, na cama, vestiam pijamas brancos, em uma grande cama toda branca também, acompanhados por cartazes com dizeres "Hair Peace" e "Bed Peace" e flores espalhadas pelo quarto – que gravaram o single *Give Peace a Chance.* Feita na própria suíte, apenas com Lennon ao violão e seus convidados, como Timothy Leary, Allen Ginsberg, Derek Taylor, adeptos do Hare Krishna e do hippismo com outros instrumentos e diversos repórteres, ela foi vista como uma espécie de mantra e hino pela paz mundial. Sua forma musical, portanto, era simples e nem exigiu produção de estúdio, sendo praticamente um *happening*, dada sua singeleza sonora, haja vista que sua mensagem estava em sua letra e não em seu som. Seus versos destacavam as várias coisas que estavam em voga na época, como "Bagismo, Shaguismo, Draguismo, Madismo, Ragismo, Tagismo [...] Revolução, Evolução, Masturbação / Flagelação, Regulação, Integrações [...] John e Yoko, Timmy Leary, Rosemary / Tommy Smothers, Bobby Dylan, Tommy Cooper", mas o importante era o refrão, repetido à exaustão: "All we are saying is give peace a chance". Dessa forma, ela transmitia facilmente sua mensagem, mas reduzia seu poder de transcendência e superação da realidade tal qual, como afirmou Marcuse, "quanto mais imediatamente política for a obra de arte, mais ela reduz o poder de afastamento e os objetivos radicais e transcendentes de mudança" (Marcuse, 2007, p. 11). Ou seja, buscando ser política, pode-se dizer que limitava seu poder de transformação, pois não oferecia um horizonte de expectativas distintas daquelas vividas até então. No mesmo ano, dessarte, John e Yoko transitaram entre a utopia de uma arte transcendente e o engajamento político *per si*, sem impacto na forma artística.

No ano seguinte, em 1970, lançaram o álbum *John Lennon/Plastic Ono Band*, no qual se apresentam duas canções que mostram a dualidade do garoto de Liverpool em lidar com a utopia (ou o fim dela) e o engajamento. São elas: "Working Class Hero" e "God". A primeira é uma espécie de desabafo e denúncia de Lennon em relação aos 'heróis da classe trabalhadora', pois

> Logo que você nasce, eles te fazem se sentir pequeno
> Não lhe dão nada, nem sequer tempo
> Até que a dor seja tão grande que você não sinta nada
>
> [...] Eles te magoam em casa e te batem na escola
> Eles te odeiam se é esperto e te desprezam se é um idiota
> Até que você esteja tão louco que não consegue seguir as regras deles
>
> [...] Quando eles torturaram e assustaram você por vinte e poucos anos
> Então eles esperam que você escolha uma carreira
> Quando você não consegue mais funcionar, você está tão cheio de medo
>
> [...] Mantendo você dopado com religião, sexo e TV
> E você se acha tão esperto, sem classe e livre
> Mas você continua sendo um plebeu fodido, até onde consigo ver
>
> [...] Há um lugar sob o Sol, eles continuam te dizendo
> Mas primeiro você precisa aprender a sorrir enquanto mata
> Se você quer ser como o povo no topo da montanha (John Lennon, "Working Class Hero", 1970).

Com seus versos críticos, Lennon expunha a situação da classe trabalhadora, que sofre as piores mazelas na sociedade e não tem como fugir à esta situação, como ele mesmo enfatiza no refrão "A working class hero is something to be"[99]. Seu discurso é claro, direto e objetivo, retirando de sua produção o caráter autônomo, pois encontra-se "colada" à realidade existente tal qual ela é. Pensando ser crítica, ela se torna acrítica, já que apenas reforça o que já está dado. Segundo Herbert Marcuse (2007, p.18), "a função crítica da arte, a sua contribuição para a luta pela libertação, reside na forma estética". Nesse caso, se a forma musical não for crítica e diferente dos parâmetros pré-estabelecidos, ela não é verdadeiramente crítica.

Já "God" é antipolítica e anti-utopia, mas mantém sua forma ligada ao pop e ao facilmente assimilável, haja vista que Lennon desejava passar sua mensagem de descrença em tudo aquilo que estava ligado à contracultura e à juventude revolucionária dos anos 1960. O findar da referida década trouxera conturbados momentos, especialmente a partir de 1968, quando se tentou com mais força abalar as estruturas do mundo capitalista. Grupos da Nova Esquerda, que defendiam a luta sem armas, posteriormente, em 1969 passaram a fazer uso da violência para alcançarem seus objetivos, como foi o caso da Student for Democratic Society (SDS), dos EUA, que deu origem aos Weathermen, os quais se juntaram aos Black Panthers, White Panthers, Free Speech Movement. Em Paris, estudantes e operários se uniram nas barricadas para enfrentarem o governo reacionário e cúmplice da Guerra do Vietnã de Charles de Gaulle. Na Grã-Bretanha, a luta pelo Desarmamento Nuclear e a fundação da Vietnam Solidarity Campaign (VSC) acirravam os confrontos entre sociedade e governo de Harold Wilson (Milani, 2022, p. 207). No entanto, foi também o ano em que se iniciou a queda da contracultura, devido às seguidas e violentas prisões, assassinatos e/ou exílios dos principais defensores da revolução. Além da eleição de governos conservadores, liberais e, desse modo, contrários às ideias contestatórias e que prejudicaram a política de Estado de Bem-Estar Social – uma das responsáveis pela contracultura – como Richard Nixon, nos EUA, e Edward Heath, na Grã-Bretanha, primeiro-ministro conservador que abriria o caminho para que a Dama de Ferro, como ficou conhecida Margaret Thatcher, ocupasse, em 1979, o cargo. A Guerra do Vietnã continuava cada vez mais violenta, com o crescente envio de tropas norte-americanas que passaram a matar também civis vietcongues, como o Massacre de My Lai – em que soldados

[99] "Um herói da classe trabalhadora é algo para se ser".

dos EUA atacaram aldeias do país asiático e mataram mais de 500 pessoas, entre crianças, idosos e mulheres – além da utilização de arma química (bomba de Napalm) para destruir regiões não militares (Milani, 2022, p. 208).

Se as questões políticas não iam bem, as culturais também davam sinais de desgaste e de que suas utopias aos poucos eram soterradas pela realidade capitalista, conservadora e violenta (Milani, 2022, p.208). O festival de Altamont foi um exemplo de que as coisas não iam bem para as expressões culturais. Realizado em 1969, ele expôs a violência e o preconceito ainda presentes na sociedade, pois os motoqueiros conhecidos como Hells Angels, responsáveis pela segurança do evento, espancaram até a morte um jovem negro, chamado Meredith Hunter. Para o jornalista Rodrigo Merheb (2012, p. 474-475), Altamont seria como uma "metáfora de decadência, fim dos tempos, caos e a mais bem-acabada antítese de tudo que Woodstock representara. Em resumo, a morte dos anos 1960 em contraponto ao festival que assinalara o nascimento de uma nova era". Essa 'nova era' deixava cada vez mais distante a máxima "paz e amor" para investir na violência, a última cartada contra o avanço do conservadorismo.

E é a este momento de descrença que a canção "God" se refere. Ao cantar o primeiro verso (repetido duas vezes) – "God is a concept by which we measure our pain", Lennon coloca Deus como um mito que as pessoas usariam para preencher o vazio existencial, ou seja "Deus é um conceito / Através do qual medimos / Nossa dor", portanto, trata-se da essência da descrença dele e que irá nortear toda a composição. A partir de então, ele passa a elencar as coisas em que ele não mais acredita:

> Eu não acredito em mágica
> Eu não acredito em I-Ching
> Eu não acredito em Bíblia
> Eu não acredito em tarô
>
> Eu não acredito em Hitler
> Eu não acredito em Jesus
> Eu não acredito em Kennedy
> Eu não acredito em Buda
>
> Eu não acredito em Mantra
> Eu não acredito em Gita
> Eu não acredito em Ioga

> Eu não acredito em reis
> Eu não acredito em Elvis
> Eu não acredito em Zimmerman
> Eu não acredito em Beatles (John Lennon, "God", 1970)

O eu lírico começa elencando os elementos religiosos e, portanto, não científicos, como "mágica", depois mistura noções da cultura judaico-cristã, a Bíblia, àqueles associados ao misticismo não cristão, como o I Ching e o tarô. Depois, intercalando personalidades reais – Hitler e Kennedy – com aquelas do mundo religioso, tanto ocidental quanto oriental – Jesus e Buda – Lennon mostra que sua descrença está também no mundo físico, não somente no espiritual, como davam a entender as primeiras linhas da canção. Ademais, ele iguala o bem (que seriam Jesus, Kennedy e Buda) e o mal (Hitler), destacando que mesmo aqueles que tentaram algo de bom, ou supostamente pregavam ideias boas para a humanidade, não tiveram sucesso em suas missões e, portanto, não merecem sua crença. Continuando na ideia de 'crença', ele destaca três formas de manifestação da fé hindu, quais sejam, mantra, Gita e ioga. O primeiro é uma palavra de origem sânscrita e quer dizer "controle da mente", por isso é usada de forma repetida pelos fiéis até se alcançar a meditação. O segundo se refere ao livro *Bagavadeguitá*, ou somente *Gita*, que também foi escrito em sânscrito e trata-se de um texto religioso que retrata o diálogo de Krishna (maior divindade hindu) com o herói Arjuna (discípulo guerreiro) no campo de batalha de Kuruksetra (Costa, 2013, p. 6). Por último, Lennon canta que não acredita em ioga, que é uma palavra de mesma origem sânscrita, faz parte do hinduísmo e também está relacionada ao controle da mente por meio de exercícios que combinam posturas físicas, técnicas de respiração e meditação. Além disso, tais práticas faziam parte da cultura *underground* e simbolizavam a revolução por meio da consciência que os *freaks* buscavam tanto pelo uso de drogas alucinógenas quanto por meio de práticas orientais.

Em seguida, o autor atesta que não acredita em "Kings", o que pode se referir, como sugerido pelo pesquisador Beller-McKenna (2002), ao ícone dos direitos civis norte-americanos Martin Luther King, mas também nos dá a ideia de que Lennon não acredita em grandes celebridades, tidas como 'reis', haja vista que passa a elencar ícones do *rock'n'roll*, do folk e da contracultura, ao citar Elvis, Zimmerman (Bob Dylan) e os próprios Beatles, simbolizando os anos 1960 e tudo que ele representou para a juventude contracultural. Esses versos mostram uma descrença em tais símbolos da mudança e de uma revolução contracultural que teve apenas um sopro de vida. Descrença essa que é pontuada na música, tanto por seu andamento lento, pela voz melancólica de John Lennon quanto por uma pausa na instrumentação e no canto dele – logo após citar os 'Beatles', na frase "I don't believe in Beatles", dando a impressão de deixar ao ouvinte um momento de reflexão em relação a tudo que foi cantado anteriormente e um corte na própria vida de Lennon, que havia terminado sua relação com os Beatles e, portanto, com os anos 1960 para seguir em frente, desta vez apenas com Yoko Ono, como demonstra o verso que se segue: "I just believe in me, Yoko and me".

Começa então a segunda estrofe da canção, na qual o ex-beatle faz uma espécie de resumo dos motivos pelos quais ele não acredita nas coisas citadas anteriormente e como ele mesmo se transformou ("Eu era o tecedor de sonhos / Mas agora eu renasci"), se ressignificou ("Eu era a morsa / Mas agora sou o John") e vai continuar em frente, mas dessa vez tendo outras crenças ("Yoko e eu"), pois aquele sonho que tinham nos anos 1960, de mudar o mundo não é mais possível – por isso, termina com sua fatídica frase: "The dream is over" ("O sonho acabou"). Não sem antes, contudo, deixar um pouco de esperança também, afirmando que é preciso continuar ("Então, queridos amigos / Vocês precisam continuar"), não no mesmo caminho de antes, pois ele já deixara claro que não deu certo, mas seguir em frente naquilo que cada um acredita: "That's reality" ("Essa é a realidade").

Depois de vaticinar que o sonho (de mudança) havia acabado, no ano seguinte, em 1971, ele lançou o álbum *Imagine*, o qual trazia a canção homônima e também uma intitulada "Gimme Some Truth". Além disso, ele trouxe a lume dois singles, *Power to the People* e *Happy Xmas (War is Over)*. Novamente, John voltava a transitar entre a utopia e o engajamento político, mostrando que seu desânimo demonstrado no álbum passado já havia sido superado. Isso pode ter acontecido pelo fato de ter se mudado, junto de Yoko Ono, para Nova York, no início de 1971 – ano em que subiram ao palco para cantar e discursar a favor de John Sinclair, que havia sido preso por posse de maconha (Mitchell, 2015, p. 11). Na cidade norte-americana, tiveram contato com líderes dos movimentos de esquerda e passaram a atuar mais diretamente nas manifestações. Assim, antes de cantar a música feita ao referido preso político, Lennon fez um discurso que "era o roteiro de uma nova era. Ele queria que as pessoas soubessem que a indiferença passiva e o protesto complacente pertenciam à década de 1960, aos discos dos Beatles" (Mitchell, 2015, p. 35), por isso afirmou que "a apatia não leva a nada... Nós podemos fazer alguma coisa. O flower power não deu certo? E daí? A gente começa de novo" (Lennon apud Mitchell, 2015, p. 35). O que se percebe é que, no início dos anos 1970, a confiança e a esperança de que uma revolução pacifista poderia ser levada a cabo havia se transformado em uma descrença, fazendo com que muitos passassem a defender o confronto direto como melhor meio de se chegar à revolução.

Nesse sentido, podemos destacar as composições "Gimme Some Truth" e "Power to the People", as quais mostram um John Lennon novamente combativo e esperançoso na luta anti-establishment. A primeira, presente no álbum *Imagine*, é uma espécie de desabafo de Lennon, um grito contra a política conservadora que estava se estabelecendo em diversos países, como nos EUA, onde então residia. Assim, em seus primeiros versos afirma-se: "Estou cansado de ouvir coisas / Vindas de hipócritas de mente quadrada, reprimidos e míopes / Tudo que quero é a verdade / Apenas me dê um pouco de verdade" e depois direciona sua crítica nomeadamente a Richard Nixon, cantando "Nenhum filho do Richard Nixon, careta e covarde / Vai me engambelar com conversa mole / E um punhado de esperança / Dinheiro pra droga / Dinheiro pra corda". Sua crítica ácida continua ao longo de toda a letra, acompanhada musicalmente de uma repetida batida de bateria, guitarra e piano como principais sons, junto da voz estridente, quase em gritos, de John Lennon, expondo toda sua revolta e inconformismo com a política da época, marcada, especialmente pela Guerra do Vietnã.

Já a segunda canção, lançada como single (*Power to the People)* era um hino à luta feita nas ruas e ao combate direto, exortando todos a se juntarem a ele, mostrando que os dias de distopia e descrença presentes na canção "God" haviam ficado para trás. Dizem seus versos iniciais, após o início com o refrão (o qual é repetido à exaustão), de "O poder para o povo" ("Power To The People"): "O poder para o povo, é isso aí / Você diz que quer uma revolução / É melhor começarmos agora mesmo / Então se levante / E vá para as ruas". Após conclamar o povo, ele passa a ameaçar o governo, novamente se voltando contra o establishment: "Um milhão de trabalhadores trabalhando por nada / É melhor você lhes dar o que realmente lhes pertence / Nós teremos que te derrubar / Quando nós viermos para a cidade". Parece que John Lennon voltava a acreditar que mudanças político-sociais eram possíveis, mesmo após o auge da contracultura, nos anos 1960, ter passado, e a ascensão de governos conservadores terem desanimado aqueles que tanto lutaram por mudanças durante a referida década.

No entanto, como um bom "filho" da utopia contracultural, no mesmo ano de lançamento das referidas canções políticas, John Lennon compôs "Imagine" – título, inclusive, de seu álbum de 1971 – e *Happy Xmas (War is Over)*, como single. Aquela era totalmente utópica e cantava um mundo ideal e idealizado por Lennon, onde não haveria mais países, religiões, motivos para matar ou morrer ou fome, ganância e disputas entre as pessoas, pois seriam todos uma "Uma irmandade de homens" e, sabendo da dificuldade de se realizar esse seu ideal, ele afirma em seu derradeiro verso: "Você pode dizer que sou um sonhador / Mas eu não sou o único / Eu espero que algum dia você se junte a nós / E o mundo viverá como um só". Sua principal mensagem exposta ao longo de todos os versos pode ser resumida em: "Imagine todas as pessoas / Vivendo a vida em paz". O que mais queria era um mundo sem guerras, que aquela que os afligia naquele momento – a Guerra do Vietnã – pudesse chegar ao fim e trazer tranquilidade a todos os envolvidos física e emocionalmente com ela.

Reafirmando sua ideia de paz como principal ideal, ele compôs, junto de Yoko Ono e seu violão, um hino da paz, intitulado "Happy Xmas (War is Over)", em que se aproveitaram das comemorações natalina para promover a paz mundial com uma mensagem já conhecida da maioria, pois em 1969 ambos espalharam cartazes pelo mundo com os dizeres: "A Guerra acabou! Se você quiser – Feliz Natal de John e Yoko". Os cartazes representavam a esperança e a crença na capacidade humana de mudar o mundo para melhor, e a canção também trazia esse sentimento, podendo ser cantada por milhões de pessoas em todo o mundo.

Embora a mensagem inicial fosse direcionada ao Natal que se aproximava, com os versos iniciais "Então é Natal / E o que você fez? / Mais um ano acabou / E um novo começou", seu desenvolvimento expõe a vontade do casal de defender a paz e a igualdade entre as pessoas, valendo-se do momento natalino, quando as relações sociais se amenizam e o dito "espírito natalino" se espalha na sociedade, para ressaltar que aquele era um momento do qual todos deveriam participar e a paz deveria reinar:

> E então é Natal (a guerra acabou)
> Para os fracos e para os fortes (se você quiser)
> Os ricos e os pobres (a guerra acabou)
> A estrada é tão longa (agora)

> E então feliz Natal (a guerra acabou)
> Para negros e para brancos (se você quiser)
> Para amarelos e vermelhos (a guerra acabou)
> Vamos parar toda a briga (agora) (John Lennon, "Happy Xmas (War is Over)", 1971).

Era o desejo de uma utopia difícil de ocorrer naquele momento de agravamento da Guerra do Vietnã, quando os Estados Unidos aumentaram o envio de tropas para o campo de batalha, e o ideal da contracultura já se via massacrado por diversos acontecimentos políticos, econômicos e culturais. A dificuldade na realização da paz mundial é ressaltada na frase cantada em coral reforçando que "a guerra acabou", mas só "se você quiser". Era preciso buscar e ansiar pelo fim dos conflitos existentes e isso deveria partir, especialmente dos governantes, os quais adotavam, cada vez mais, medidas conservadoras e violentas, o que preocupava e incomodava o casal – John e Yoko – assim como a todos aqueles que viveram os ideais contraculturais dos anos 1960, quando foi possível não só imaginar, mas também viver em uma sociedade majoritariamente igualitária e pacifista – mesmo que não em sua totalidade.

Em 1972, novamente a utopia presente nas composições de John (e Yoko) cedeu espaço ao engajamento político e uma participação mais efetiva na luta anti-establishment, quando lançaram o disco *Some time in New York City* com o subtítulo *There are no birds in Viet-nam* (Não há pássaros no Vietnã). Sua postura agressiva começava por sua capa, simulando um jornal, onde cada canção seria uma matéria, inclusive com fotos da banda, do casal, de Angela Davis, uma montagem com Richard Nixon e Mao Tsé-Tung, manifestação na Irlanda e de soldados em guerra, cada qual representando uma faixa do disco (Milani, 2022, p. 243). Das dez canções do disco, apenas uma não era politicamente explícita, qual seja, a composição de John Lennon "New York City", na qual o eu lírico narra suas andanças pelas ruas da cidade e façanhas ao lado de Yoko Ono, de seus parceiros de luta e de música – Jerry Rubin e Davis Peel – e da banda Elephants Memory, além do uso de drogas ("Chegou um homem com uma guitarra / Em sua mão / Cantando 'Fume quanta maconha puder' / Seu nome era Davis Peel"), da cena musical em que estava inserido ("Bem, tocamos algum *funk* / *Boogie* / E lançamos algum *tutti frutti* / Cantando bem alto *Long tall sally's*"), finalizando com um recado a Richard Nixon, que estava tentando expulsá-lo do país, recusando-se a fornecer o Green Card ao ex-beatle ("Se o homem nos empurrar / Para fora / Nós vamos pular e gritar / A estátua da liberdade diz / 'Venha!'").

As demais canções eram explicitamente políticas e críticas das ações conservadoras e perseguidoras de figuras contestatórias da época, como "John Sinclair" e "Angela", bem como das políticas externas da Grã-Bretanha, que intervinha violentamente em outros países. Daí as canções "Sunday Bloody Sunday" e "The Lucky of the Irish", ambas contestavam as ações britânicas em solo irlandês. O sistema prisional também esteve presente nas críticas do casal, com as composições "Attica State" – nome de uma prisão norte-americana em que havia ocorrido uma rebelião fortemente repreendida, ocasionando um massacre prisional, autorizado pelo governador Nelson Rockfeller – e "Born in a Prison", que compara o mundo capitalista, conservador e cruel a um cárcere, afirmando "Nós nascemos numa prisão / Criados em uma prisão / Mandados para uma prisão chamada escola [...] Nós vivemos sem razão / Chutados sem razão / Jogados fora sem razão / Como ferramentas". A canção, assim, expunha a insignificância de se viver em um mundo de exploração capitalista, baseado na futilidade, na aparência das coisas, não em sua essência, daí seus versos finais: "Passamos as quatro estações / E morremos sem visão/Ou verdade".

A situação das mulheres também é lembrada em "Woman is the nigger of the World", que descrevia "muitas das maneiras pelas quais os homens oprimiam as mulheres: eles lhes diziam que não eram tão espertas, depois as colocavam no chão por serem burras e depois as colocavam em um pedestal" (Wiener, 1991, p. 213), e também no hino de resistência e um chamamento à luta composta por Yoko Ono, denominada "Sisters O Sisters", em que se afirmava: "Irmãs! Ó, irmãs! Vamos nos erguer, agora / Nunca é tarde demais para começar". O disco termina com uma composição de Yoko Ono, chamada "We're All Water", que remetia a uma fotomontagem na capa do disco de Richard Nixon e Mao Tse Tung dançando nus, os quais são citados nominalmente na canção. Nela, Yoko faz um discurso igualitário, buscando demonstrar que as aparências, a fama, a riqueza, o poder, etc. não diferenciam as pessoas em situações corriqueiras e que fazem parte da vida, resultando no refrão e título da composição: "Somos Todos Água". E ela finaliza a canção se questionando e inquirindo o ouvinte a também refletir a respeito, repetindo a questão de "Qual é a diferença? / Qual é, qual é, qual é?", e concluindo "Não há diferença!".

Apesar do lançamento do álbum *Some time in New York City*, o qual era essencialmente político, no ano seguinte a ele, John Lennon voltou a suas raízes utopistas e trouxe a lume o disco *Mind Games* (1973), cujo título, "Jogos Mentais", traça o caminho das canções presente nele sem, no entanto, abandonar as questões políticas que o afligiam. Sua capa mostrava algo relacionado à imaginação e sua devoção à sua companheira, com imagens de Lennon num campo aberto, com a face de Yoko na horizontal e um céu com poucas nuvens e o sol à vista, mas eram figuras sobrepostas, numa colagem surrealista. Era também uma declaração de amor (a até de dependência) a Yoko Ono, sua esposa, de quem estivera separado durante alguns meses daquele ano e do ano seguinte (reatando somente no começo de 1975) devido a problemas conjugais.

Um de seus últimos discos lançados em vida[100], ainda transitava na dualidade que acompanhou praticamente toda sua vida – a utopia artística ou o engajamento político. Desde o início dos anos 1970, especialmente quando se mudou para Nova York, as experimentações sonoras haviam cedido espaço a letras de fácil assimilação e músicas triviais, aproximando-se do gênero musical, especialmente do *rock'n'roll* e da música pop. Assim, parece que Lennon direcionou todas suas energias combativas e utópicas para as mensagens diretas, claras e objetivas em suas letras, especialmente quando analisamos "Mind Games" (faixa homônima ao disco), "Bring on the Lucie" e "Only People". A primeira é uma tentativa de reforçar a importância da imaginação, da paz e do amor para uma sociedade melhor e mais justa:

> Nós estamos jogando juntos estes jogos mentais
> Movendo as barreiras
> Plantando sementes
> Fazendo a guerrilha mental
> Cantando o mantra
> Paz na Terra
> [...]
> O amor é a resposta
> E você sabe disso
> Com certeza
> O amor é a flor
> Você tem que deixá-lo
> Você tem que deixá-lo crescer

100 Em 1974, ainda lançaria *Walls and Bridges* e no ano seguinte *Rock 'n' Roll*, disco em que apresentava covers de suas raízes no *rock'n'roll*.

> Então continuem jogando juntos estes jogos mentais
> Fé no futuro
> A partir do agora
> [...]
> Continue jogando estes jogos mentais eternamente
> Elevando o espírito
> De paz e amor
> Amor!
>
> **Quero que você faça amor, não guerra**
> **Sei que você já ouviu isso antes.**
> (John Lennon, "Mind Games", grifos meus, 1973).

Os versos finais eram um claro chamamento à paz, contradizendo aquele Lennon que cantava "Power to the People" ou lançava o disco *Some time in New York City* anos antes. Ele encarnava as dúvidas e contradições que também estavam presentes nas lutas advindas dos anos 1960 e a contracultura. Se, em meados da referida década, o Flower Power teve seu ápice e ganhou os corações e mentes de milhares de pessoas, no ano seguinte, em 1968, as crenças sofreram dura derrota nas ruas, fazendo com que a confiança de que as mudanças sociais pudessem vir da máxima 'paz e amor' se esmorecesse, e as ações diretas e violentas ganharam voz.

No entanto, nem todos estavam convencidos de que combater a brutalidade com mais violência seria o caminho, como muitos também não acreditavam mais na passividade como solução e, então, os ideais contraculturais sofreram cisões, a união foi cindida e assim eles chegaram enfraquecidos, mas não totalmente derrotados, aos anos 1970. E Lennon estava inserido nesse momento, dividido entre sua veia pacifista e seu espírito engajado, inquieto com as injustiças e violências cometidas pelo Estado. Não à toa, no mesmo disco de "Mind Games", é possível ouvir "Bring On The Lucie (Freda Peeple)", que é uma canção contra os governantes e suas políticas de opressão, injustiça e matanças, com um refrão que fica nas bocas e mentes. Ela pode ser vista como um hino pela liberdade ao repetir exaustivamente as palavras de ordem: "Liberte as pessoas agora / Faça, faça, faça, faça, faça isso agora / Liberte as pessoas agora / Faça, faça, faça, faça, faça isso agora" e seus versos finais são direcionados aos políticos e suas ações violentas – possivelmente ele se referia, em especial, à Guerra do Vietnã:

Bem, vocês foram pegos com as mãos na matança
E ainda precisarão responder pelas suas ações
Enquanto escorregam e deslizam morro abaixo
No sangue das pessoas que vocês mataram

Pare a matança (liberte as pessoas agora)
Faça, faça, faça, faça, faça isso agora
Pare a matança (liberte as pessoas agora)
Faça, faça, faça, faça, faça isso agora
Pare a matança (liberte as pessoas agora)
Faça, faça, faça, faça, faça isso agora
Pare a matança (liberte as pessoas agora)
Faça, faça, faça, faça, faça isso agora
(John Lennon, "Bring On The Lucie (Freda Peeple)", grifos meus, 1973).

Outra canção do disco que chama a atenção por sua mensagem política, novamente com um refrão de fácil assimilação, demonstrando sua finalidade de impactar as pessoas e levar-lhes mensagem de resiliência, esperança e força para continuar a luta contra governos opressores e violentos é "Only People". Assim dizem os versos iniciais, que também compõem seu refrão: "Somente as pessoas sabem exatamente como falar com pessoas / Somente as pessoas sabem exatamente como mudar o mundo / Somente as pessoas percebem o poder do povo / Bem, um milhão de cabeças são melhores que uma / Então vamos lá, vamos lá". Porém, demonstrando que estava inserido nesse debate desde antes, John Lennon se coloca junto das pessoas nessa luta e evoca uma mensagem de otimismo e esperança, para que não deixassem de lutar, mesmo com as dificuldades e derrotas sofridas, pois tratava-se do futuro de todos e não se podia deixar que nenhum *pig brother* (alusão aos políticos, tratados como porcos, em trocadilho com o romance *1984* de George Orwell, no qual figura o Grande Irmão (Big Brother), que, foneticamente, é termo parônimo de *pig brother*). Assim dizem seus versos finais, antes da volta ao refrão:

Bem eu sei o quanto tentamos
E as milhões de lágrimas que choramos
Agora somos mais espertos, já estivemos nesta viagem
E não podemos ser negados
Com mulher e homem lado a lado

> Não se engane é o nosso futuro que estamos fazendo
> Assa o bolo e o coma também
> Não queremos nenhum porco irmão na cena
> (John Lennon, "Only People", grifos meus, 1973).

Considerações Finais

As análises da trajetória musical de John Lennon, tanto com os Beatles quanto solo ou com Yoko Ono e a Plastic Ono Band, nos revela uma dualidade em suas composições, ora partindo para a utopia e a crença na mudança social pela imaginação e ações artísticas, ora flertando com o engajamento político e a confiança no enfrentamento direto, demonstrando essa vontade nas letras de suas canções. Essa indecisão pode também ser vista nas ações de John Lennon, que, em um ano tanto espalhou cartazes com os dizeres de "War is Over (If want it)" e promoveu o *bed-in* – uma ação que transformou sua lua de mel com Yoko em uma ação pela paz mundial – e lançou a canção "Give Peace a Chance", um claro hino pela paz; quanto chamou Tariq Ali, um dos líderes da Nova Esquerda e do Vietnam Solidarity Committee (Comitê de Solidariedade do Vietnã), para dizer que gostaria de se juntar a ele, mas, reforçou: "Mas você sabe que eu não gosto de violência", e a resposta do líder novaesquerdista foi que também eles não eram a favor da violência, mas que quando ela ocorria não havia sido causada pelos manifestantes (Wiener, 1991, p. 151-52), e acrescentou que seus planos pós-Beatles incluíam um papel mais ativo nas manifestações e que gostaria de compor canções para a revolução (Lennon Apud Mitchell, 2015, p. 15-16).

A partir do ano seguinte (1970), ele efetivou esse seu desejo e mudou suas composições, gravando "Working Class Hero", e depois de se mudarem para Nova York, em 1971, cantaram a favor de John Sinclair que havia sido preso por posse de maconha e lançaram outras canções mais engajadas. Parecia que Lennon havia se decidido sobre o que fazer a respeito da efetivação de uma revolução. Mas não foi o que aconteceu, e suas mensagens de paz e utopia continuaram a estar presentes em suas canções, como "Happy Xmas (War is Over)" ou "Mind Games", juntamente ao lançamento de composições e ações políticas, mostrando que, ao fim e ao cabo, ele nunca se decidiu efetivamente de qual rumo tomar, qual era o caminho mais efetivo para mudar o mundo e as pessoas. A única coisa que Lennon (e também Yoko Ono) sabia era que aquela realidade em que ele vivia não era a ideal, tanto para ele como para muitos outros que também desejavam mudanças efetivas, e também que ele poderia ser um sonhador, mas ele não era o único e desejava que muitos outros se unissem a ele, fosse pela utopia, fosse pelo engajamento político.

Referências

Discos e Singles:

JOHN LENNON. **Give Peace a Chance**. Montreal: Apple Records: 1969. LP (4:54).

JOHN LENNON. **Power to the People**. Ascot: Ascot Sound Studios: 1971. LP (3:15)

JOHN LENNON. **Happy Xmas (War is Over)**. Nova York: Record Plant East: 1971. (3:35).

- Plastic Ono Band

John Lennon/Plastic Ono Band, Apple Records (1970, LP).

Some Time in New York City, Apple Records (1972, LP).

- John Lennon

Imagine, Apple Records (1971, LP)

Mind Games, Apple Records (1973, LP)

Bibliografia:

BELLER-MCKENNA, Daniel. I am/was the Walrus. *Current Musicology*, 2002, p. 47-68.

BRETAS, A. Todo poder à imaginação! Marcuse e a revolução Surrealista. Exagium. Revista Eletrônica da Filosofia, v. 3, 2008.

DIAS, Gabriel. Arte como Forma de Realidade. Artefilosofia, v. 17, n. 31, p. 206-216, 2022.

GAY, Peter. **Modernismo: o fascínio da heresia**: de Baudelaire a Beckett e mais um pouco. São Paulo: Companhia das Letras, 2009.

GOULD, Jonathan. **Can't buy me Love**. Os Beatles, a Grã-Bretanha e os EUA. São Paulo: Larousse, 2010.

JOHN LENNON. Working Class Hero. In: John Lennon/Plastic Ono Band. Apple Records, 1970.

JUNGR, Barb. The Sixteen Track Voice. In: CLAYSON, Alan; JUNGR, Barb; JOHNSON, Robb. **Woman**: The Incredible Life of Yoko Ono. New Malden: Chrome Dreams, 2004, p.146-155.

KREROWICZ, Aaron. **The Beatles & The Avant-Garde**. Hartford: AK Books, 2014.

MARCUSE, Herbert. **Marxism, Revolution and Utopia**: Collected Papers of Herbert Marcuse, Volume 6. Routledge, 2014.

MARCUSE, Herbert. **A dimensão estética**. Tradução de Maria Elisabete Costa. Lisboa: Edições 70, 2007.

MERHEB, Rodrigo. **O Som da Revolução**: Uma história cultural do rock, 1965 - 1969. Rio de Janeiro: Civilização Brasileira, 2012.

MILANI, Vanessa Pironato. **Sisters, O sisters, lets stand up right now**: o processo de feminilização do rock na época da contracultura e da Nova Esquerda, 1966-1974. Tese (Doutorado em História) – Departamento de História da Faculdade de Ciências Humanas e Sociais, Universidade Estadual Paulista (Unesp), Franca, 2022.

MITCHELL, James A. **John Lennon em Nova York**: os anos da revolução. Rio de Janeiro: Valentina, 2015.

ROYLANCE, Brian; et al. **The Beatles. Antologia**. São Paulo: Cosac & Naify, 2001.

SCHEURER, Timothy E. The Beatles, the Brill building, and the persistence of Tin Pan Alley in the age of rock. Popular Music & Society, v. 20, n. 4, p. 89-102, 1996.

SHEPHERD, John. **Tin Pan Alley**. London: Routledge, 2016.

TERRA, Vera. **Acaso e Aleatório na música**: um estudo da indeterminação nas poéticas de Cage a Boulez. São Paulo: EDUC, FAPESP, 2000.

WIENER, Jon. **Come Together**: John Lennon in his time. Nova York: Random House, 1991.

5

KEEP YOUR ELETRIC EYE ON ME: ZIGGY STARDUST E O LP COMO FORMA DE REALIDADE

José Cesar Fernandes Gomes

Keep your 'lectric eye on me, babe
Put your ray gun to my head
Press your space face close to mine, love
Freak out in a moonage daydream
David Bowie

A maneira como David Bowie enfrentou os desafios artísticos de sua época e a forma como utilizou o material musical herdado por sua geração nos fornecem as primeiras pistas para explorar se o álbum *The Rise and Fall of Ziggy Stardust and the Spiders From Mars* (1972) representou uma rejeição à realidade do início dos anos 1970 ou se apenas reforçou os códigos visuais e sonoros de gêneros musicais já estabelecidos, como o *rock'n'roll* dos anos 1950. Através da análise do LP, procuramos destacar que o músico inglês articula uma crítica a música *underground* e *mainstream*, buscando na subjetividade e na fantasia as respostas para as crises de seu tempo. Inicialmente, o disco nos chama atenção por duas razões principais: sua ligação com o *underground* londrino, ambiente jovem que ainda preservava resquícios da atitude confrontadora dos movimentos de maio de 1968, apesar de enfraquecido; e pela relação indissociável que estabeleceu com o mercado da música de época, se tornando um fenômeno na Europa e abrindo caminhos para o músico no mercado norte-americano.

A ligação do músico com o *underground*[101] londrino tem sua importância pela relação de troca que os músicos desse ambiente estabeleciam com o

[101] Entre as definições do termo underground, há uma denotação comum que se refere a produções de baixo orçamento que não têm grande apelo comercial ou que são obrigadas a se financiar independentemente e, portanto, são forçadas a permanecer nas franjas do mercado artístico. No entanto, nossa compreensão do termo perpassa a noção de um ambiente contracultural gerado no pós-Segunda Guerra Mundial na cidade de Londres, aberto a manifestações artísticas que não cabiam nas vitrines do show business tradicional, mas que no caso da

público, e essa troca implicava no compartilhar de ideais utópicos de mudança social e transformação no nível individual. O *underground* londrino abrigava uma cena que era ligada tanto à vanguarda quanto à psicodelia, envolvendo iniciativas artísticas, educacionais e relacionadas à imprensa independente (Miles, 2010, p. 6). Podemos dizer que essa interação teve impacto em produções que criticavam normas sociais e o gosto da época através de experimentações musicais, como os álbuns dos Beatles, Pink Floyd e The Who (Fenerick; Marquioni, 2008, p. 20). No entanto, na data de lançamento do nosso objeto de análise, o LP *Ziggy Stardust* (1972), essa interação entre artistas e *underground* se tornava cada vez mais problemática pelo fato de que o fenômeno da contracultura[102], fator que alimentava a possibilidade de enfrentamento por parte da juventude e dos movimentos sociais às instituições conservadoras em vigência, se encontrava profundamente enfraquecido (Nelson, 1989. p. 52).

Artistas como David Bowie se encontravam na transição entre uma geração que procurava por críticas ao material musical desenvolvido até aquele momento, mas sem deixar de fazer parte do grande mercado da música mediado pelas gravadoras na realidade menos flexível dos 1970. A nova década viu uma reconfiguração de mercado em torno de gêneros musicais fixos como o rock progressivo, *soul music*, *folk* e *hard rock*, além de encontrar no formato LP um produto altamente rentável que proporcionou um grande crescimento desse mercado[103] (Dias, 2000). O formato LP, que na sua criação representou uma nova mídia na qual a música teria a possibilidade de se desenvolver como material e ao mesmo tempo fazer parte do mercado de massa, na década de 1970, foi se cristalizando em um formato no qual formas pré-concebidas eram reproduzidas reiterando o gosto da sociedade anglo-americana.

música ainda estavam conectados à indústria do disco. As definições de um underground relacionado ao mercado independente da música são discutidas noutro contexto por Fenerick (2007) ao analisar as condições que, no Brasil, proporcionaram a produção musical da chamada Vanguarda Paulista nos anos 80 e 90.

102 O termo 'contracultura' se refere ao nome que recebeu a rebelião de jovens na segunda metade dos anos 1960. Esses adolescentes eram, em sua maioria, brancos de classe-média que buscavam uma vida mais experimental, diferente do estilo de vida que tiveram seus pais (Milani, 2022, p. 10) —"A contracultura pode ser definida em termos de organização, líderes, ideologias ou causas sociais específicas, mas a melhor definição teria que agregar tudo isso junto" (Milani, 2022, p. 96). Para saber mais sobre as discussões e definições sobre contracultura, checar as produções de Barry Miles, *London Calling* (2010); Simon Frith e Howard Horne, *Art Into Pop* (1987); Elizabeth Nelson, *The British Counter-Culture, 1966-73: AStudyoftheUndergroundPress*(1989);Edward Macan, *The Birth of Progressive Rock, Rocking the Classics: English Progressive Rock and the Counterculture* (1997) e Theodore Roszak, *Contracultura: Reflexões sobre a sociedade tecnocrática e a oposição juvenil* (1972).

103 Em 1973, as dez gravadoras em melhor colocação no mercado norte-americano correspondiam a cerca de 82,9% do mercado musical interno dos Estados Unidos, sendo que duas dessas empresas apanhavam 37,8% do mercado — esse estado de monopólio era uma realidade desde os anos 1930 (Chapple, Garofalo, 1989).

Na década de 1960, a música chegou a um estágio em que, mesmo no ambiente da cultura popular massificada, era possível produzir músicas e articular estéticas que iam para além da reafirmação da realidade. Alguns dos documentos principais usados para validar essa afirmação são o *Álbum branco* dos Beatles (1968) e *Sgt. Pepper's Lonely Hearts Club Band* (1967), ambos produzidos no curto espaço de tempo em que a contracultura alcançou seu auge de força de enfrentamento, possibilitando, inclusive, uma aproximação entre cultura de massa e arte de vanguarda (Milani, 2022, p. 5). Assim como os eventos da revolução industrial e da urbanização possibilitaram a imaginação de uma nova sociedade e aventaram potencialidades que iam ao encontro dos ideais da Revolução Francesa (Marcuse, 1978, p. 18), na segunda metade do século XX foi inaugurada a possibilidade de produzir uma nova arte no campo da música, uma nova estética em nível massificado — era possível se pensar para além das relações capitalistas imediatas que reafirmavam a condição existente.

Segundo Herbert Marcuse (1978, p. 35), foi a partir das revoluções industriais que a história atingiu uma etapa na qual foi possível a realização de uma liberdade humana. Essa liberdade, no entanto, pressupunha a realidade da razão em que o homem só poderia ser livre se desenvolvesse suas potencialidades em um mundo que estivesse dominado por uma vontade racional totalizada através do conhecimento. A grande novidade que Marcuse tenta ressaltar é a de que, mesmo em um contexto de desigualdades onde o indivíduo, na sua existência social, ou era escravizado ou escravizava seus semelhantes, poderia perceber "o contraste entre a realidade miserável que existia por toda parte e as potencialidades humanas que a nova época liberara" (Marcuse, 1978, p. 18). Assim, nosso paralelo consiste em exemplificar que, na segunda metade da década de 1960, o contexto que unia o horizonte utópico de mudança social da contracultura (Roszak, 1969), o formato LP (como mídia de desenvolvimento musical e inserção na cultura de massa) e as novas tecnologias de estúdio que possibilitavam novas formas de gravação, permitiram aos músicos e ao público do *underground* um vislumbre de potencialidades estéticas de liberdade antes inconcebíveis na era da Guerra Fria, arrefecimento da sociedade tecnocrática, imperialismo e da Guerra do Vietnã.

Recusa e reafirmação da realidade

Para as bandas da contracultura, a psicodelia foi o elemento desestabilizador ao redor do qual todas orbitavam. Algumas mais e outras menos, mas de maneira geral, todos os artistas ligados ao *underground* foram atingidos por esse fenômeno que se constituía mais como um "estado de espírito" do que uma forma musical estabelecida[104] (Fenerick, 2020, p. 99). O uso de drogas como veículo para a expansão da mente estava atrelado ao questionamento da racionalidade instrumental por uma juventude ávida por experimentações que buscava cada vez mais por expressões da subjetividade. Esse jogo fez com que o rock se tornasse algo que carregava uma tensão interna: ao mesmo tempo em que era parte do mercado estabelecido também estava voltado para experimentações e precisava se identificar com o coletivo a partir de um elemento de individuação radical. Assim, o rock psicodélico falava para as massas, mas por outro lado, não se constituía como um gênero de mercado pré-formatado (Fenerick, 2020, p. 99). A título de comparação, podemos pensar nos Yardbirds, uma banda do *underground* londrino que baseava grande parte de sua produção nas formas de *blues* e *rock'n'roll*, mas ainda sim estabeleceu alguma interlocução com a psicodelia, mesmo que de maneira tímida, apenas em introduções ou efeitos de guitarras em algumas músicas. Outro exemplo poderia ser o próprio David Bowie em seu disco homônimo de 1969. Mais ligado ao *folk*, o músico acabou incorporando elementos próprios da psicodelia como a descronização (rompimento com noções convencionais de tempo) e a dinamização (alterações de timbre, efeitos de ressonância e profundidade), ambos apontados pelo musicólogo Michael Hicks (1999, p. 63-64) como próprios da sensibilidade psicodélica.

No entanto, algumas bandas do *underground* levaram o desenvolvimento do material musical aos moldes da sensibilidade psicodélica às últimas consequências, tendo como maior exemplo o álbum *Ummagumma* (1969), do Pink Floyd. A falta de pontos de referência, principalmente no disco 2 do álbum, criara uma situação solipsista na qual a escuta é fortemente desafiada (Fenerick, 2020, p. 104). Dessa forma, as características autônomas da música (características que a aproximam da arte moderna[105]) foram elevadas, mas as

---

104 [...] psicodelia como uma forma social era ao mesmo tempo materialista e anti-materialista. Consequentemente essas contradições instáveis (como): 'liberação sexual" versus direitos das mulheres, 'flower power' versus arte metropolitana e prazeres culturais, folk acústico de protesto versus o rock elétrico niilista e autocentrado, vestidos curtos versus vestidos longos, 'fluxo de consciência' versus colagens dissociadas (Grunenberg, Harris, 2005, p. 16).

105 Essa questão, a relação entre autonomia da arte e modernismo, foi articulada por diversos autores como: Clement Greenberg (1996), Theodor Adorno, tanto em *A Introdução à Sociologia da Música* (1962) como em seus

chances de ser veiculada nos meios de comunicação de massa diminuíram. Quando discutimos questões a respeito da arte moderna, o ponto principal a ser levado em consideração é a autonomia, tanto intrínseca, isto é, em relação às outras artes, quanto a social. A autonomia externa, ou social, dá-se quando os artistas se afastam do público evitando temas ou conteúdo que se relacionem com as discussões ideológicas de sua contemporaneidade. Essa noção sustenta-se no argumento de que a verdadeira função da vanguarda e da arte é a de manter a cultura em movimento em meio à confusão ideológica do presente. Achar esse caminho seria o seu papel mais importante (Greenberg, 1996, p. 29). Já a autonomia interna diz respeito a uma crítica que leve em consideração os próprios procedimentos usados na criação do que está sendo criticado. Essa crítica imanente parte do meio pelo qual o objeto se realiza, as ferramentas e estratégias para examinar o quão independente uma obra de arte é em relação a outras esferas artísticas. Assim, temos a bidimensionalidade da pintura, característica que foi desnudada pelos artistas modernos ao assumirem as especificidades do meio do qual a pintura se serve. Nesse caso, os artistas sacrificaram elementos como verossimilhança e profundidade com o intuito de revelar a característica definidora dessa linguagem artística, o plano (Greenberg, 1996, p. 102).

No caso do rock, há uma contradição com a qual nos deparamos imediatamente, pois a contracultura propicia a autonomia da arte, no sentido da não produção e reprodução imediata da vida[106], mas também cria os vínculos que acabariam com a autonomia da arte nesse sentido, tais como as produções musicais que possuíam função política direta, como as canções de protesto[107]. Nesse caso, as canções não perdem a autonomia totalmente, mas esse fator acaba comprometendo o impulso experimental dos trabalhos[108] (Milani, 2022, p. 237). No entanto, a autonomia na esfera

demais trabalhos sobre arte, Hal Foster em seu debate com Peter Bürger em *O Retorno do Real: a vanguarda no final do século XX* (1996) a respeito das neovanguardas e o historiador Charles Harrison (2000).

[106] A produção e reprodução imediata da vida diz respeito ao caráter funcional da arte e da música. Temos como exemplos: arte fúnebre, músicas de festas e/ou de trabalho, arte sacra e arte vinculada a ideologias de poder do Estado ou da Igreja (Calado, 2007, p. 66).

[107] As canções de protesto, especialmente as lançadas na segunda metade da década de 1960, prezavam por melodias repetitivas e palavras de ordem que pudessem ser facilmente memorizadas. Transmitindo uma mensagem política direta e objetiva e, assim, instrumentalizando a canção. "Isso possibilitava também a assimilação delas por parte da indústria da música, a qual subvertia a criticidade presente em tais canções e as vendia como um produto com menos potência subversiva, haja visto que seu objetivo é o de manter e não destruir o *status quo*." (Milani, 2022, p. 237).

[108] Um outro fator que compromete a autonomia no rock é a indústria cultural. Quando pensada no sentido adorniano, temos que levar em consideração os limites e pressões que acabam por direcionar as produções artísticas no mundo pop. O ambiente proporcionado pela contracultura no final dos anos 1960 abriu um campo de

da música pop em muito se difere da autonomia na esfera da arte moderna de Picasso e Renoir. Os artistas de rock tiveram de lidar com a questão da forma mercadoria diretamente, ora tensionando, ora cedendo a ela. A negociação que permeava esse processo dependia de diversos fatores, como a popularidade de um artista, sua relação com as gravadoras e com o público do *underground*, que tanto informava o processo criativo do artista quanto era influenciado por ele. Tendo essas questões em mente, é importante salientar que a obra dos artistas desse contexto não é uniforme quanto ao tensionamento de formatos musicais consolidados na época e ao experimentalismo; é necessário levar em consideração cada caso específico, tanto álbuns quanto faixas que podem apresentar maior ou menor experimentação (Gomes, 2023, p. 26).

No caso das bandas ligadas ao *underground* londrino de uma maneira geral, o que se observou no começo da década de 1970 foi uma crise das formas musicais causada pela psicodelia (Macan, 1997, p. 41). Para os músicos do final da década de 1960 que almejavam continuar com a música instrumental — artistas esses que se sentiram muito atraídos pela emergência do rock progressivo, *jazz-rock* e *heavy metal* — a questão se tornou: como trazer um senso de organização, variedade e clímax para a música sem perder a espontaneidade e senso de atemporalidade das melhores *jams* psicodélicas? Os músicos pioneiros no rock progressivo, buscaram resolver essas questões limitando as improvisações a uma ou duas sessões de cada faixa, além de organizarem os álbuns de acordo com as formas sinfônicas do século XIX (Macan, 1997, p. 41). Embora pareça um paralelo surpreendente, a música psicodélica e música do século XIX carregam questões muito caras ao Romantismo, compartilhando preocupações a respeito do infinito e subjetividade. O musicólogo Edward Macan (1997, p. 41) atesta que é preciso cautela ao considerarmos o impacto direto da música romântica do século XIX e a psicodelia do final da década de 1960. No entanto, é inegável a influência do pensamento romântico no modo de pensar *hippie* no que diz respeito a política e religião. Desse modo, mesmo que não rompesse completamente com algum tipo de experimentação, o rock foi levado a buscar formas já estabelecidas para tentar reestabelecer alguma conexão com o público. A partir desse momento há um ressurgimento do *folk*, *blues*, baladas de cunho mais convencional e, no caso do rock progressivo, formas clássicas como

possibilidades de negociação dos artistas com o formato musical mais convencional. Assim, os artistas tiveram a oportunidade de tensionar formas musicais consolidadas, tanto as que configuravam o top 10 da billboard quanto o blues (Gomes, 2023, p. 26).

concertos, sonatas, noturnos e outras modalidades da tradição musical europeia dos séculos XVI ao XIX. Nesse ponto, o historiador José Adriano Fenerick chama a atenção para o fato de que "a psicodelia aproximou o rock dos elementos da vanguarda musical do século XX; e, no início dos anos 1970, ele se voltava para essas formas arcaicas da música europeia, uma mudança realmente brusca, para não dizer um retrocesso em termos de experimentações musicais" (Fenerick, 2021, p. 104).

A canção de protesto foi um formato consistente ao longo do auge da contracultura e ficou mais forte a partir de 1970, tendo grande apelo em meio aos músicos que surgiram no *underground* e se pretendiam engajados politicamente. Baseadas em melodias simples e repetições para facilitar a memorização de palavras de ordem (Milani, 2022, p. 237), a música de protesto se revestia de uma pretensa criticidade que, na verdade, era neutralizada pelas próprias formas musicais das quais se utilizava, que a integravam ao mercado de massa e tornavam as palavras de ordem apenas um verniz politicamente correto. Em meio a esse retorno dos músicos a formas musicais já consolidadas na tentativa de recuperar uma espécie de autenticidade ligada a tradição do *folk* ou *blues*, os artistas *glam* optaram por resgatar o *rock'n'roll* justamente pela ligação do gênero com a dança e o puro entretenimento. Assim, essa estratégia artística poderia seguir por dois caminhos: a crítica à refuncionalização do rock como um veículo de panfletagem política e uma recusa a esse modelo; ou a pura e simples reafirmação de um gênero musical que já havia sido desenvolvido e se estabelecido como uma forma tradicional no mercado da música.

Se a pop art foi a vingança do design gráfico contra a arte institucionalizada das galerias, como sugerido por Dick Hebdige, logo, o *glam rock* como uma etiqueta de mercado pode ser pensado como uma vingança do Tin Pan Alley contra a independência criativa pregada pelos Beatles e por bandas do *underground*. Muitos dos *hits* que figuravam entre os mais vendidos no Reino Unido consistiam em canções curtas gravadas por compositores/produtores como Chinn & Chapman ou Mike Hurst[109] e interpretadas por quaisquer músicos de estúdio que fossem considerados apresentáveis o bastante para uma aparição no *Top Of The Pops*[110]. Para a indústria da música, o resgate do *rock'n'roll* e *doo-wop* era uma ótima oportunidade para conquistar o público adolescente com produtos descartáveis (Roberts, 2019, p. 127).

[109] Produtores da banda Sweet, como grandes sucessos como "Blockbuster" e "Ballroom Blitz".

[110] Top of the Pops foi um programa de televisão que apresentava os sucessos da parada musical britânica de cada semana. Produzido pela BBC, foi originalmente transmitido entre 1 de janeiro de 1964 e 30 de julho de 2006.

Artistas como Beatles e Mothers of Invention se valiam do resgate do *rock'n'roll* e *doo-wop* como crítica através da paródia, como no caso de "Back In The U.S.S.R." (1968) e "Fountain of Love" (1968). Já em meados de 1974, essa crítica já não surtia tanto efeito, dado que os adolescentes que compravam os compactos de 45 rotações não consumiam tais músicas como "retro" ou "kitsch" — eles não possuíam as referências das músicas que estavam sendo parodiadas, logo, absorviam canções como "See My Baby Jive" (1972), do Wizard, ou "Sugar Baby Love" (1974), dos Rubettes, como novidades. O modelo de negócios do *glam* britânico, mais do que qualquer outra cena musical que havia surgido antes, consistia na reciclagem de certos códigos estilísticos e principalmente visuais para criar produtos que aparentavam certa novidade e radicalidade. O primeiro grande exemplo dessa estratégia foi Marc Bolan com sua banda T.Rex em 1970. Levando em consideração que sua atitude irônica não chegava aos pés do cinismo de bandas como os Rubettes, que lançavam um *single* e desapareciam, Bolan combinou códigos visuais *Mods* e riffs de *rock'n'roll* para criar sua fórmula de sucesso. O músico abriu as portas para o estilo quando apresentou o *single* "Hot Love" para o público geral britânico no começo de 1971, no programa Pop Of The Pops (Roberts, 2019, p. 127).

No entanto, existem diferenças entre esse processo replicado por produtores e o raciocínio estético seguido por bandas e músicos do *underground*. Usando como exemplo o caso dos New York Dolls, nos Estados Unidos, havia uma ligação peculiar entre as apresentações irônicas de cabaré das Cockettes[111], *performance art* e códigos visuais que são comumente relacionados a Andy Warhol, mas que remontam ao cinema de Jack Smith no começo da década de 1960. Jack Smith e a companhia de Teatro do Ridículo eram artistas que juntamente com pintores da *pop art* e músicos de vanguarda, formavam o *underground* novaiorquino. No caso da filmografia de Smith, havia uma sensibilidade que justapunha personagens de sexualidade não normativa como travestis, *drag queens* e artistas do *underground* com figurinos e cenários que buscavam representar a Hollywood dos anos 1930 de uma forma exagerada. O baixo valor de produção e as imagens das ruas de Nova York criavam o efeito inverso do cinema de Hollywood — ao invés de reafirmar códigos normativos, elas expunham o caráter de falsidade do glamour das grandes produções. Isso contribuiu para o desenvolvimento de uma sensibilidade decadente (Roberts, 2019, p. 124).

111 The Cockettes foi um grupo performático da década de 1960, criado em São Francisco, na California. O autor Mike Roberts (2018, p. 126) entende que eles eram o equivalente da costa oeste americana ao Teatro do Ridículo de Jack Smith.

Geralmente atribuída quase que exclusivamente às produções ligadas à Factory, de Andy Warhol, o componente decadente presente nas bandas de *glam rock* pode adquirir um sentido simplista de "união do popular e erudito", autenticidade da classe trabalhadora e uma ode à sonoridade "crua" — descrições que nem sempre fornecem possibilidades de análise mais amplas. Ao procurarmos definir melhor o termo, encontramos mais de um ponto de ligação com o *underground*. Podemos encontrar um certo interesse por parte do público da contracultura pela decadência do *fin de siecle*[112], uma reação ao movimento romântico do século XIX. Uma outra ligação pode estar na reação da geração setentista para com a austeridade econômica (Roberts, 2019, p. 112) que começava a se impor em contraste ao cenário de prosperidade e consumismo das décadas de 1950/60 nos EUA e de estado de bem-estar social na Europa. Juntando isso à percepção do pessimismo expresso pelos remanecentes da contracultura em 1970, podemos compreender melhor o apelo da sensibilidade *trash*[113] desenvolvida na Factory e pelo Velvet Underground em Nova York para artistas do outro lado do atlântico como Bowie, Ronson e Roxy Music.

O LP como forma de realidade

Assim, analisando o álbum *The Rise and Fall of Ziggy Stardust and the Spiders From Mars* (1972), podemos compreender as estratégias de produção usadas por David Bowie através das noções estéticas de Herbert Marcuse (2007) ao diferenciar um fazer artístico mais ligado à realidade e um fazer artístico baseado na recusa da realidade. A arte tem caráter afirmativo quando faz parte da cultura estabelecida, mas adquire uma força de negação quando se coloca como alienação da realidade existente (Bretas, 2008, p. 5). Isso pois, Marcuse afirma, testemunhamos um ataque à arte que vai além da política. Primariamente, o ataque à arte é artístico, um ataque à própria forma. Na indústria cultural, a distância e desassociação entre arte e realidade são negadas,

[112] Não é uma surpresa no contexto da contracultura encontramos o resgate de uma estética do *fin de siècle* europeu. Essas preocupações dos artistas neste momento de crise do liberalismo, que tanto influenciaram nas problematizações dos modernistas, também tiveram impacto na identidade visual da contracultura dos anos 1960 em âmbito internacional. Apesar do amplo uso de elementos orientais, um dos traços definidores da contracultura foram os cartazes psicodélicos inspirados em ilustrações da década de 1890 (Gomes, 2023, p. 43).

[113] A estética *trash* é discutida pelo pesquisador de música popular Simon Warner (2014), podendo ser entendida como detentora de aspectos da *Pop Art* norte-americana que se articulam com a tentativa de tentar ilustrar produtos de baixo valor e qualidade que são representados de formas a rejeitar ideias de profissionalismo, evocando aspectos de não refinamento e crueza. Essas expressões culturais valem-se de símbolos transgressivos associados a noções entendidas como de "mal gosto" pelo senso comum e ao ordinário, pueril, tendo como principal noção de valor artístico infringir valores e códigos sociais do mainstream (Warner, 2014, p. 48).

recusadas e destruídas. A arte deve ser real, deve representar a parte e o todo da vida — no entanto, devemos entender que essa "vida" é a própria afirmação da razão como instrumento aprisionador, de conformidade. A resposta a esse ataque artístico seria uma negação do modo estabelecido de vida, uma negação consciente das instituições, da sua cultura material e intelectual, e da sua moralidade imoral (Marcuse, 2007, p. 140).

Dentro das diversas recusas que Bowie estabelece em relação à cultura hegemônica da época e aos procedimentos artísticos do *underground* que estavam se integrando ao *mainstream* está a recusa à canção de protesto. O artista constrói essa negação ao se aproximar de uma atitude boêmia que deixa de dar ênfase aos *slogans* de combate político, mas constrói um enfrentamento baseado na busca de uma sensibilidade e subjetividade através da música desenvolvida a forma do LP. Em *Ziggy Stardust* (1972), cada faixa do disco fornece pequenos episódios que informam características e sentimentos dos personagens da trama. De forma não linear, passamos a conhecer o personagem Ziggy, o alienígena que busca se integrar à humanidade da forma mais plástica fornecida pela indústria cultural — a de uma estrela da música. Na faixa "Lady Stardust", passamos a conhecer o alter-ego andrógeno de Ziggy; em "Star", são narrados os desejos de um jovem comum de se tornar uma estrela do rock; já na faixa "Ziggy Stardust", a história é contada pelo ponto de vista da banda que acompanha o personagem principal, The Spiders From Mars. Desse modo, ao longo do disco são dadas pistas e imagens que o próprio ouvinte tem que juntar, aspecto que dificulta a esquematização da história e sistematização em uma narrativa linear. Tanto que, ao contrário de discos como *Tommy* (1969), do Who, ou *The Wall* (1977), do Pink Floyd, *Ziggy Stardust* foi um álbum extremamente popular do rock britânico da década de 1970 que não ganhou adaptação cinematográfica.

A cacofonia de informações só cessa na primeira e na última faixa do álbum, "Five Years" e "Rock'n'Roll Suicide", que cumprem a função de introduzir as problemáticas a serem desenvolvidas e, por fim, concluí-las. A primeira faixa tem como base um padrão repetitivo de bateria que parece fazer um paralelo com "God" (1970), de John Lennon, o manifesto de morte da utopia e crise da contracultura[114]. A faixa de Bowie busca articular um

[114] Quanto ao seu término [da contracultura], as datas vão de 1968, após os eventos de Maio de 68, passando por 1970, com a emblemática canção de John Lennon God, na qual se afirma "The Dream Is Over" (o que podemos entender como o sonho dos Beatles, mas também o sonho contracultural de fazer a revolução), até 1975 com o surgimento dos punks e a fragmentação dos grupos revolucionários sem um objetivo em comum, como ocorrera antes (Milani, 2022, p. 97).

semelhante sentimento de desilusão por meio das imagens de pessoas de diferentes funções sociais enlouquecendo depois de descobrirem que a humanidade possuía apenas mais cinco anos de vida.

> News had just come over
> We had five years left to cry in
> News guy wept and told us
> Earth was really dying
> Cried so much his face was wet
> Then I knew he was not lying[115]

Já na faixa de encerramento do álbum, "Rock'n'Roll Suicide", o cenário de caos social é retomado, agora do ponto de vista pessimista do protagonista do álbum e suas ideações suicidas. No entanto, ao chegar ao minuto 1:40, Bowie faz uma inversão do ponto de vista da música. Se até aquele momento o sujeito da canção era Ziggy e sua desilusão, agora o artista passa a falar diretamente com o público — como se os ouvintes fossem os personagens daquele mundo distópico próximo do fim, como se eles agora fizessem parte dessa realidade criada no LP.

Ao se dirigir diretamente ao público, Bowie afirma que eles não estão sozinhos naquele estado de desespero e desilusão, quebrando com a ilusão da narrativa que havia sido criada até aquele momento.

> Oh no, love, you're not alone
> You're watching yourself, but you're too unfair
> You got your head all tangled up
> But if I could only make you care
> Oh no, love, you're not alone
> No matter what or who you've been
> No matter when or where you've seen
> All the knives seem to lacerate your brain
> I've had my share, now I'll help you with the pain
> You're not alone[116]

---

[115] A notícia tinha acabado de chegar / Ainda tínhamos cinco anos para chorar / O jornalista chorou e nos contou / A Terra estava realmente morrendo / Chorei tanto que seu rosto estava molhado / Então eu sabia que ele não estava mentindo. (Tradução nossa).

[116] Oh não, amor, você não está sozinho / Você está assistindo a si mesmo, mas é muito injusto / Você está com a cabeça toda emaranhada / Mas se eu pudesse fazer você se importar / Oh não, amor, você não está sozinho / Não importa o que ou quem você foi / Não importa quando ou onde você viu / Todas as facas parecem dilacerar seu cérebro / Já tive minha parte, agora vou te ajudar com a dor / Você não está sozinho. (Tradução nossa).

Nesse caso, o LP não é apenas uma conveniência do mercado da música do período; esse objeto, assim como a partitura em outro momento, forneceu a materialidade para o desenvolvimento de uma música que se articulava através do formato de álbum e possibilitava experimentações no campo musical que não eram possíveis no formato de partitura. Por um breve momento entre o final da década de 1960 e começo de 1970, o LP era uma mídia que carregava potencialidade de desenvolvimento estético dentro do mercado de massa — a forma na qual o rock se desenvolveu. No domínio das formas, o que está em jogo é o que Marcuse (2007, p. 141) chama de visão, a experiencia de realidade que estabelece uma relação antagônica com alguns tipos de formas. Isso, pois a mídia de comunicação ou transposição de determinada arte tende a sequestrar aquilo que está sendo articulado nela — ela dá limites, contornos e lugar no universo de experiência do qual faz parte. Em outras palavras, a arte é a forma e, em um mundo de relações mediadas pelo capital (Marcuse, 1978, p. 113)[117], objetos artísticos não conseguem evitar sua condição de mercadoria.

No entanto, apesar da condição de produto de mercado, a obra de arte (no nosso caso, o LP) ainda carrega a potencialidade de criticar sua própria natureza. Ao poder ser desenvolvido dentro e junto da forma, o conteúdo da obra tem a possibilidade de desenvolver características únicas, fator que contribui para a constituição de um produto particular e diferenciado. É a mídia que estabelece os limites de como as faixas serão dispostas, como a mensagem será articulada, como o arranjo do disco será feito e qual a profundidade sonora e tessitura das músicas. No caso de *Ziggy Stardust* (1972), a não linearidade da narrativa e as trocas de ponto de vista, contribuem para o que Marcuse (2007, p. 142) entende como aspectos da forma que removem, dissociam e alienam a obra, a fazendo entrar em sua própria realidade, uma realidade que não pode ser duplicada, a não ser pela imitação. Esse seria o único modo de realização da arte, por meio da forma, dado que a total realização da arte só seria possível a partir do processo de construção de um universo de sociedade livre — aí então, da arte como forma de realidade (Marcuse, 2007, p. 146).

[117] Marcuse deixa mais clara essa relação ao justificar o uso do termo "reificação" em *Razão e Revolução*: "Tomamos emprestado, da teoria marxista, o termo "reificação", onde ele significa o fato de todas as relações entre os homens, no mundo do capitalismo, aparecerem como relações entre coisas; ou, o fato daquelas relações, que no mundo social aparecem como relações entre coisas e leis " naturais" que regulam seus movimentos, serem, realidade, relações entre homens e forças históricas" (Marcuse, 1978, p. 113).

Autenticidade e rock'n'roll

É justamente através da forma que o LP consegue colocar uma crítica tanto à refuncionalização do rock como canção de protesto, quanto ao *rock'n'roll* como tentativa de retomar tradições através de um produto de massa já formatado. Superficialmente, Ziggy Stardust pode ser lido como um típico herói romântico requentado para ser consumido pelos jovens da contracultura: uma estrela do rock, virtuoso da guitarra e entregue à boemia. No entanto, quando trabalhadas no álbum, Bowie acaba tensionando essas características e expondo sua crítica a elas. A principal crítica que podemos considerar nesse sentido é a de como o LP pode ser lido como uma recusa à tradição através do modo pelo qual lida com os códigos visuais e sonoros do *rock'n'roll*. A escolha do *rock'n'roll* para criticar o próprio estilo funciona como uma dupla negativa, primeiro uma negação à tentativa de buscar uma legitimação por meio do resgate de estilos considerados "autênticos" por parte do *underground* em crise; e segundo, em relação ao próprio gênero da década de 1950, dado que no LP ele é alienado da sua função de dança.

Os ideais de autenticidade que muitos artistas buscavam ao retomar estilos como o *folk* e *blues* eram elementos a serem combatidos por artistas do *glam* — muito dessa crítica à autenticidade era feita através da performance, modalidade muito presente na década de 1970. Marc Bolan, do T. Rex, trouxe uma sensibilidade teatral implícita na performance de rock e David Bowie teve o ímpeto de performar a teatralidade de forma explícita nesse meio. Bowie atingiu a síntese entre rock e teatro juntando conceitos e habilidades as quais vinha trabalhando desde a metade da década de 1960[118]. Seu projeto tomou uma forma mais bem acabada em 1972 ao criar Ziggy Stardust, um personagem alienígena, bissexual e com aspirações de estrela do rock. Bowie não apenas trabalhou com a ideia de apresentação de rock como uma performance teatral com figurino e coreografia, ele entendeu a relação de sua própria performance com seu público como de ator e audiência, se colocando diametralmente em oposição às noções que os artistas da década anterior concebiam a respeito dessa interação[119]. Ao

---

118 Ainda em 1967, o artista estudou dança no Dance Centre em Londres, além de mímica e movimento sob a tutoria de Lindsay Kemp, o renomado coreógrafo britânico. Na trupe de Kemp, Bowie atuou na peça *Pierrot in Turquoise*, além de desenvolver sua própria peça de mímica, *Yet-San and the Eagle*, a qual apresentou em 1968 no Royal Festival Hall (Auslander, 2006, p. 108).

119 O pensamento dos artistas de rock da década de 1960 valorizava a ideia de que a persona apresentada em suas performances correspondia ao verdadeiro "eu" dos músicos. Essa característica vinha do princípio de que as performances das músicas eram manifestações autênticas da individualidade do artista (Auslander, 2006, p. 66).

invés de elaborar uma persona consistente, Bowie cantava em diversas vozes e a partir de vários enfoques diferentes, sem se identificar claramente com nenhum deles (Auslander, 2006, p. 106).

Para além da questão da autenticidade, Bowie busca tencionar o *rock'n'roll* ao passo que desmonta a sua forma original de canções cuidadosamente compostas para serem vendidas como *singles* e as remonta no formato LP, uma forma musical que dificulta a audição despretensiosa. Em 1956, nos Estados Unidos, o mercado dos *singles* era completamente tomado pelas produções de Elvis Presley, da gravadora RCA, e Bill Haley, da Decca — fenômeno que pode ser checado na lista dos Top 10 da Billboard daquele ano. Apesar do mercado de LPs se colocar como algo sólido desde essa época, a produção desse tipo de disco era de um valor muito alto, o que levava as gravadoras, principalmente independentes, a apostarem na gravação de *singles* que miravam na reprodução sistemática no rádio e nos filmes de Hollywood. O aumento significativo da prosperidade econômica norte americana no período e o fato inédito dos jovens passarem a ter considerável poder de compra para bens de lazer acarretou um aumento ainda maior da venda de *singles*, feitos justamente para essa faixa etária (Chapple, Garofalo, 1989, p. 73-75).

O *rock'n'roll* surgiu de diferentes partes dos Estados Unidos, tendo suas primeiras gravações compostas e feitas nos estúdios Sun Records, em Memphis, Chess Records, de Chicago, e Duke-Peacock Records, em Houston, por artistas negros. Músicos como Fats Domino e Lloyd Price provaram já em 1950 que tal música tinha grande apelo tanto para jovens negros quanto para brancos, no entanto, à medida em que o estilo se provou um produto extremamente lucrativo, não faltaram tentativas da indústria para tentar replicar e intensificar as características que o fazia pegajoso e contagiante (Chapple, Garofalo, 1989, p. 58). Bill Haley, um dos grandes responsáveis pela popularização do *rock'n'roll*, conta que o seu modo de tocar o gênero veio da combinação de *country* e *rhythm and blues* que tocou por anos com sua banda The Saddlemen. Haley percebeu que se tocasse as músicas acentuando o segundo e o quarto compasso, ficaria muito mais fácil para as pessoas acompanharem batendo palmas e dançando (Chappel, Garofalo, 1989, p. 64).

São justamente essas características que são tensionadas em *Ziggy Stardust and the Spiders From Mars* (1972); mesmo se utilizando de códigos sonoros do *rock'n'roll* como o *shuffle*, não é um disco feito para dança, a sequência das faixas não é uniforme, contendo músicas que não dão muita ênfase ao pulso constante. O lado A do disco, composto pelas faixas "Five Years", "Soul Love", "Moonage Daydream", "Starman" e "It Ain't Easy" se organiza mais ao redor de uma jornada emocional do que forma um repertório coerente para a pista de dança. A primeira faixa apresenta um instrumental que parte do pianíssimo da introdução até chegar ao fortíssimo em sua última parte, com Bowie forçando sua voz para colocar uma textura de grito ao vocal — sons que seriam considerados pouco "musicais" do ponto de vista técnico do canto. "Soul Love" já traz clichês do *doo-woop* que facilitam alguns paços de dança, já que era um estilo muito popular na década de 1950, e a combinação de bongôs e saxofone remete diretamente ao tipo de balada apaixonada que era composta para atrair adolescentes. No entanto, o pulso contínuo e previsível da canção é quebrado pela faixa seguinte, "Moonage Daydream" se inicia com acordes de guitarra com distorção acompanhados pelos pratos de ataque da bateria. O encerramento da música se dá com uma cacofonia de sons de guitarra e glissandos de violino que vão das notas mais graves às mais agudas do instrumento.

A sequência de faixas mais suaves e mais fortes se repete por todo o lado A, terminando com "Starman" e "It Ain't Easy" que, seguindo esse padrão, anulam a possibilidade de dança que as faixas teriam isoladamente. Esse processo também ocorre no lado B do álbum, mas no interior das próprias faixas. "Lady Stardust" dá início ao disco como uma típica balada, é interrompida por "Star", que começa em um andamento acelerado, mas diminui consideravelmente no minuto 2:01. Assim, só há uma continuidade de andamento que varia entre *andante* e *allegro* quando observamos as faixas "Hang on to Yourself", "Ziggy Stardust" e "Suffragette City", chegando ao máximo de 178 e não diminuindo a mais do que 80 batidas por minuto. No entanto, essa continuidade de energia é interrompida pela última faixa, "Rock'n'Roll Suicide", que retoma e finaliza o enredo do álbum em um tom melancólico. Para além do aspecto da dança, o LP estabelece uma crítica a outros tipos de usos funcionais da música popular como a música ambiente, dado que por não haver uma constância de sentimento ou uma ambientação sonora harmoniosa, podemos argumentar que haveria uma dificuldade de *Ziggy Stardust* (1976) exercer o mesmo papel de um disco de Frank Sinatra ou Dean Martin. Do mesmo modo, o LP também não foi pensado para ser consumido como uma ópera rock ou disco temático, já que a falta de linearidade da trama não fornece muitos pontos de ligação ou informações detalhadas sobre os personagens das músicas.

Considerações finais

Com *The Rise and Fall of Ziggy Stardust and the Spiders From Mars* (1972), David Bowie, conscientemente ou não, ofereceu uma saída para os impasses do seu tempo que podem ser sintetizados no embate entre canção de protesto e a música que buscava um embate estético frente ao mercado que se reestruturava na década de 1970. Os desafios que os músicos dessa época enfrentavam passavam justamente pela tarefa de conciliar o impulso artístico de buscar o novo em suas obras e viabilizar uma comunicação com o público através do mercado da música, a peça fundamental no intermédio e distribuição dos artistas para o público (Chapple, Garofalo, 1989). O enfraquecimento da relação entre artistas e público e a diminuição da capacidade de mobilização do *underground* também contribuiu para complexificar a capacidade de barganha dos músicos frente a indústria. Isso significava que cada vez mais os artistas precisavam fazer concessões para viabilizar suas carreiras — essas concessões se expressavam na forma de produções com foco maior em *singles* que poderiam se tornar *hits*, formas musicais mais próximas de gêneros pré-existentes, shows que se aproximavam de espetáculos e uma preocupação muito grande com a imagem pública dos artistas.

Para articular uma crítica ao estado em que a música *mainstream* e *underground* se encontravam no pós-verão do amor, Bowie emprestou técnicas de outros procedimentos artísticos como teatro e cinema, fazendo o movimento de olhar para fora da linguagem artística que estava sendo desenvolvida para poder modificá-la. Partimos aqui, do entendimento de que o fazer artístico se inicia no ato de olhar radicalmente para a realidade e buscar respostas fora do campo do real. A repressão do imediatismo e por consequência a resposta imediata a ele seria o caminho para a obra de arte em si (Marcuse, 2007, p. 147). Nesse sentido, diversos momentos em *Ziggy Stardust* (1972) podem ser exemplificados através desse raciocínio. O próprio resgate de temas como a ficção científica que povoava o cinema, em especial no ano de 1968 com *2001: Uma Odisseia Espacial*, e, principalmente, procedimentos do teatro ao interpretar vários personagens no decorrer das músicas e ao assimilar elementos do teatro épico.

A respeito da ficção científica, diversos debates podem ser abordados, sendo o mais notável o que se debruça sobre seu caráter escapista. Conforme o sociólogo Dick Hebdige (1979), David Bowie adotava uma postura que evitava qualquer posicionamento político ou contracultural explícito.

O músico não apenas demonstrava desinteresse pelos problemas sociais e políticos da classe trabalhadora, como também sua estética era baseada em evitar o mundo real e a linguagem utilizada para descrevê-lo, experimentá-lo e reproduzi-lo. A mensagem de Bowie girava em torno da fuga das questões de classe, gênero, identidade e de qualquer envolvimento com esses temas. Essa fuga se manifestava na busca por um passado fantasioso, que combinava os romances de Christopher Isherwood com uma boemia decadente, ou por um futuro de ficção científica inspirado pela cultura pop dos anos 1950 — sendo esse futuro retratado de maneira distópica, o que se aproximaria da mensagem dos Sex Pistols anos depois, com o verso "No future for you, No future for me" (God Save The Queen, 1977) (Hebdige, 1979, p. 62). Contudo, embora tais observações possam descrever com precisão artistas como Gary Glitter e T. Rex, o próprio Hebdige ajusta sua argumentação ao destacar Bowie e Roxy Music como exemplos de artistas mais sofisticados dentro do espectro *glam* (Gomes, 2023, p. 60).

Embora a ficção científica tenha sido usada como escapismo por diversos artistas, incluindo Bowie em álbuns posteriores, em *Ziggy* (1972) toda a odisseia espacial e cenários apocalípticos trabalham na direção de uma recusa àquela realidade do começo da década de 1970. Ao apresentar os últimos anos de vida na terra em "Five Years", o músico traz o foco para a real desilusão dos jovens do *underground* em relação a qualquer tipo de mudança social. Já na introdução da natureza espacial de seu personagem principal, Bowie tensiona o entendimento de sexualidade, como bem analisado pelo autor Philip Auslander (2006). A exibição da sexualidade gay no disco pode ser vista como subversiva em dois aspectos principais. O primeiro aspecto é que essa expressão desafiava o imperativo heterossexual predominante no rock, o qual, na década de 1970, se intensificava a tal ponto que a guitarra se tornou um símbolo de poder masculino em gêneros como *heavy metal* e *hard rock*. O segundo aspecto diz respeito à maneira como Bowie não apresenta sua sexualidade simplesmente como uma alternativa ou oposição direta à sexualidade normalizada no ambiente do rock. Assim como o artista questionou as noções de autenticidade através de performances teatrais, utilizando diferentes vozes e personagens, Bowie também não performa uma homossexualidade ou bissexualidade "autêntica". Em vez de levantar questionamentos sobre sua própria identidade, ele confronta a maneira como a sexualidade era interpretada no rock, não apenas incorporando uma sexualidade marginalizada naquele contexto, mas também apresentando-a como uma performance cuidadosamente planejada. Nesse sentido, fica evidente a tentativa de Bowie de rejeitar qualquer noção de naturalidade, tanto nas artes quanto nas relações afetivas (Auslander, 2006, p. 135).

Desse modo, quando o músico busca ferramentas no teatro, sua intenção é estabelecer uma posição de negação às personas artísticas colocadas como autênticas pela indústria cultural, enfatizando que estrelas de cinema e da música são fabricadas, assim como Ziggy Stardust e os vários personagens que interpreta ao longo do álbum. Ziggy, a persona alienígena criada por Bowie, atuava como um mediador entre diferentes sexualidades e também como um terceiro elemento que triangulava a relação entre Bowie e as personagens de suas canções. Em vez de ser o próprio Bowie, era Ziggy quem assumia o papel das personagens delineadas nas faixas do disco. Contudo, Ziggy ainda era uma figura ficcional interpretada por Bowie. A "pessoa real" que dava voz às personagens do álbum se revelava, na verdade, uma invenção cênica, sendo ela mesma uma personagem das canções. Assim, em alguns momentos do disco, pode-se entender que Ziggy canta sobre si mesmo (Auslander, 2006, p. 120). A maneira como David Bowie lida com diferentes vozes em sua obra pode ser comparada ao teatro épico de Bertolt Brecht. A canção "Alabama Song", composta por Brecht e Kurt Weill frequentemente tocada ao vivo por Bowie, aparece na ópera *The Rise and Fall of the City of Mahagonny* (1930), cujo título dialoga com *The Rise and Fall of Ziggy Stardust and the Spiders From Mars* (1972). Embora as semelhanças entre as obras se limitem aos títulos, é possível que a forma como Bowie explora suas diversas vozes na narrativa do disco tenha sido influenciada pela obra do dramaturgo alemão. Por exemplo, na peça *Um Homem é Um Homem* (1926), o tema da "despersonalização" de um indivíduo é central, e a desconstrução e reconstrução em uma nova personalidade serve como uma sátira à concepção liberal do desenvolvimento autônomo da personalidade humana e ao teatro tradicional, que geralmente apresenta um herói forte e de caráter imutável (Rosenfeld, 1985, p. 146).

A concepção épica da peça liga-se a uma filosofia que já não considera a personalidade humana como autônoma, negando a ela a posição central. No teatro brechtiano, há um elemento essencial que envolve a criação de um palco destinado a esclarecer o público sobre a sociedade e a necessidade de transformá-la. Brecht emprega, entre outras estratégias, o combate à ilusão como uma ferramenta fundamental nesse processo de esclarecimento. A ilusão, que é o efeito mágico do teatro burguês, de inspiração aristotélica, promove uma intensa identificação emocional no público, levando-o a se esquecer de tudo, saindo do teatro satisfeito, conformado e passivo, incapaz de conceber qualquer ideia rebelde (Rosenfeld, 1985, p. 148). No contexto de Brecht, a ópera *Mahagonny* buscava combater a própria forma da ópera tradicional e do teatro dramático, utilizando as técnicas do teatro épico. Já em *Ziggy Stardust* (1972), Bowie faz um contraponto à ilusão de autenticidade que é manipulada pelos mecanismos da indústria cultural. O artista se utiliza dessas mesmas técnicas para expor a artificialidade do *status* de estrela do rock, que era perpetuado por muitas bandas de sua época.

Além desses aspectos, embora em contextos diferentes, vários elementos das técnicas do teatro épico podem ser observados na performance de Bowie. Entre eles, destaca-se o movimento de colocar o espectador diante de algo, ao invés de gerar identificação imediata. Além do verso "turn your face to strange" de "Changes", Bowie confronta o espectador com sua própria definição de androginia. No entanto, o maior ponto de conexão entre Bowie e Brecht reside na ideia do homem como um processo contínuo, com a capacidade de ser mutável e de basear seu desenvolvimento na habilidade de continuar mudando (Rosenfeld, 1985, p. 149). Ao empregar certos aspectos do teatro musical, Bowie explora as limitações criativas impostas pelo *rock'n'roll* como forma artística e desafia essas estruturas. Inicialmente, ele cria identificação com o público nos moldes do teatro burguês, apenas para, em seguida, confrontá-lo com o desconhecido, personificado na figura do andrógino. Em algumas partes do disco, essa identificação é estabelecida por meio da exposição do desejo por fama e estrelato ou por meio de tópicos musicais familiares — ou seja, os clichês do *rock'n'roll* que são apresentados ao longo de todo o LP.

É a partir de tais análises que passamos a compreender o disco *The Rise and Fall of Ziggy Stardust and the Spiders From Mars* (1972) como uma ode à subjetividade e uma recusa a realidade de crise da contracultura e fortalecimento do conservadorismo no começo da década de 1970. O grande feito dessa obra de David Bowie foi possibilitar a articulação de uma crítica tanto à sociedade de mercado quanto ao *underground* através da desfuncionalização do *rock'n'roll* e da criação de múltiplos personagens, tensionando noções de autenticidade em voga no mundo do rock. No entanto, a forma com que o artista promove uma crítica e resolução para essa crise também dá os materiais para sua própria assimilação no mercado e neutralização da sua crítica. A articulação do *rock'n'roll* através de uma sensibilidade andrógina, fantástica e teatral implicou na reativação de códigos e clichês que quase automaticamente foram reapropriados e neutralizados como bens de consumo descartáveis, constituindo o gênero *glam rock*. Os mesmos materiais usados pelo artista para produzir um estranhamento de uma "sobre-realidade" como "instrumento artístico-político" de grande valor revolucionário (Marcuse, 1999, p. 288) possibilitaram também o antídoto a tais ideias rebeldes na cultura de massa.

Esse exemplo justificaria uma preocupação de Hebert Marcuse em relação aos *ready-mades*. Para o filósofo, a capacidade de "traduzir" criativamente a distância entre o "universo dado" e o "universo possível" seria o pré-requisito para a ativação do potencial político das obras de arte. Sendo cauteloso em atribuir um grande valor artístico às obras de Marcel Duchamp e Andy Warhol, ele atesta que o urinol de Duchamp continuaria sendo um urinol mesmo quando exposto em um museu ou galeria; o objeto carregaria sua função "real" suspendida — ao contrário de uma pintura de Cézanne, que permaneceria uma pintura de Cézanne mesmo no banheiro (Bretas, 2008, p. 6). Já do ponto de vista da criação de personagens, funcionaria como um método que encapsularia a ideia do mercado musical da época, de mercadoria que se renova sem romper com sua versão anterior — essa fórmula se provou tão eficiente que Bowie criou mais quatro personagens do mesmo modo antes de romper com essa fórmula no final da década de 1970. Desse modo, o disco de Bowie se faz de extrema importância justamente por carregar em si a potencialidade de mudança alavancada pela contracultura ao passo que expressa as amarras de seu tempo que ameaçavam sua neutralização — uma relação dialética muito própria do rock e de outras artes que entravam em confronto com a indústria cultural. Como alertado por Marcuse (1999, p. 269), a exposição dos campos de concentração pelos aliados após a Segunda Guerra Mundial resultou em *best-sellers* e filmes de grande sucesso. A arte revolucionária acabou se tornando tanto um modismo quanto clássica, assim como exemplificado por "Guernica" de Picasso, que hoje é uma obra reverenciada em museus.

Referências

Discografia:

DAVID BOWIE. **The Rise And Fall Of Ziggy Stardust And The Spiders From Mars**. London: Warner Music Group Company., 2012 [remasterizado do LP original de 1972]. 1 CD (38min.). Disponível no Spotify.

T. Rex. **Electric Warrior**. London: Trident and Advision., 1971. 1 CD (39:35min.). Disponível no Spotify.

Bibliografia:

AUSLANDER, Philip. **Performing Glam Rock**: Gender and Theatricality in Popular Music. Michigan. University of Michigan Press, 2006.

BRETAS, Aléxia. "Todo poder à imaginação!": Marcuse e a revolução surrealista. Exagium, vol. III, nov. 2008.

CALADO, Carlos. **O Jazz como Espetáculo**. Editora Perspectiva. São Paulo. 2007.

CHAPPLE, Steve; GAROFALO, Reebee. **Rock & Indústria**: História e política da indústria musical. Lisboa: Editorial Caminho, SA, 1989.

DIAS, Marcia Tosta. **Os Donos da Voz**: Indústria Fonográfica e Mundialização da Cultura. São Paulo. Boitempo, 2000.

FENERICK, José Adriano. Pink Floyd: Gritos De Estranhamento e Alienação. *In*: FENERICK, José Adriano. **Nas Trilhas Do Rock**: Contracultura e Vanguarda. Editora Appris Ltda. Curitiba/PR. 2021.

FENERICK, José Adriano; MARQUIONI, Carlos Eduardo. Sgt. Peppers Lonely Hearts Club Band: Uma Colagem de Sons e Imagens. Revista de História e Estudos Culturais, [S. l.], Janeiro/Fevereiro/Março 2008.

GOMES, José Cesar Fernandes. **Os destroços de uma juventude delinquente**: David Bowie e o rock da década de 1970. Dissertação (Mestrado). Curso de História, Universidade Estadual Júlio de Mesquita Filho UNESP/Franca. 2023.

GREENBERG, Clement. A Pintura Modernista 1960. *In*: FERREIRA, Glória; MELLO, Cecília Cotrim de. **Clement Greenberg e o Debate Crítico**. Jorge Zahar Editor Ltda: Rio de Janeiro. 1996.

GRUNENBERG, Christoph; HARRIS, Jonathan. **Summer of Love**: Psychedelic Art, Social Crisis and Counterculture in the 1960s. Liverpool. Liverpool University Press. 2005.

HEBDIGE, Dick. **Subculture**: The meaning of style. Routledge: London and New York, 1979.

HICKS, Michael. **Sixties Rock**: garage, psychedelic, and other satisfactions. Chicago: Marston Book Services Limited, 2000.

MACAN, Edward. **Rocking the Classics**: English Progressive Rock and the Counterculture. New York: Oxford University Press, 1997.

MARCUSE, Herbert. Art as form of reality. 1969. *In*: Art And Liberation: Collected Pappers of Herbert Marcuse. Routledge. New York, 2007.

MARCUSE, Herbert. **Razão e revolução**: Hegel e o advento da teoria social. Tradução de Marília Barroso. Rio de Janeiro: Paz e Terra, 1978.

MARCUSE, Herbert. **The Aesthetic Dimension** (Die Permanenz der Kunst). Tradução de Maria Elisabete Costa. Munique: Carl Hanser Verlag, 1977.

MARCUSE, Herbert. "Algumas considerações sobre Aragon: arte e política da era totalitária". *In*: Tecnologia, guerra e fascismo: coletânea de textos de Herbert Marcuse. São Paulo: Fundação Editora da UNESP, 1999, p. 269.

MILANI, Vanessa Pironato. **Sisters, O sisters, lets stand up right now**: o processo de feminilização do rock na época da contracultura e da Nova Esquerda, 1966-1974. Tese (Doutorado). Curso de História, Universidade Estadual Júlio de Mesquita Filho UNESP/Franca. 2022.

MILES, Barry. **London Calling**: A Countercultural History of London since 1945. London: Atlantic Books, 2010.

NELSON, Elizabeth. **The British Counter-Culture, 1966-73**: A Study of the Underground Press. London: THE MACMILLAN PRESS LTD, 1989.

ROBERTS, Mike. **How Art Made Pop and Pop Became Art**. London: Tate Publishing Ltd., 2019.

ROSZAK, Theodore. **A Contracultura**: Reflexões sobre a sociedade tecnocrática e a oposição juvenil. Rio de Janeiro: Editora Vozes LTDA, 1972.

ROSENFELD, Anatol. **O Teatro Épico**. Editora Perspectiva: São Paulo, 1985.

WARNER, Simon. The Banality of Degradation: Andy Warhol, the Velvet Underground and the trash aesthetic. In. SKLOWER, Jedediah. WHITELY, Sheyla. Countercultures and Popular Music. Ashgate. England. 2014.

6

SIGNIFICADOS DO BLUES EM THE YARDBIRDS E LED ZEPPELIN (1963-1969)

Ricardo Sinigaglia Arruda

Introdução

Em nosso cotidiano e em livros acadêmicos, como o de Paul Friedlander (2012), é comum ler que o rock veio de gêneros musicais afro-americanos como o *soul*, o *bluesgrass* e, principalmente, o blues, que será o foco deste ensaio. Em algumas ocasiões, colocam-se também alguns gêneros praticados por sulistas brancos estadunidenses como formadores do rock, a exemplo do *country and western* (Friedlander, 2012). Nessas discussões, sabe-se que até mesmo as bandas de rock britânicas são devedoras do blues, tais como The Rolling Stones, The Yardbirds, Blues Incorporated, John Mayall and the Bluesbreakers, Cream, Pink Floyd, Led Zeppelin, Fleetwood Mac, The Nice etc.

No entanto, são raros os momentos em que autores traduzidos para o português ou brasileiros fazem reflexões críticas sobre o blues feito por roqueiros britânicos em seu contexto social[120], ou seja, por jovens que viveram os anos 1960 na Inglaterra e que pensaram e interpretaram esta musicalidade à sua maneira. Desse modo, como demonstram Iain Chambers (2003) e Andrew Kellett (2020), a adoção do gênero afro-estadunidense em contextos sociais diferentes daqueles de seu lugar de origem, as comunidades negras dos Estados Unidos, precisam ser pensados em relação ao novo

[120] Em língua inglesa é possível encontrar alguns autores que elaboraram uma história social do blues na Inglaterra, tais como Roberta Freund Schwartz (2007), em sua obra *How Britain got the blues: the transmission and reception of American blues styles to the British isles*, na qual a autora foca nos processos sociais de recepção do blues e no debate sobre a autenticidade dos diversos estilos de blues elaborados por jornalistas e intelectuais e apreciadores publicados em revistas especializadas deste gênero afro-americano; Andrew Kellett (2020), em seu livro *The British blues network: adoption, emulation and creativity*, no qual o autor foca em compreender como os jovens músicos britânicos compreenderam socialmente o blues, o interpretaram e produziram músicas a partir do gênero afro-americano e David Simonelli (2013) que, em *Working class heroes: rock music and British Society in the 1960s and 1970s*, dedicou seu terceiro capítulo à compreensão da cena de blues londrina, do qual participaram Blues Incorporated, Rolling Stones e The Yardbirds.

momento e espaço. Em outras palavras: é preciso refletir sobre quais são os valores que circulavam na sociedade britânica para que jovens adotassem este gênero musical como sua identidade e entender como eles o empregaram.

Em complemento à problemática apresentada no parágrafo anterior, não basta pensar apenas a relação dos jovens britânicos com o blues como se fosse algo engessado historicamente, já que a juventude britânica não é imóvel no tempo, mas passa por transformações. Dessa maneira, a proposta do texto é que se faça uma análise diacrônica entre dois momentos do blues: o período *mod* que ocorreu entre 1962 e 1965 e o do *underground* que aconteceu a partir de 1966 (com auge em 1967) e teve seu fim por volta de 1973. Essa análise permitirá notar as mudanças e as permanências que perpassam os dois contextos.

Todavia, para além das discussões históricas que serão fundamentais para a elaboração deste texto, como recorte para a investigação que envolve a juventude britânica e as músicas que lhe serviram como identidade, propõe-se analisar algumas faixas de bandas distintas, mas interrelacionadas: "I'm a man" (1965), presente no álbum *Having a rave up with the Yardbirds*, da banda The Yardbirds e as versões de "How many more times" e "You shook me ", do Led Zeppelin, lançadas no álbum *Led Zeppelin* (1969). A escolha dos dois grupos se dá pelo fato de que esta última surgiu a partir do fim da primeira e que participam de dois contextos históricos diferentes da juventude londrina.

Having a rave up with the Yardbirds: The Yardbirds e o blues em Londres

O blues não era exatamente uma novidade na Grã-Bretanha no final dos anos 1950[121], mas o seu sucesso comercial nesse local teve início nesse período e se relacionou com o advento da juventude. Devido à reforma educacional no pós-Segunda Guerra Mundial, os *art colleges* deixaram de ser um espaço de pessoas de classe alta para ser um sistema de escolas secundárias para o acesso de todos os cidadãos que poderiam participar desses espaços livre de custos (Kellett, 2020). Para a época

> significava que meninos da classe trabalhadora e da classe média que não tinham pontuado bem o suficiente nos exames *"Eleven Plus"* para ser colocado nas *grammar school* poderiam

[121] Para saber mais detalhes sobre o blues na Grã-Bretanha em um período anterior ao final da década de 1950 ver Schwartz (2007).

> evitar a humilhação social do *secondary modern* [*schools*] e dos *technical colleges* e desfrutar de 'algum simulacro de privilégios antes aproveitados pelos meninos das famílias antigas'. O principal privilégio era a liberdade – uma vida social relativamente sem restrições, a habilidade para expressar-se criativamente e a chance de atrasar a entrada no mundo do trabalho cotidiano por um pouco mais de tempo (Kellett, 2020, p. 114, tradução nossa, grifos nossos) [122].

As escolas de arte buscavam ensinar técnicas e sensibilidades estéticas para futuros pintores, escultores e impressores. Entre os anos 1950 e 1960, muitos desses estudantes ganharam suas honrarias ao contribuir para a *pop art* e para o *kitchen sink movement* britânicos (Kellett, 2020, p. 114). Segundo Andrew Kellett (2020), as escolas de arte possuíam regras menos rígidas do que outras instituições de ensino, pois a maioria de seus professores possuía uma noção boêmia e romântica de "gênio" ou de criatividade. Eles sabiam que o exercício de se expressar com singularidade não poderia se submeter às algemas do tempo do relógio ou ser forçado por mecanismos externos para produzir sob um comando. Pelo contrário, os professores não se colocavam no caminho de um trabalho ético ou davam prazo final para seus estudantes. Assim, o aluno poderia exercitar sua criatividade da melhor maneira que compreendesse. Segundo Roberta Schwartz (2007, p. 74, tradução nossa), os estudantes "eram treinados a aceitar novas ideias já suspeitas de autoridade e suas promessas de uma sociedade transformada"[123].

Contudo, a principal contribuição dessas escolas não só para o momento, mas para a segunda metade do século XX, esteve na música, já que fora da sala de aula a maioria dos alunos ouvia blues. Dado o tempo livre que era fornecido pelos professores nos dias de folga devido à falta de pressão para a entrega de trabalhos, os estudantes podiam ouvir o gênero afro-estadunidense, melhorar suas técnicas de guitarra ou conversar com seus colegas sobre música, sem a necessidade de fazer alguma pintura para avaliação ou ser advertido pela escola por conta de prazos (Kellett, 2020, p. 114-115).

---

[122] No original: "*This meant that working-class and middle-class boys who had not scored well enough on the 'Eleven Plus' examinations to be placed in grammar school, could both avoid the socially humiliating secondary modern and technical colleges and enjoy 'some simulacrum of the privileges previously enjoyed by the boys from old families'. The main privilege was freedom – a relatively unfettered social life, the ability to express oneself creatively, and the chance to delay entrance into the workday world for a few more years*".

[123] No original: "*[...] they were trained to accept new ideas yet suspicious of authority and its promises of a transformed society.*"

Por esse sistema da *art schools* passaram nomes como Eric Clapton, Paul Jones e Tom McGuiness, que estudaram na Kingston Art School; Pete Townshend e Ron Wood, que frequentaram a Ealing College of Art; Keith Richards, Phil May e Dick Taylor, que foram estudantes do Sidcup Art College; Eric Burdon e John Steel, que fizeram cursos no Newcastle College of Art; John Lennon, ligado ao Liverpool College of Art e Jimmy Page, Jeff Beck, Ian McLagan, Ray Davies e Charlie Watts, que frequentaram os diversos *art colleges* presentes em Londres (Kellett, 2020, p. 114-115).

Todavia, não se pode perder de vista que a maneira de ingresso nas escolas de arte se dava porque determinadas pessoas não conseguiram atingir notas mínimas para alcançar as *grammar schools*, por exemplo, o que gerava a sensação de ser um "marginalizado" em sua escola moderna secundária. Segundo Andrew Kellett (2020, p. 116, tradução nossa), Eric Clapton teria criado mecanismos de defesa contra o que ele percebia como a "inabilidade de pessoas para gostar ou entendê-lo"[124]. Para o futuro guitarrista do The Yardbirds, o blues era um modo de ser empático e emular o que tempos depois ele chamou de o "'orgulho e... coragem' solitária de 'um homem com sua guitarra, completamente sozinho e sem opções, alternativas o que mais que outro do que apenas para cantar e tocar para aliviar a sua dor'"[125] (Clapton apud Kellett, 2020, p. 16, tradução nossa). O blues se tornava, desse modo, um mecanismo de defesa de jovens que se sentiam excluídos da sociedade.

Como se percebe, esses estudantes das escolas de arte que viriam a tocar blues em bandas famosas como The Yardbirds, The Rolling Stones ou Blues Incorporated faziam uma aproximação de sua vida em sociedade com a dos afro-estadunidenses que foram escravizados ou eram filhos destes e que sofriam marginalização e racismo nos Estados Unidos. Como afirma Andrew Kellett (2020, p. 13), ainda que fizessem essa aproximação imaginária, a vida de um jovem inglês do pós-Segunda Guerra Mundial, principalmente depois da década de 1950, em nada se assemelhava à dos negros estadunidenses.

Os jovens das escolas de arte viviam um momento em que os Estados Unidos chegaram à categoria de principal potência capitalista em termos globais e desbancou a Inglaterra dessa posição de poder. Para recuperar os países ocidentais dos danos causados pela Segunda Guerra Mundial e para alinhar os europeus do ocidente com os interesses da nação da Amé-

124 No original: *"[...] inability to like or understand him."*

125 No original: *"[...] solitary 'pride and courage' of 'one man with his guitar... completely alone, and with no options, no alternatives whatsoever other than just to sing and play, to ease his pain."*

rica do Norte, foi criado o Plano Marshall, que tinha como objetivo fazer empréstimos financeiros ao Velho Continente para que esses objetivos fossem alcançados no contexto da Guerra Fria (Hobsbawm, 1995, p. 264).

No que diz respeito à Inglaterra, o Estado passou a planejar a economia e propiciou com essas ações uma situação de pleno emprego, seguridade social e acesso massificado a bens de consumo duráveis, tais como geladeiras, liquidificadores, aspiradores de pó, máquinas de lavar-roupas etc. Nesse sentido, houve aumento considerável do que se conhece por classe média. Como explica o historiador Eric Hobsbawm (1995, p. 264):

> o compromisso político de governos com o pleno emprego e – em menor medida – com redução da desigualdade econômica, isto é, um compromisso com a seguridade social e previdenciária, pela primeira vez, proporcionou um mercado de consumo de massas para bens de luxo que agora podiam passar a ser aceitos como necessidades.

Os estudantes das escolas de arte entre 16 e 30 anos podiam dedicar seu tempo livre a desenvolver suas atividades e, caso precisassem trabalhar, poderiam guardar o dinheiro de seu trabalho para comprar os discos (Hobsbawm, 1995) de seus ídolos do blues. Todavia, os jovens brancos britânicos que adotaram o gênero afro-estadunidense como sua identidade não apenas o abraçaram por se sentirem "marginalizados" em relação à questão estudantil e aos exames escolares, senão porque também possuíam desejos e críticas sociais.

Após a Segunda Guerra Mundial, os britânicos compreendiam que sua sociedade voltaria a ser a maior potência capitalista. A vida após 1945 foi um momento em que europeus ou britânicos recusavam-se a falar sobre a barbárie gerada nos momentos do conflito armado. A negação da exposição desses acontecimentos em público também gerou uma reinserção rápida de um ideal de masculinidade que circulava entre o *status quo* britânico: a sobriedade, o autocontrole, a decência e a coragem. Quando a Inglaterra ainda comandava e colonizava o principal Império Capitalista, a antítese à masculinidade conservadora era o chamado *man of adventure*, que "[...] saboreava a liberdade de vagar como escolhesse. Nas franjas da modernidade de classe média, ele escapava do desassossego e da anomia que cercava aqueles que estavam no centro da modernidade" [126] (Kellett, 2020, p. 78, tradução nossa).

---

[126] No original: *"[...] relished the freedom to wander as he chose. On the fringes of middle-class modernity, he escaped the unrest and anomie that beset those at the center of that modernity."*

Contudo, com o fim do Império Britânico e os movimentos de descolonização, não havia mais o espaço para o *man of adventure*, que já não poderia mais vagar por território de outros países como bem entendesse. Nessa época, apareceu o *organization man*, em "ternos de flanela cinzas, que trabalhava de modo monótono por 40 horas por semana em *middle management* e como uma vida de lar monótona em algum lugar dos subúrbios" (Kellett, 2020, p. 79, tradução nossa, grifos nossos). Era esse tipo de masculinidade e de homem contra o qual os jovens das escolas de arte se levantaram e o qual rejeitaram. Eles compreendiam a cultura suburbana como conformista e hipócrita, inclusive em relação à figura do *organization man*, atacado pelo The Kinks em "Well-Respected Man" (Kellett, 2020, p. 80).

As mulheres suburbanas também não escapavam das críticas e das ironias realizadas pelos músicos de blues britânicos, já que para eles havia uma cultura massificada e feminilizada que deveria ser negada: a dona de casa. A cultura massificada e a limpeza proclamada pelo mundo conservador de classe média, representado por elas, era motivo de sátira em faixas como "Mother's little helper", dos Rolling Stones, cuja personagem tomava anfetaminas para acabar com a anomia inerente ao mundo em que viviam (Kellett, 2020, p. 80). Assim, os jovens das escolas de arte que aderiram ao blues preferiam se identificar como pessoas sujas, cabelos compridos e despenteados. O objetivo era trazer uma nova masculinidade, mas sem necessariamente romper com aspectos machistas e misóginos.

Nesse sentido também, a musicalidade do subúrbio foi objeto de negação por parte desses jovens, a chamada *pop music*. Nesse momento, o rádio foi uma tecnologia importante de difusão musical e a *British Broadcast Corporation* (BBC), por meio do *Light Programme* transmitia *light music* e comédia musical, que estava conectada ao *music hall*. Em 1966, esse programa deixou de existir para dar origem à Rádio 2. Esses gêneros musicais contavam com composições como "In a Persian market" e "Bells across the meadows", de Albert Ketèlbey e "Two lovely black eyes" e "The man who broke the bank at Monte Carlo", de Charles Coborn (Blake, 1997, p. 81-83).

A música do modelo da *Tin Pan Alley* estadunidense também chegou à Grã-Bretanha durante os anos da Segunda Guerra Mundial e foi assimilada às formas da música pop citadas acima, o que possibilitou letras de amor romântico, expressões nas formas AABA e a preponderância de baladas sentimentais que passaram a fazer parte do mundo pop britânico. Em meados da década de 1950, quando os *teddy boys*[127] possuíam a hegemonia jovem na boemia londrina e tinha o *rock and roll* como identidade, esse pop veiculado no *Light Programme* era aquilo que eles entendiam que deveriam negar, e o *rock and roll* foi a maneira que encontraram para fazer a rejeição à *light music*. Esse meio social viabilizou o surgimento de jovens como Tommy Steele e Cliff Richard que imitavam Elvis Presley e tinham canções como "Rock with the caveman" e "Move it".

Todavia, entre os anos finais de 1950 e início de 1960, ao passo que os *teddy boys* desapareceram enquanto força social jovem, tanto Tommy Steele quanto Cliff Richard deixaram de fazer músicas que provocavam o *status quo* e passaram a mobilizar aspectos composicionais da *light music* e da *Tin Pan Alley*, o que proporcionou faixas como "The writing on the wall" e "Living doll" (Blake, 1997; Simonelli, 2013). Tal modelo musical permaneceria dessa forma ao longo dos anos 1960 e sobrevivia em figuras como Tom Jones e Engelbert Humperdink. O blues era mobilizado pela juventude que frequentava as escolas de arte no início da década de 1960 como forma de fazer frente a todos esses modelos pop que serviam de identidade para o subúrbio, tanto que Eric Clapton saiu de The Yardbirds após a gravação de uma faixa pop chamada "For your love", escrita por Graham Gouldman.

Como demonstra Andrew Kellett (2020), para o lugar dessas manifestações típicas do subúrbio britânico, não apenas o blues enquanto música entrava no lugar do pop, mas no lugar da perda do posto de principal potência capitalista, os jovens se deslumbravam com a cultura massificada dos Estados Unidos e o gênero criado pelos negros desta nação era um modo de "'caminhar de volta' para a América e sua cultura, retratando vividamente a paisagem de pessoas americanas, modos de vida e bens de consumo"[128] (Kellett, 2020, p. 76, tradução nossa). O blues era uma maneira de entrar no deslumbre que os jovens possuíam pelos Estados Unidos pós-Guerra. Ademais, no lugar do *organization man*, aparecia um tipo de masculinidade

[127] Em meados da década de 1950, o rock and roll de Bill Haley and his comets, Elvis Presley e Chuck Berry chegou à Grã-Bretanha por meio de filmes e encontrou público entre uma das primeiras manifestações jovens que aconteceram na Inglaterra, os *teddy boys* ou *teds* (Miles, 2010). Os *teddy boys* utilizavam cabelos grandes como forma de oposição ao serviço militar obrigatório, eram machistas e viviam no meio da boemia do Soho com estilos de vestimentas próximos ao do *status quo*, como o uso de ternos eduardianos (Simonelli, 2013, p. 10), o que deixava os conservadores indignados (Miles, 2010, p. 58-59). Ademais, eles se envolviam em brigas e portavam navalhas e correntes de bicicleta para machucar as gangs rivais ou quebravam as salas de cinemas em que assistiam filmes, a ponto desses locais proibirem a entrada de todos aqueles que aparentavam ser *teddy boy* (Miles, 2010, p. 59).

[128] No original: *"[...]'back way in' to America and its culture, vividly depicting American landscapes, people, ways of life, and consumer goods."*

atribuída aos *bluesmen* pela juventude britânica, já que havia não apenas uma romantização dos negros que compunham e cantavam blues, pois acreditavam que os *bluesmen* realmente viveram aquilo que cantavam. Desse modo, os jovens queriam para si aquilo que era cantado nas letras das canções de blues.

Segundo David Simonelli (2013), o *status quo* britânico era contrário a essa ideia de uma cultura estadunidense como algo novo e excitante, já que compreendiam que a "[...] americanização da cultura britânica forneceria aos jovens modelos ruins de comportamento, que os introduziriam a culturas inferiores que emanavam de negros e da classe trabalhadora – o que pouco tinha significado para jovens britânicos"[129] (Simonelli, 2013, p. 8-9, tradução nossa). Se por um lado houve uma reação conservadora, por outro alguns socialistas também reagiram à chegada da cultura estadunidense à sociedade britânica, pois, na opinião de seus adeptos, ela poderia destruir os elementos de um estilo de vida autêntico que vinha do camponês e que foi passada de geração em geração, de modo tradicional (Simonelli, 2013). A *folk music*, dessa maneira, era vista como um bastião contra a americanização da sociedade e como autêntica e, por consequência, contrária ao comercialismo da música estadunidense (Brocken, 2003; Simonelli, 2013).

Foi nesse contexto de questionamento à vida suburbana britânica e de provocação aos "defensores da verdadeira cultura", mais especificamente em 1963, que surgiu a banda The Yardbirds, formada inicialmente por Paul Samwell-Smith (baixista), Keith Relf (vocalista e gaitista), Jim McCarty (baterista), Chris Dreja (guitarrista) e Top Topham (guitarrista), esse foi pouco tempo depois substituído por Eric Clapton e, em 1965, Jeff Beck ocupou este lugar. The Yardbirds fazia parte de uma cena de blues londrina em que havia uma busca para emular os *bluesmen* e tocar faixas compostas pelos negros afro-estadunidenses. Assim, uma das faixas que eles regravaram foi "I'm a man", composta por Bo Diddley, nome artístico de Elias McDaniel. No caso deste estudo, será utilizada a versão de estúdio, que foi performada por Jeff Beck e não a ao vivo que foi tocada por Eric Clapton, presente no mesmo álbum, uma vez que as faixas analisadas do Led Zeppelin também são versões de estúdio.

A letra de "I'm a man" possui as seguintes afirmações nas suas estrofes:

---

[129] No original: *"[...] Americanization of British culture, that it provided their children with bad role models, that it introduced them to inferior cultures emanating from blacks and the working-classes – meant little to British adolescents."*

> Todas vocês, mulheres bonitas, entrem na fila
> Eu posso fazer amor com vocês, baby, em uma hora
> Agora, eu sou um homem, eu soletrei *m-a-n*... homem
>
> A linha que eu atiro, nunca se perderá
> Fazer amor com você, baby, você não pode resistir
> Agora, eu sou um homem, eu soletrei *m-a-n*... homem
>
> Voltando ao Kansas para
> trazer de volta uma garotinha, assim como você
> Agora, eu sou um homem, eu soletrei *m-a-n*... homem[130] (Bo Didley, 1958, tradução nossa, grifos nossos)

Há nessas estrofes algumas características inerentes ao desenvolvimento temático do blues. Em "I'm a man", o sujeito cancional se coloca de modo egocêntrico, como se as mulheres que ele considera "bonitas" quisessem automaticamente manter relações sexuais com ele, ao passo em que ele retira a autonomia e vontade delas expressarem seus desejos. Na visão de artistas britânicos como Robert Plant e Keith Richards, o *bluesman* chamava a atenção desses jovens porque ele ensinava como *"'se pegava' uma mulher"* [131] (Richards apud Kellett, 2020, p. 88, tradução nossa, grifos do autor). Assim, eles estudavam tudo sobre os músicos negros que admiravam e acreditavam que deveriam fazer igual ao que estava escrito nas canções por entenderem que seus ídolos viveram o que compuseram (Kellett, 2020).

As expressões *baby* e garotinha (*little girl*) que aparecem na letra também possuem sentidos no blues, como a visão da mulher como alguém com menos idade do que o sujeito cancional. No blues, era comum a figura da ninfeta, vista como uma pessoa com "[...] exuberância, atratividade e inocência, porém também com petulância, egocentrismo, tagarelas e imaturas"[132] (Kellett, 2020, p. 97, tradução nossa). Dessa maneira, o *bluesman* era visto como experiente, com virtudes positivas acumuladas pela idade, sexualmente dinâmico e que possuía um olhar paternal ou professoral em relação a quem ele chama de *baby* (Kellett, 2020). Como mostra Andrew

---

[130] No original: *"All you pretty woman, stand in line/ I can make love to you, baby, in a hour's time/ Now I'm man, I spell m-a-n... man/ The line I shoot, will never miss/ Make love to you, baby, you can't resist/ Now I'm a man, I spell M-A-N... Man// Goin' back down to Kansas too/ Bring back a little girl, just like you/ Now I'm a man, I spell M-A-N... Man".*

[131] No original: *"getting laid."*

[132] No original: *"[...] exuberance, attractiveness, and innocence but also petulance, self-centeredness, talkativeness, and immaturity."*

Kellett (2020), eles viam nesses homens pessoas que encaravam como pais exemplos a serem seguidos, uma vez que acreditavam que as letras retratavam com literalidade a vida de seus ídolos[133].

O homem como sinônimo de maturidade fica mais evidente na primeira estrofe da versão gravada por Bo Diddley, que foi retirada por The Yardbirds, em que se afirma o seguinte:

> Agora, quando eu era um garotinho, na idade de cinco anos
> Eu tinha alguma coisa no meu bolso que manteve um monte de gente viva
> Agora, eu sou um homem, fiz 21 anos, você sabe, baby
> Nós podemos ter um monte de diversão
>
> Agora, eu sou um homem, eu soletrei *m-a-n*... homem [134] (Bo Didley, tradução nossa, grifos nossos)

No segundo verso da interpretação de The Yardbirds, aparece a expressão "tiro", o que remete a armas de fogo. No blues, a violência do homem contra a mulher era um lugar comum, já que os *bluesmen* as ameaçavam por acharem que elas os trapacearam, por elas ficarem fora de casa até tarde, visto como sinônimo de traição, gastando seu dinheiro e falando mal deles (Kellett, 2020, p. 101). Tais acusações na maior parte das vezes, segundo Kellett (2020), se apresentam no reino daquilo que o sujeito cancional acha que aconteceu, ainda que não apareça a dúvida no canto. Os papéis de gênero também ficavam definidos na cultura desse gênero afro-americano: enquanto os homens usavam facas e armas de fogo para assassinar suas mulheres, elas utilizavam-se de venenos, algo mais "delicado" e em raras letras utilizaram os meios considerados masculinos. A questão da violência apareceu na sociedade estadunidense após a Primeira Guerra Mundial e os conflitos resolvidos por meio de armas eram aspectos característicos da masculinidade (Kellett, 2020).

---

133 Há duas questões a serem consideradas: a primeira é o fato de que se percebe que os jovens britânicos se aproximaram de um tipo de blues, porém não daquele de Bessie Smith e "Ma" Rainey; a segunda diz respeito ao fato de que, segundo Andrew Kellett (2020, p. 75), os jovens britânicos se afiliaram aos *bluesmen* que selecionaram, já que foi uma escolha ativa pelas quais esses indivíduos escolheram como suas identidades. Para Kellett (2020, p. 75), que interpreta esse conceito a partir de Edward Said, afiliação difere de filiação, pois neste seriam "[...] os valores, as lealdades e as identificações que nós herdamos da geração dos pais" (tradução nossa). No original: "*[...] values, loyalties, and identifications that we inherit from our parents' generation*".

134 No original: "*All you pretty woman, stand in line/ I can make love to you, baby, in a hour's time/ Now I'm man, I spell m-a-n... man*"

O tiro da arma de fogo, por outro lado, pode ganhar outra conotação, na qual pode ser uma metáfora para a ejaculação ao final do ato sexual. No caso de "I'm a man", isso ganha reforço quando se ouvem os primeiros versos da segunda estrofe em sequência: "A linha que eu atiro, nunca se perderá / Fazer amor com você, baby, você não pode resistir".

Contudo, quando vista nas diversas músicas de blues, a violência também pode ser metafórica, pois era um meio de o homem negro estadunidense conseguir a autonomia que lhe era negada dentro da sociedade racista em que vivia. Dessa maneira, ele poderia decidir sobre o seu próprio destino. Isso o colocava distante de ser uma vítima passiva do preconceito que enfrentava e poderia, por meio da força, alterar o mundo do modo mais fundamental possível ao retirar uma vida. Isso o levava a possuir uma grande estima dentro da comunidade em que vivia, já que era também uma maneira de desafiar a sociedade respeitável dos brancos (Kellett, 2020, p. 102).

Em termos musicais, a versão de The Yardbirds para "I'm a man" é de um blues comum, com 12 compassos, forma AABA, com duas estrofes temáticas, solo de gaita e guitarra e retorno ao tema. No final da faixa, há um momento em que a banda acelera o andamento, todavia não causa estranhamentos ou mudanças substanciais na forma do blues que está em G[135]. O *riff* elaborado na guitarra de Jeff Beck também não causa rupturas drásticas com o realizado por Bo Diddley: Enquanto a versão britânica mantém os acordes |G C Bb G|, a performance do *bluesman* mobiliza |D/G G/C F/Bb| E|, mas que são equivalentes aos realizados por The Yardbirds. e, dessa maneira, não há alterações substanciais. A versão da banda britânica também possui o andamento mais acelerado do que na versão do cantor negro estadunidense: enquanto essa está a 82 bpm, a primeira gira em torno de 142 bpm, mas isso também não causa mudanças drásticas na forma musical, apenas a acelera.

[135] A cifragem de acordes tem o seguinte significado: A=Lá, B=Si, C=Dó, D=Ré, E=Mi F=Fá e G=Sol. Quando aparecer um "m" (minúsculo) ou um sinal de menos (-) à frente do código da cifra, significa que se trata de um acorde menor e se for um "M" (maiúsculo) ou um sinal de "mais" (+) significa que o acorde é maior. Por convenção, acordes maiores naturais que costumam aparecer sem sinal algum, a exemplo de G, significa que ele é maior, sem a necessidade de colocar sinal de + ou M. O símbolo # à frente do código da cifra significa que o acorde é sustenido que, segundo Dourado (2004, p. 320), é quando há "Nota natural alterada ascendentemente um semiton". Quando houver um "b" após o código da cifra, significa que o acorde é bemol, que "indica que a nota deve ser tocada um semitom abaixo" (Dourado, 2004, p. 49). Quando se encontra números após o acorde, como Em7, significa que se trata de um Mi menor que apresenta seu sétimo grau no mesmo acorde, o que significa que se partir de E, em uma sequência que obrigatoriamente deve ser esta: E, F, G, A, B, C, D, E, o sétimo grau significa que há uma nota D no acorde. Isso vale para outros números que possivelmente apareçam. Para efeito de exemplo, quando aparecer acordes como este Bbm, deve ser lido como Si bemol menor.

O destaque para a guitarra em "I'm a man" traz também informações relevantes sobre o contexto histórico do blues inglês. Em primeiro lugar, os músicos britânicos de blues elegeram a guitarra como o principal instrumento de suas composições, enquanto muitos *bluesmen* tinham a voz como central, como no caso de Muddy Waters. Segundo John Milward (2013, p. 100),

> [...] a imagem de *guitar hero* incorporado por guitarristas como Clapton e Mike Bloomfield influenciou o que muitos fãs brancos procuravam no blues. Entre ouvintes negros, B. B. King era conhecido muito mais por sua voz do que por ser guitarrista, porém foram suas habilidades instrumentais que definitivamente atraíram o público branco[136] (tradução nossa, grifos nossos).

Assim, percebe-se que há uma questão estilística[137] no blues entre os ingleses brancos de privilegiar a guitarra. Isso nota-se mesmo na expressão *rave up* (Milward, 2013, p. 42) presente no título do LP que contém "I'm a man", que significava uma *jam session*[138] de guitarra e gaita, algo que acontece durante os solos desta faixa.

Em segundo lugar, é preciso fazer reflexões críticas sobre o uso da guitarra elétrica no blues britânico. Antes do surgimento das bandas de *Rhythm & Blues* (R&B) britânicas[139], como The Rolling Stones e The Yardbirds, já havia estilos de blues que circulavam pela Inglaterra e seus elementos musicais eram motivo de diversos debates, não apenas intelectuais, mas que também circulavam em revistas de crítica especializada em música (Schwartz, 2007). O interesse por esse gênero musical afro-estadunidense se espalhou quando houve embates entre os apreciadores do chamado *New Orleans jazz* e os do denominado *swing*, que também era um estilo de jazz.

Os primeiros eram ouvintes de músicos como Louis Armstrong, Fats Waller, Coleman Hawkins e Duke Ellington e o sucesso desses na Grã-Bretanha durante a década de 1930 fez com que o *British Musician's Union* proibisse shows dos jazzistas estadunidenses para proteger as *dance bands* locais (Schwartz, 2007, p. 8). Nesse contexto, os fãs do *New Orleans*

136 No original: "*[...] the image of guitar hero embodied by players like Eric Clapton and Mike Bloomfield influenced what many white fans looked for in the blues. Among black listeners, B.B. King was known as much for his vocals as guitar playing, but it was his instrumental skills that eventually attracted the white audience*".

137 Para saber mais sobre estilo ver Arruda (2023), Moore (2011) e Wöfflin (2015).

138 *Jam session* é quando um grupo de músicos improvisa, "sem arranjos, sobre temas propostos" (Hobsbawm, 1989, p. 368).

139 Como se verá adiante, ainda que esses músicos buscassem referências no Chicago blues, críticos britânicos os chamaram de R&B.

jazz começaram a comprar gravações destes músicos e a se reunirem em clubes para apreciar o que também chamavam de *"hot" jazz*. Todavia, para esse público, o jazz não era apenas entretenimento, mas uma música séria, que merecia uma audição especializada, já que havia uma maneira apropriada de apreciá-la (Schwartz, 2007).

No período entre 1935 e 1945, algumas das *dance bands* britânicas adotaram o estilo *swing* das *big bands* de jazz estadunidenses como a de Glenn Miller e não tiveram um convívio pacífico com os fãs de *"hot" jazz*, que percebiam o novo estilo como "insípido e contaminado por imitações comerciais"[140] (Schwartz, 2007, p. 18, tradução nossa). Segundo Roberta Schwartz, uma parte dos frequentadores de clubes de jazz permitiram dois acontecimentos a partir de então: 1) criaram um *revival* de *New Orleans jazz* e 2) buscaram as origens e a história do jazz para comprovar a autenticidade da música que defendiam (Schwartz, 2007, p. 18).

Por conta desse segundo aspecto, muitos dos ouvintes que queriam um jazz que permanecesse "tradicional" compreenderam o blues como sua forma primitiva e disseminaram que um conhecedor dessa música deveria saber sobre suas raízes (Schwartz, 2007). Dessa maneira, por volta de 1945 e 1948, o blues não se descolava do jazz para esses "entendedores", que era notado como mais primitivo (Schwartz, 2007, p. 21). Contudo, por volta de 1949 e início dos anos 1950, outros críticos como Derrick Stewart-Baxter e Rex Harris perceberam que eles eram distintos e autônomos entre si (Schwartz, 2007, p. 25-27).

Os músicos que começaram a se apresentar na Europa nesse momento, posterior à Segunda Guerra, eram ligados à cena de *folk music* nos Estados Unidos, financiada e capitaneada por folcloristas e colecionadores como Alan Lomax, que também circulou pela Inglaterra entre os anos 1940 e 1950. No país da América do Norte, havia uma noção entre esses homens de que o verdadeiro blues era tocado apenas com instrumentação acústica, geralmente o violão, e com inclinações vocais que remetiam ao blues rural ou ao *country blues* (Milward, 2013). Desse modo, cantores como Huddie Ledbetter (*Leadbelly*) e Josh White foram levados à Grã-Bretanha (Schwartz, 2007).

No entanto, o caso de Big Bill Broonzy chama a atenção, uma vez que ele foi um dos nomes mais proeminentes do *hakum*, um estilo de blues urbano que circulou pelos Estados Unidos, mas foi idealizado como alguém do *country blues* entre o público inglês, que o encarava como aquilo que de

140 *"[...] vapid and commercially tainted imitations"*.

mais autêntico havia na tradição. Assim, Big Bill Broonzy transformava seu timbre de voz para que fosse aceito pelo público britânico e conseguisse se aproximar mais dos *standards* de *country blues* (Schwartz, 2007, p. 39-41; Blake, 1997). Como afirma Roberta Freund Schwartz (2007, p. 44), os britânicos tinham expectativas acerca de qual blues queriam ouvir, e aquilo que se desviasse era visto como inautêntico e não-genuíno e era tido por algo que ia ao encontro da decadência do comercialismo que corromperia a "verdadeira" expressão dos afro-estadunidenses.

É importante ressaltar que, apesar dessa cena que estimulava o *country blues*, havia a entrada de estilos considerados urbanos, como o *jump blues*, o R&B e o *West Coast*, além do grande apelo de mercado do *rock and roll* que levou jovens a imitarem Elvis Presley. Isso possibilitou ao menos duas consequências: 1) havia tensionamentos no debate sobre a autenticidade do blues rural (Schwartz, 2007, p. 49) e 2) muitos jovens entre 1958 e 1962 que começaram a ouvir blues conseguiam apreciar os variados estilos sem muitos estranhamentos (Schwartz, 2007, p. 73).

A juventude que frequentava as escolas de arte na Grã-Bretanha, entre 1957 e 1962, começou a ouvir o blues guiada por aqueles que defendiam o modelo do *country blues* como autêntico. Nesse momento, Muddy Waters e Ottis Span foram à Grã-Bretanha para fazerem apresentações e foram vaiados pela plateia por não seguirem os *standards* esperados, já que eles haviam se apresentado com guitarra, símbolo da sofisticação e, desse modo, também do comercialismo e da decadência na visão de tradicionalistas. Segundo David Simonelli (2013, p. 41), Muddy Waters retornou com seu violão na turnê seguinte, porém o público o vaiou de novo, pois bandas de blues elétricas, como The Yardbirds, já existiam e esperava-se que o músico negro se apresentasse com sua banda elétrica. O fato é que na terceira vez em que excursionou, Muddy Waters levou sua banda e foi aclamado pelo público.

Schwartz (2007, p. 125) infere que no início da década de 1960 os músicos britânicos de jazz e blues Chris Barber e Ottilie Patterson, que já haviam convidado Muddy Waters para a Grã-Bretanha, foram aos Estados Unidos para acompanhá-lo e gostaram das apresentações de estilos urbanos de blues e levaram a maneira de tocar do Chicago blues aos britânicos. O resultado foi o surgimento de bandas de R&B britânicas, denominadas dessa maneira erroneamente pelos tradicionalistas, pois a referência era a guitarra rítmica pertencente ao estilo de Chicago blues, que tem como principais nomes Muddy Waters, Howlin' Wolf e Willie Dixon e não o R&B de Wynone Harris.

The Yardbirds surgiu no cenário britânico nesse momento de virada da utilização do violão pelas exigências de tradicionalistas para a guitarra, e "I'm a man" não deixa de ser um dos resultados dessa transformação e da aceitação dos *standards* de blues urbano por parte da juventude. Além disso, Schwartz (2007, p. 125) conta que a gaita também era um instrumento importante para uma banda de R&B que circulava principalmente por Londres, o que igualmente mostra que a banda da qual participou Eric Clapton estava alinhada com esse momento do blues na Grã-Bretanha. Esse foi também um contexto de intenso debate entre os defensores da autenticidade do *country blues* e aqueles que compreendiam que estilos urbanos também eram verdadeiros. Como mostra Milward (2013), a guitarra foi um elemento definidor do estilo de blues que circulava entre os britânicos, tanto que Eric Clapton era considerado um Deus quando se tratava de sua relação com o instrumento.

Jeff Todd Titon (2004) pontua que Muddy Waters desconhecia as tradições de blues inventadas na Grã-Bretanha e que ele apenas se percebia como um compositor desse gênero musical. Assim, a autenticidade era uma noção que não correspondia à expressão autônoma dos *bluesmen*, porém dizia respeito a pressões externas feitas sobre um músico, padronizadoras da linguagem artística e que não permitiam seu desenvolvimento autônomo. Em 1967, John Lee Hooker colocou por terra a ideia de existência de um blues "verdadeiro", já que deixa claro que uso de guitarra elétrica foi uma adaptação estilística ao mundo moderno. Para ele, a eletricidade não só não modificava a autenticidade do blues como

> é a mesma coisa que nós fazíamos antigamente, antes de eu começar a tocar a mesma coisa com um jazz ordinário, nós mudávamos o ritmo um pouco. É a mesma coisa que eles chamam de moderno agora, eles chamam isso de *rock and roll.* Mas isso era tudo chamado de Alma do Blues[141] (Hooker apud Zwemmer, 1967, p. 10)

Para Simon Frith (2007), quando se trabalha com o conceito de gênero musical[142], é necessário o compartilhamento de experiências por uma mesma comunidade e que ela comungue do mesmo sentimento em

[141] No original: *"It's the same thing what we were doing way back before I started the same thing with ordinary jazz we changed the rhythm a little bit. It's the same thing they call modern now. They call it rock and roll. But it was all called Soul Blues."*

[142] Para quem quiser saber mais sobre gênero musical ver Arruda (2023), Brackett (2016), Fabbri (2017), Frith (1987), Kallberg (1988) e Moore (2011)

relação à autenticidade buscada. Isso também permite a existência de um "outro" que seria delimitado como o inautêntico (Frith, 2007, p. 260). Por isso, notam-se as disputas entre os diversos grupos de intelectuais que entendem que apenas o *country blues* seria autêntico e os que percebem que os estilos urbanos desse gênero também seriam. Ademais, salienta-se que, nesse caso, o não-verdadeiro estaria conectado ao prazer comercial banal e ao consumo instantâneo (Schwartz, 2007). Os jovens britânicos do início dos anos 1960 também identificavam a música pop suburbana da Inglaterra dos anos 1950 e 1960 como inautêntica.

No olhar delineado por Simon Frith (2007), os indivíduos que elaboram os elementos da autenticidade ou que se reúnem ao redor dele entendem que o músico que segue a cartilha daquilo que é aceito por um grupo subverteria a lógica do comercialismo e da futilidade. Todavia, segundo Frith (2007, p. 261), esse modelo de pensamento é ideológico, uma vez que a música pop do século XX "é uma forma comercial, música produzida como commodity, para o lucro, distribuída através dos meios de comunicação de massa como cultura de massas"[143]. A partir dessas considerações de Simon Frith (2007), pode-se inferir que os ingleses não estavam preocupados com a expressão de indivíduos, mas com a autenticidade do gênero e do estilo musical, o que limitava a subjetividade dos músicos e os pressionava a produzir ou tocar segundo um modelo pré-determinado. A guitarra e a gaita que aparecem em "I'm a man" eram uma exigência do público britânico ouvinte de blues e que submetia o artista às pressões estilísticas.

Roberta Freund Schwartz (2007, p. 141) questiona a ideia de que o autêntico seria o oposto à degradação do comercialismo já que a própria ideia é uma elaboração para que músicos possam criar composições consideradas genuínas por determinado público e possam convencer seus fãs a comprarem. Isso não estaria apartado de uma estratégia de *marketing* já que ao produzir segundo às exigências de uma plateia, como foi no caso do blues na Grã-Bretanha entre 1958 e 1962, a reputação dos artistas poderia ser elevada. Todavia, a invenção de uma tradição autêntica de blues foi tão frágil na Grã-Bretanha pós-Guerra que os especialistas divergiam sobre as predeterminações (Schwartz, 2007, p. 141-142). Apesar de lidarem com diferentes objetos, tanto Frith (2007) quanto Schwartz (2007) percebem as estratégias de mercado por trás da ideologia do autêntico.

143 No original: *"is a commercial form., music produced as a commodity, for a profit, distributed through mass media as mass culture"*

Aqui cabe pensar sobre a questão ideológica por trás da construção da autenticidade do R&B britânico do início da década de 1960 em relação à *pop music*. Segundo Simon Frith (2004), a música pop não possuí ambição significativa em termos estéticos, já que estaria voltado ao lucro e ao comércio, justamente aquilo que se queria negar por parte de jovens e de "entendedores" de blues na Grã-Bretanha do início dos anos 1960. Dessa maneira, a história do pop seria aquela dos *standards* e dos clichês, da continuidade, do entretenimento e a vitória dos meios de produção sobre a autonomia do artista. O blues, por sua vez, foi mobilizado pela juventude saída das escolas de arte para fazer oposição ao pop que circulava pela Grã-Bretanha, porém, ao fazer apelo pela produção mediante uma autenticidade do gênero, também se fazia algo padronizado e com clichês, como no caso de "I'm a man", voltado ao lucro e ao comércio, ainda que fosse diferente da musicalidade convencional do pop.

Desse modo, é plausível inferir que as noções de autenticidade em disputa, seja elas as do *country blues* ou do blues urbano, não levavam em consideração as possibilidades de subversão do existente. Logo, os criadores da autenticidade e seus seguidores pressionavam os *bluesmen* e jovens britânicos que tocavam blues a aceitarem suas convenções e tradições inventadas. Muitos dos apologistas da autenticidade do *country blues* chegaram a defender que os *bluesmen* não deveriam sair da pobreza, uma vez que a essência musical do gênero afro-estadunidense não poderia se perder (Schwartz, 2007, p. 168-169), o que também revela um lado racista entre aqueles que achavam defender o negro e sua música. Ademais, os inventores da autenticidade do blues não eram afeitos à transformação da realidade.

Tais criações por parte de intelectuais e que serviam de referências para as cenas de blues traziam um problema paradoxal, pois ainda que houvesse essas imposições, artistas negros se adaptavam ao que o público exigia para ganhar dinheiro e sobreviver. Todavia, é fato que o *country blues* já não era mais uma música que a maioria dos negros ouvia nos Estados Unidos desde os anos 1930, pois havia deslocamentos para centros urbanos (Schwartz, 2007; Wald, 2010). Tal fato reforça que as noções de autenticidade eram criações sem fundamentação no desenvolvimento artístico e tradições inventadas por um público que limitava a autonomia de artistas.

A ideologia do blues autêntico faz considerar que Eric Clapton saiu de The Yardbirds após o lançamento de "For your love", com a justificativa de que ele se considerava um purista do blues e não aceitava a música pop

(Simonelli, 2013). Para ele, a gravação de algo orientado ao comercialismo não deveria fazer parte de uma banda de R&B londrina e, logo, ele se retirou e foi substituído por Jeff Beck. Essa ideia de purismo está conectada a valores autênticos de um gênero musical. Logo, isso demonstra as dificuldades que o futuro compositor de "Tears in heaven" tinha para sair dos esquemas autênticos impostos pelo público e por intelectuais que pensavam esse gênero afro-estadunidense, mesmo que fosse aqueles relacionados ao blues urbano e que disputavam com os defensores do *country blues*.

Todavia, a possibilidade de existência do blues britânico não se deveu apenas às escolas de arte, às disputas intelectuais em torno da autenticidade, ao fim do Império Britânico ou às críticas que a juventude tinha ao subúrbio e ao conservadorismo britânico. Havia também um público que não apenas consumiu tais músicas, como ajudou a alavancar as carreiras dessas bandas. O R&B britânico foi sustentado pela subcultura londrina conhecida como *mod*, uma abreviação de *modernists*, que eram reconhecidos pelas roupas que utilizavam e pelo comportamento. Entre as características distintivas estavam o uso de ternos italianos feitos sob medida, cabelos bem delineados e o uso de *scooters*. Não importava a roupa, mas o corte, bem como o comportamento e a maneira de andar também eram vistas como fundamentais. Tudo era uma questão de estilo, a ponto de passarem maquiagem para se destacarem da multidão (Simonelli, 2013, p. 64-65)

O *mod* não era um padrão de moda, já que era justamente as características dessemelhantes que os uniam, logo era preciso ser arrojado. Eles estavam em constante transformação, em questão de dia ou de horas transformavam a roupa ou a música que ouviam. Entre suas músicas preferidas estavam grupo seleto de *rock and roll* britânico, *singles* da Tamla/Motown, soul da Stax/Volt e uma nova música afro-caribenha chamada de *bluebeat* ou de *ska* (Simonelli, 2013, p. 63). Dick Hebdige (2003, p. 87) afirma que o termo *mod* fazia referência a diferentes estilos e abrangia a todos os modos de comportamento do que foi chamado de "Swinging London".

Além da provocação ao *status quo* por causa da audição de música negra estadunidense, ameaçadora ao conservadorismo britânico, a constante metamorfose estilística dos *mods* e sua não padronização incomodava os bastiões da cultura britânica, uma vez que eles não eram decifráveis e se transformavam na velocidade da metrópole (Hebdige, 2003, p. 87-89). Assim, eles subvertiam a relação com as *commodities* que consumiam em termos de moda, que nunca era algo passivo, uma vez que eles buscavam algo do mundo objetivo e ressignificavam em seu contexto, como se parodiassem a sociedade de consumo ao juntar elementos tão discrepantes em si e mudassem o tempo todo. Com isso não permitiam o *status quo* compreender sua imaginação anárquica (Hebdige, 2003, p. 93).

As bandas londrinas que reuniam os *mods* e seu entorno eram aquelas que faziam shows em clubes como o Flamingo e o Marquee Club, como The Who, The Rolling Stones e The Yardbirds, uma vez que eles tocavam R&B e músicas dos catálogos da Tamla/Motown ou Stax/Volt. Porém, o convívio com essas bandas era conturbado, já que eles desdenhavam dos compactos lançados por esses grupos, vistos como cópias dos artistas negros estadunidenses e demonstravam suportar bandas como The Rolling Stones, John Mayall and the Bluesbreakers ou The Yardbirds. A constante transformação da moda também fazia parte do cotidiano musical de um *mod* que procurava por diferentes bandas britânicas com a finalidade de conhecer algo de que seus pares não haviam se inteirado ainda (Simonelli, 2013).

A maioria desses apreciadores jovens e brancos da música negra norte-americana também costumava fazer uso cotidiano de meta-anfetamina, também chamada de pílulas ou de *speed*. Ao ingeri-la, o usuário tem uma sensação de aceleração, de dinâmica de movimentos, como se houvesse mais possibilidades para agir. A frustração também perde lugar frente à excitação que torna qualquer recomeço possível e qualquer ação e risco admissível. Como compreendiam o mundo como algo que ameaçava, então eles ficavam "ligados" o tempo todo para tomar atitudes rápidas (Hebdige, 2003, p. 91-92). Da pista de dança também não participavam mulheres, já que a situação poderia se tornar violenta. Os *mods* eram machistas e viam nas mulheres uma maneira de assimilar tendências da moda e como objetos sexuais (Simonelli, 2013).

A hegemonia *mod* entre a juventude britânica durou até 1965, quando o *underground* tomou esse lugar. Junto com isso também ocorreram mudanças musicais e de escolhas composicionais. A próxima parte do texto pensará essas questões a partir do Led Zeppelin.

"How many more times": underground **e Led Zeppelin**

O Led Zeppelin foi uma banda que nasceu a partir do fim de The Yardbirds. Em 1966, Jimmy Page entrou no lugar de Paul Samwell-Smith para tocar baixo, mas tal empreitada durou pouco e Chris Dreja assumiu tal instrumento, o que fez com que o guitarrista dividisse as responsabilidades com Jeff Beck por alguns meses antes que esse se retirasse em novembro do mesmo ano. A banda finalizou em 1968, e Jimmy Page formou The New Yardbirds para concluir o contrato que a banda possuía. A nova formação contava com Robert Plant (vocal), John Paul Jones (baixo) e John Bonham (bateria) e teve curta duração com esse nome por questões jurídicas com Chris Dreja e mudou o nome para Led Zeppelin (Wall, 2009).

O Led Zeppelin, diferente de The Yardbirs, não emergiu no meio *mod*, porém em um momento específico do *underground* londrino, durante o ano de 1968, sendo que lançou seu primeiro álbum em janeiro de 1969. Essas situações permitem afirmar que o Led Zeppelin tinha diálogos musicais e sociais distintos da banda formada por Keith Relf e que, por mais que existam faixas de blues nos seus álbuns, como é o caso de "You shook me", ou que traga características do gênero afro-estadunidense, como em "How many more times", é esse contexto com significado histórico diferente que se quer demonstrar neste ensaio. Contudo, para isso, será necessário recuar na história do *underground* para antes de 1968 e compreender como essa juventude se colocava em relação à sociedade e como ela sofreu alterações, mesmo que em poucos anos de existência.

Ao mesmo tempo em que aconteceu a explosão do R&B britânico e surgiram os *mods*, alguns dos poetas e escritores *beats* estadunidenses circulavam pela boemia do Soho londrino para fazer diversas experimentações artísticas (Miles, 2010). Em meio ao conflito da Guerra Fria, eles valiam-se da arte para negar a razão tecnicista que possibilitava a construção de armas de alta tecnologia, as quais ceifavam vidas ou serviam para submeter governos de diversos países, como no caso do uso da bomba atômica. À vista disso, esses artistas negavam não só a possibilidade da destruição em massa, porém determinados modos de pensamento ocidental que levariam à barbárie. Para manifestar suas críticas, eles se aproximaram do budismo e outras maneiras de expressões subjetivas que buscavam não limitar os indivíduos a pressões externas limitadoras da prática do pensamento e da arte (Goffman; Joy, 2007).

Allen Ginsberg relata o uso de mantra de origem hindu em um texto escrito em 1967 e, a partir dele, nota-se que o poeta não estava preocupado com questões de cunho religioso, mas com as possibilidades de expansão da mente, de transcendência e de perceber como essa prática traria experiências singulares para diferentes indivíduos, o que libertaria o ser de poderes exteriores que lhe retirassem a autonomia, como se pode notar:

> Depois de muitos minutos de repetição devotada [do mantra] – tal como Alfred Lord Tennyson praticou com seu próprio nome (uma forma de adoração de um tipo de Ego categorizado por um Hindu como Atma Darshan. Comunhão consigo traduzida – alguém poderia adornar a sua própria foto com flores e ajoelhar-se para a imagem particular da divindade manifesta) – é possível que o som incrível reverbere para fora do corpo, no ar e pode servir como veículo para a expressão de sensações não concebidas do adorador. [...] Assim, o mantra deve servir como um instrumento para ampliação da área de autoconsciência imediata do cantor[144] (Ginsberg, 1967, p. 8, tradução nossa).

Essa busca pelas sensações e sentimentos individuais ou pela expressão artística autônoma, livre do encarceramento pela razão técnica, encontrava-se também em experimentações artísticas feitas por William Burroughs, como no caso das que ocorreram no *Institute of Contemporary Arts* (ICA), na Dover Street. Em uma delas, o escritor utilizava um epidiascópio para mostrar imagens de fitas cortadas, nomeadas como "Bryon Gysin Let the Mice In", misturadas com a voz monótona de Burroughs, sons de estática de rádio e de instrumentos árabes de percussão com adulterações, enquanto Bryon Gysin fazia pinturas abstratas em papel. Essas experimentações com fitas cortadas serviram de referência para Anthony Balch, que dirigiu filmes como *The cut ups* (Miles, 2010).

Ainda quando os *mods* eram hegemônicos, os poetas *beats* decidiram fazer um evento no Royal Albert Hall, no dia 11 de junho de 1965, intitulado *International Poetry Incarnation*, o qual vendeu por volta de 7 mil ingressos. A ideia era recitar poesias experimentais e fazer uso de bebidas alcoólicas e drogas como a maconha. A noção de uma arte sem formas pré-concebidas defendidas pelos *beats* e livre de pressões externas ganhou novos adeptos e se expandiu até que, em 1966, eles arrendaram o Marquee Club, clube de música conhecido por abrigar The Rolling Stones e The Yardbirds. O objetivo era realizar apresentações de rock e arte experimental em geral. Outros clubes também foram abertos ou serviram de espaço para essas novas apresentações na boemia de Londres, como o Speakeasy e o Flamingo (Miles, 2010).

---

[144] No original: *"After several minutes of devoted repetition – such as Alfred Lord Tennyson practiced with his own name (a form of worship of a form of the self categorized by one Hindu as Atma Darshan. Self communion , translated – one might garland one's own photo with flowers and kneel that particular manifest image of Divinity) – it is possible that the awesome physical sound reverberating out of the body into the air might serve as a vehicle for the expression of nonconceptual sensations of the worshipper. [...] Thus the mantram may serve as an instrument for widening the areat of immediate self-awarness of the singer."*

O *underground* era o grupo de pessoas que queria um novo modo de conceber a vida, referenciado nas experimentações dos *beats* e na ausência de uma força externa que limitasse a criatividade e a subjetividade humana. Seus adeptos também ficaram conhecidos como *freaks*, que em tradução livre seriam chamados de "doidões", mas em termos da época significavam aqueles que agem de acordo com as suas leis e reconhecem no outro as suas motivações (Miles, 1967). A partir dessas concepções, eles criaram diversas instituições para disseminar seu pensamento e sua arte, tais como a *London Film-Makers Co-op*, que fazia transmissão de filmes experimentais; a livraria *Indica Books and Gallery*, financiada pelo beatle Paul McCartney para vender livros e expor obras de arte, a escola *London Free School* (Escola Livre de Londres) e clubes de música, um chamado *U.F.O.* e outro chamado *Middle Earth* que teve um nome mais antigo, intitulado *Electric Garden* (Miles, 2010; Simonelli, 2013).

O *underground*, desse modo, não tem o sentido econômico que comumente é atribuído a ele, com a ideia de *underground music production*, ou seja, de bandas e músicas que não atingiram o mercado massificado. Quando se pensa em alguns grupos que surgiram no *underground* nesse período da década de 1960 ou que participaram dele, têm-se alguns que alcançaram um grande sucesso no mercado massificado, tal como The Beatles, The Who, Led Zeppelin, Pink Floyd e outras que não tiveram o mesmo sucesso, como nos casos de The Nice, Arthur Brown, The Soft Machine, The Move, Procol Harum etc. Logo, quando se fala em *underground* se pensa em um grupo social não unívoco, do qual os *hippies* eram apenas uma parte, e que tinha uma maneira de encarar a realidade ao tentar não permitir que comandos externos aos indivíduos os controlassem. Por meio disso, ele fazia oposição ao que chamava de *establishment*, que, nas palavras do *freak* David Stringer (1968, p. 3) era aquilo que

> [...] amarra as pessoas com bastante efetividade com o uso de pressões econômicas e restrições triviais sobre a liberdade de expressão, é ainda uma mistura malfeita de "liberdade" e capitalismo de "Estado", associações socialistas voluntárias e "compromissos" com religiões, níveis econômicos, tradições, preconceitos [...].[145]

---

[145] No original: "*[...] it ties up people quite effectively with economic with economic pressures and petty restrictions on freedom of speech, it is still a botchy mixture of 'free' and 'State' capitalism, socialistic voluntary and 'compromises' of religions, economic levels, traditions, prejudices [...]*".

O *underground* também ficou conhecido pelo uso de drogas expansivas da consciência, como os alucinógenos maconha, haxixe, psilocibina, mescalina e o psicodélico *lysergic acid diethylamyde*-25 (LSD). Essa última foi a mais utilizada pelos *freaks* e, diferente das outras citadas, é elaborada de maneira sintética. As alterações causadas pelo LSD no organismo humano foram experienciadas, relatadas pela primeira vez e exploradas pelo químico suíço Albert Hoffman em 1943. Segundo o pesquisador, ele atentou para o fato de que o tempo estava distorcido (descronização), uma vez que parecia haver lentidão em ações que deveriam ser rápidas; ele se percebeu como parte integrante do ambiente em que estava, o que chamou de relaxamento do senso do ego (despersonalização) e constatou que as formas de objetos começaram a ficar distorcidas, que lhe parecia estar em derretimento (dinamização) (Hicks, 1999, p. 58).

Em 1953, o psiquiatra inglês Humphry Osmond iniciou averiguações sobre os efeitos do LSD e seus escritos encontraram Aldoux Huxley, que passou a se corresponder com o médico. Dessas cartas surgiu um neologismo que viria a dar nome ao efeito de LSD na mente humana: a junção das palavras gregas *psyche* (mente ou alma) e *deléin* (que se mostra, que se manifesta), ou seja, psicodelia (Merheb, 2012). Há, na história do rock britânico, diversas bandas que abordaram a psicodelia, seja por meio da sonoridade de uma música ou pela sua temática. É importante ressaltar que nem sempre uma música que tinha uma letra sobre drogas tinha uma sonoridade com uma forma que remetesse à psicodelia (Fenerick, 2021).

Nesse momento histórico, havia a possibilidade de fazer músicas que não tivessem formas pré-estabelecidas ou que tensionassem o conhecido a partir da inserção de sonoridades estranhas ao gênero com o qual se relacionassem, em outras palavras, usava-se aspectos conhecidos, porém subvertia-os. Há casos desses tipos em álbuns como *Sgt. Pepper's Lonely Hearts Club Band* (1967) e *The Beatles* (*White Album*) (1968) (Fenerick; Marquioni, 2008; Fenerick; Marquioni, 2015), da banda The Beatles; de *Tommy* (1969), do The Who; de *A saucerful of secrets* (1968) e *Ummagumma* (1969), do Pink Floyd (Fenerick, 2021).

Contudo, nem sempre houve essa viabilidade, faixas como "Fire", de Arthur Brown ou "Bonnie K", de The Nice seguiam padrões reconhecidos da *pop music* ou do blues. Todavia, foi nesse contexto que o rock permitiu a aproximação entre o pop e a vanguarda (Milani, 2021) ou viabilizou o inusitado em músicas de bandas que possuíam relações com a música pop.

Com o Led Zeppelin, tal diálogo não foi diferente: era possível encontrar faixas como "Communication Breakdown" e "Your time is gonna come", que eram elaboradas a partir de clichês do pop ou "Dazed and Confused", uma faixa psicodélica (Arruda, 2023).

Foi nesse momento que o Led Zeppelin faz uma versão de "How many more times", que possui diversos aspectos incomuns. Nessa faixa, foram utilizados os contornos melódicos do blues "How many more years" e modelos de *riff* semelhantes a "Smoketasck Lightnin", como interpretadas por Howlin' Wolf. Na versão presente no *Led Zeppelin*[146] (1969), com a qual se trabalha neste artigo, ela inicia com um *riff* no baixo característico do blues, o som da bateria modificado por *reverb*. Jimmy Page realiza um *riff* diferente na guitarra, no qual executa as notas E/B, D/A e F#m em *glissando* em direção ao grave (ver figura 1), que estão modificadas por *wah-wah* e *reverb*. Ademais, o guitarrista utiliza um arco de violino nas cordas da guitarra, algo incomum e que muda o timbre do instrumento para algo inusitado.

Figura 1 – Representação do riff 1

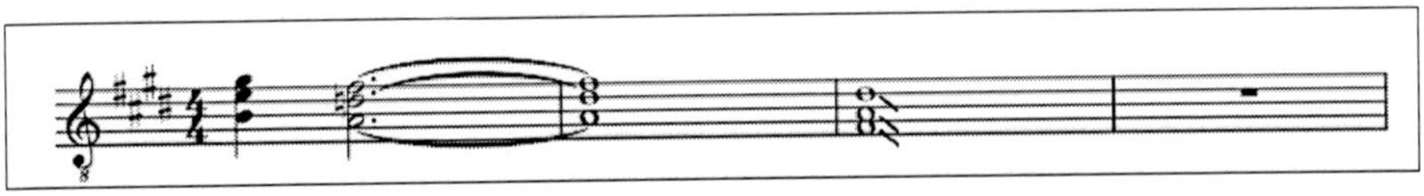

Fonte: elaborado por Jimmy Page

Neste *riff*, Jimmy Page utiliza um pedal de *wah-wah* para modificar o timbre da guitarra, que "consiste em um apoio para o pé que aciona um pedal ligado a um mecanismo acoplado a um potenciômetro (como os de botões de grave/agudo dos aparelhos de som). A oscilação provocada pelo dispositivo produz um efeito cujo som lembra o nome do aparelho (*wah-wah*)" (Dourado, 2004, p. 364). Como esta oscilação é controlada pelo guitarrista que pode alterar a velocidade que imprimi na variação entre grave e agudo, Jimmy Page emprega uma menor velocidade em seu pé na segunda vez que executa o *riff*. Isso gera um efeito de desaceleração do tempo da guitarra, sem que se alterne o andamento da faixa. Tais nuances no *riff* conferem as características de dinamização típicas da psicodelia. Aos 21" do transcorrer da faixa, o acorde de D/A é executado por diversas vezes na guitarra, também modificado pelos mesmos efeitos citados, ele permanece por dois compassos

146 Quando o nome Led Zeppelin aparecer em itálico, trata-se do álbum de 1969.

e ao terceiro faz-se um *glissando* a partir dele em direção ao grave. Quando esse segundo momento é executado pela primeira vez, aparece um *vocalise* de Robert Plant que permanece entre os 20" e 27".

Segundo Michael Hicks (1999, p. 70), a música psicodélica liquidifica parâmetros sônicos e o uso do *wah-wah*, nesse contexto, tem relação com a distorção do padrão sonoro conhecido. O *wah-wah* foi utilizado por diversos músicos do rock conectado ao ácido, no entanto quando se compara o modo como foi usado pelo Cream na faixa "Tales of brave Ulysses" e por The Jimi Hendrix Experience em "Burning of the Midnight Lamp", nota-se que eles são partes constituintes de faixas diferentes. Nesse sentido, ao contrário do que afirma Hicks (1999, p. 70), o *wah-wah* foi mais do que um maneirismo no rock psicodélico, já que era um modo de expressar a subjetividade do artista. Nas duas faixas citadas e em "How many more times", se o *wah-wah* fosse retirado, mudaria o modo como as musicalidades são percebidas, logo esse efeito se torna mais do que um maneirismo ou um embelezamento.

A reverberação que aparece ao se utilizar o *wah-wah* em conjunto com o *reverb* e o fato da intensidade do volume da guitarra que traz esses efeitos estar maior do que a de outros instrumentos também trazem a sensação de que há um som distante e próximo ao mesmo tempo, o que permite o efeito de despersonalização. Como mostra Hicks (1999, p. 65), alguém sob efeito de drogas, ao sentir a reverberação, pode ter a sensação de ser a própria música ou de estar de fora dela. Ademais, Hicks (1999, p. 64-65, tradução nossa) afirma que

> Muitos guitarristas principais de bandas psicodélicas improvisavam em forma de corrente, repetindo ideias imediatamente, mas variando o fim da ideia com a finalidade de levar para uma nova ideia e assim por diante. Sob tais solos sem direção, baixistas sempre tocavam ostinatos [ou *riffs*]. Os solos sem direção e os ostinatos [ou *riffs*] sem fim levavam o ouvinte ao que Jonathan Kramer chamou de 'tempo vertical', uma quase estase em que a mudança e antecipação são mínimas[147].

Essa característica pode ser notada em "How many more times", uma vez que o *riff* feito por John Paul Jones e por John Bonham na bateria não

[147] No original: "*Many lead guitarists in psychedelic bands improvised in chain-link fashion, repeating ideas immediately, but varying the end of the idea in order to lead into a new idea, and son on. Beneath such non-directional solos, bassists often played ostinatos. The undirected solos and endless ostinatos led the listener into what Jonathan Kramer calls 'vertical time', a near stasis in which change and anticipation are minimal.*"

sofre alterações substanciais, enquanto a guitarra traz diferenças mínimas no uso do *wah-wah* no *riff* realizado na introdução que parece suspender o tempo, o que permite a sensação de descronização.

No caso de um rock psicodélico, o *glissando é uma maneira de trazer a percepção de alucinação para a o ouvinte, já que pode funcionar como um alterador da estrutura harmônica da música, assim como ocorre com o uso do vibrato* ou do *guitar bend* (Hicks, 1999, p. 68). Logo, em vez de utilizar o recurso apenas como embelezamento, Jimmy Page o pensa como maneira de expressar a psicodelia, reforçado pelo uso dessa técnica em conjunção com os efeitos de *reverb* e *wah-wah* que, para o caso de "How many more times", aprofunda a sensação da "viagem" estimulada pelo ácido. Ademais, o Led Zeppelin faz o uso do som estéreo nessa introdução da música, pois o "deslize" do som de uma caixa para outra permite uma ilusão de que o som se move (Hicks, 1999, p. 72), o que contribui para a sensação alucinatória.

Nos quatro últimos compassos da introdução, a partir dos 34", Jimmy Page faz o *riff* com a guitarra modificada por *fuzz* e junto a John Paul Jones. O guitarrista retira seu instrumento de ser um acontecimento diferente do baixo e possibilita novas texturas ao sobrepor as duas sonoridades, e essas duas características na introdução trazem a dinamização psicodélica para essa versão. A partir desse momento, apesar de a faixa se assemelhar a um blues de 12 compassos[148], há alguns poucos momentos inusitados, como aos 1'19", no qual o guitarrista insere o acorde de D alterado por *wah-wah* e reverb na passagem de uma estrofe para outra, o que pareceria que alteraria os rumos da música e do *riff* feito no baixo e em conjunção à guitarra durante o canto. Na segunda vez em que ocorre algo parecido, em que são executados acordes de E e D, em vez de ir em direção a uma nova estrofe, entra-se no solo de guitarra, algo que dialoga entre a surpresa e o lugar comum, pois cria-se a expectativa de uma estrofe, ao passo em que se segue os parâmetros formais do blues de 12 compassos, que após as duas estrofes cantadas chega-se ao solo.

O solo de guitarra da faixa é realizado com a utilização de uma técnica inventada por Jimmy Page chamada de eco reverso[149], que liquida os parâmetros sonoros esperados por um efeito de *reverb*. Além de o

148 O blues com 12 compassos geralmente contém introdução, duas estrofes cantadas com esse número de compassos, um solo instrumental e o retorno ao tema, com mais uma estrofe cantada. Normalmente, ele também configura o que é conhecido como forma blues. Outras formas também tradicionais possuem 8 e 16 compassos.

149 O eco reverso constitui-se por virar a fita de gravação, posicionar o eco dos instrumentos em outra pista e voltá-la ao lugar. Ao ouvir a sonoridade após fazer esse procedimento, percebe-se que o eco aparece antes do sinal dos instrumentos e dá a sensação de ouvi-lo de trás para frente.

guitarrista optar também por recursos do som estéreo. Nota-se que não há apenas solo de guitarra, mas a sensação de que há improvisos de John Bonham na bateria por não seguir uma métrica padronizada. Por volta dos 3', há transformação na métrica da bateria e, em torno dos 3'40", inicia-se o solo de guitarra com o arco de violino de Jimmy Page, modificado por tecnologias como *reverb*, eco reverso e *wah wah*, com modificações também na execução feita por John Bonham.

Todavia, a voz de Robert Plant também participa desse momento como um instrumento musical que aprofunda a transformação de "How many more times", já que o vocalista utiliza muito mais o recurso de *drive* ou *buzz*[150] do que nas duas primeiras estrofes que parece estar em um blues tradicional. Como afirma Michael Hicks (1999), é possível pensar que o vocalista assume duas características psicológicas diferentes ao modificar sua *performance*. Todavia, ao inserir uma parte cantada dentro do que seria o momento de solo de blues, ele também altera a estrutura esperada do gênero afro-americano, ainda que a temática geral permaneça, como se verá adiante. Em torno dos 5'40", há uma modificação na música com acordes de E7(#9) executados no último tempo de cada compasso, aos 6'10", um novo *riff* é inserido e o acorde de E7(#9) continua a ser tocado no último tempo de cada compasso com acréscimo de uma segunda guitarra que realiza suas notas mais agudas modificadas por *phasing*, enquanto Robert Plant continua seu canto em que o *buzz* é mais acentuado do que nas primeiras estrofes.

Os diversos momentos que atravessam essa faixa presente em *Led Zeppelin* desde sua primeira introdução até as surpresas entre as estrofes e o solo que se modifica constantemente trazem à faixa uma sensação da dinamização psicodélica, pois são músicas que apresentam multimovimentos inesperados, e que não permitem que exista a mesma sonoridade do início ao fim (Hicks, 1999). Nesse sentido, todas as partes desta versão de "How many more times" são constituintes de seu todo, e seu sentido não pode ser compreendido ao se excluir um de seus momentos.

Dessa maneira, os arranjos elaborados com tecnologia de estúdio pelo Led Zeppelin possuem elementos que permitem tornar a sonoridade inesperada e, assim, não é possível encarar "How many more times" como um blues convencional. A faixa retorna ao seu tema aos 7'05", como ocorreria em uma música do gênero afro-estadunidense, após Robert Plant realizar um *glissando* vocal com a palavra *gun* que sobe de um D para uma

150 Seria a técnica vocal semelhante ao *fuzz* na guitarra. Para mais informações, ver Hicks (1999).

oitava acima. Tal retorno funcionaria como uma espécie de reconciliação com algo esperado, porém os elementos usuais são lançados ao ouvinte quando ele passou por diversos momentos que causam instabilidade, já que a dinâmica a retira do clichê do blues. No Coda, aos 8'17", Jimmy Page oferece ao ouvinte a nota musical tocada com arco de violino, *wah-wah* e uso do som estéreo, o que não reconcilia com o reconhecível, todavia leva ao estranhamento que conduziu a faixa.

Ao subverter os *standards* do blues, o Led Zeppelin foi visto como autêntico por parte de alguns críticos de sua época, ainda que os ataques da imprensa tradicional de música, como a revista Rolling Stone, sejam mais conhecidos do que as críticas dos *experts* no gênero afro-estadunidense (Schwartz, 2007; Wall, 2009). Esses compreendiam que a atualização da tradição era uma característica importante das normas existentes desde o século XIX, e, dessa maneira, haveria alguma verdade no que o Led Zeppelin, o Cream e outras bandas psicodélicas realizavam (Schwartz, 2007, p. 239-241).

A subversão do blues não ocorreu pela primeira vez com bandas psicodélicas: no jazz já havia acontecido com nomes como Miles Davis, em seu disco *A kind of blue*. Contudo, a questão central é: a psicodelia da juventude inglesa dos anos 1960, frequentadora de *art schools*, permitiu a subversão de um gênero que, ao passo em que se colocava contra a *pop music* no contexto britânico, também era uma reprodutora de padrões esperados. Ao subverter o gênero musical e os clichês, a psicodelia também mostrou, por meio da arte, a ideologia por trás da autenticidade atribuída ao blues, ainda que isso não tenha sido algo proposital.

Durante o momento *mod*, o blues trazia a verdade ao demonstrar que a *pop music* era padronizada, mas escondia o fato de que era o gênero afro-americano reproduzido segundo um modelo pré-estabelecido também engessado. Desse modo, ele também falseava ao esconder sua própria *standardização*. Faixas como "How many more times", presente no *Led Zeppelin* e possíveis devido ao contexto do *underground*, revelam essa ideologia por permitir uma reflexão crítica do gênero musical, uma vez que ela tensiona o clichê e coloca o ouvinte no campo do desconhecido, ainda que essas viabilidades tenham acontecido no contexto do Estado de bem-estar social e em um momento histórico em que o mundo racionalizado tinha no rock e nos *freaks* a sua crítica.

Apesar destas considerações, é preciso ponderar o conteúdo da letra de "How many more times", pois ela nos revela conflitos no Led Zeppelin, já que, se por um lado a musicalidade tem características libertadoras ao se colocar como crítica ao gênero blues, por outra, se reconcilia com o existente ao não superar temas clássicos de uma certa musicalidade de diversos *bluesmen*, inclusive à maneira como foi encarado na Grã-Bretanha.

A interpretação do Led Zeppelin é uma colagem de diversas letras de blues: trechos como "*Oh, Rosie. Oh, girl*" remetem à "Rosie", uma gravação de Alan Lomax presente na obra *Negro prison blues and songs*, enquanto os versos "*Steal away, now, steal away*" dizem respeito a uma música que Robert Plant gravou junto a Alexis Korner, intitulada "Steal away" e que foi baseada na instrumentação acústica de um *country blues*. É possível também encontrar referências a "The Hunter", de Albert King, em trechos como "*Well, they call me te Hunter, that's my name*", a "How many more years", de Howlin' Wolf, em seus versos iniciais, e a "Your own fault baby, to treat me way you do", que aparece no final dos primeiros dois versos com o trecho "*treat me the way you do*" (Schwartz, 2007)[151].

As duas primeiras estrofes iniciam-se da seguinte maneira:

> Quantas vezes mais, me tratará do jeito que você quer
> Quantas vezes mais, me tratará do jeito que você quer
> Quando eu te dou todo o meu amor, por favor, por favor, seja verdadeira
>
> Eu te dou tudo, eu tenho que dar anéis, pérolas e tudo
> Eu te dou tudo, eu tenho que dar anéis, pérolas e tudo
> Eu tive que pegar você com outro, baby, eu tenho certeza, certeza que você irá chamar
> (Oh, quer algum outro homem para amar também) (John Bonham, John Paul Jones, Jimmy Page, Robert Plant, 1969; tradução nossa)[152]

Na maior parte dos blues que circulavam pela Grã-Bretanha na época dos *mods*, a mulher era tratada como a rival do homem, o que é perceptível na primeira estrofe, em que o sujeito cancional acusa sua parceira de tratá-lo

---

[151] As referências da colagem do Led Zeppelin foi retirada do livro de Roberta Freund Schwartz (2007).

[152] No original: "*How many more times, treat me the way you wanna do/ How many more times, treat me the way you wanna do/ When I give you all my love, please, please be true// I give you all I've got to give, rings, pearls and all/ I give you all I've got to give, rings, pearls and all/ I got to get you together, baby, I'm sure, sure you gonna call/ (Oh wanna love some other man to)*".

mal, já que ele dá "todo o meu amor" – nesse caso, a palavra amor se traduz como sexo, e ele pede para que ela "seja verdadeira". O *bluesman* era visto como sexualmente dinâmico, poderoso, livre e o contrário dessas características era a mulher, que poderia retirar a liberdade dele ao tratá-lo mal (Kellett, 2020, p. 96)[153]. Também se torna perceptível em "How many more times" que ele reivindica ser tratado bem porque fornece ato sexual para sua parceira, ou seja, o Led Zeppelin, até esse momento, se reconcilia com o blues anterior ao *underground* e não avança para um possível tensionamento como o que existe na musicalidade – o que não possui apelo crítico.

Na segunda estrofe, aparece uma das características do blues que circulou pela Grã-Bretanha e que era muito comum: o fato de que o homem encarava a mulher como sua responsabilidade econômica e social, logo ele deveria dar-lhe anéis, joias, dinheiro e outras coisas de valor. Um dos maiores medos dos *bluesmen* era o de ser traído, então fornecer riquezas fazia com que o sujeito cancional do blues entendesse que ele poderia policiar sexualmente sua companheira ou trocar o alto valor oferecido por sexo (Kellett, 2020, p. 96-97). Em "How many more times", a certeza que a personagem possui de que o sujeito cancional lhe chamará se dá porque ele oferece "anéis, pérolas e tudo".

No momento do solo de guitarra, no qual uma nova canção aparece, a letra diz o seguinte:

> Eu era um homem jovem, eu não poderia resistir
> Comecei pensando que acabou apenas, que eu tinha perdido
> Me deu uma garota e eu a beijei, e depois, e depois
> *Whoooops oh*, não, *yeah*, bem, eu fiz isso de novo
> Agora, eu tenho dez crianças minhas
> Eu tive outra criança no caminho, o que compõe onze
> Mas eu estou em constante paraíso
> Eu sei que está tudo bem na minha mente
> Porque eu peguei uma estudante pequena e ela é toda minha[154] (John Bonham, John Paul Jones, Jimmy Page, Robert Plant, 1969; tradução nossa)

153 Apenas as características gerais das letras de blues foram retiradas do livro de Andrew Kellett (2020).

154 No original: "*I was a young man, I couldn't resist/ started thinkin' it over just what I had misses/ Got me a girl and I kissed her, and then, and then/ Whooops, oh, no, yeah, well I did it again/ Now I've got ten children of my own/ I got another child on the way, that makes eleven/ But I'm in constant Heaven/ I know it's alright in my mind/ 'Cause I got a little schoolgirl and she's all mine*".

Nessa letra do Led Zeppelin, a aparição das expressões "garota" e "estudante" remete à figura da ninfeta, que acaba por colocar o *bluesman* numa posição de experiente, maduro e de figura paternal (Kellett, 2020, p. 97). Isso se confirma porque no passado ele foi jovem e não pôde resistir e, por isso, ele fez dez filhos com as mulheres com as quais teve relação e agora teria mais uma. Mas ele também afirma que está tudo bem na mente dele porque seria então um homem mais velho e estaria com uma estudante. A ninfeta também se coloca em oposição ao *bluesman*, já que ela seria imatura, atraente, inocente, falante e petulante (Kellett, 2020, p. 97). Os jovens britânicos, por se verem nos *bluesmen* e os adotarem como uma espécie de pais, também se sentiam no direito de manter relações com mulheres jovens (Kellett, 2020, p. 98).

No verso seguinte, aparece não só a arrogância do sujeito cancional, mas seu lugar como um "caçador de mulheres", no qual o dinamismo sexual lhe pertence, e elas seriam passivas em relação às ações de homens, como se vê:

> Eu não posso atravessá-la porque isso não é permitido
> Mas eu darei a ela tudo o que eu tiver que dar
> Oh, Rosie! Oh, garota!
> Oh, Rosie! Oh, garota!
> Sair às escondidas, agora, sair às escondidas
> Sair às escondidas, sair às escondidas, baby
> Pequeno Robert Anthony quer ir e brincar
> A - Por que você não vem comigo, baby
> Tudo bem, tudo bem
> Bem, eles me chamam de Caçador, este é o meu nome
> Me chame de Caçador, que foi como fiquei conhecido
> Não é necessário se esconder, não é necessário correr
> Porque eu tive que pegar você na mira da minha arma[155] (John Bonham, John Paul Jones, Jimmy Page, Robert Plant, 1969; tradução nossa)

Mais uma vez aparece a questão da arma em uma música que, apesar de não ser um blues no sentido de se reconciliar com o gênero em termos musicais, traz todas os seus significados tradicionais, inclusive como uma

[155] No original: *"I can't get through to her cause it doesn't permit/ But I'm gonna give her everything I've got to give/ Oh, Rosie! Oh, girl/ Oh, Rosie/ Oh girl/ Steal away, now, steal away/ Steal away, steal away, baby/ Little Robert Anthony wants to come and play/ A- why don't yoy come with me, baby, steal away/ Alright, alright/ Well, they call me the Hunter, that's my name/ Call me the Hunter, that's how I got my fame/ Ain't no need to hide, ain't no need to run/ 'Cause I got you in the sights of my gun".*

metáfora de pênis, uma vez que isso é reforçado por ser o momento em que Robert Plant canta a palavra *gun* em um *glissando* que se direciona ao agudo e que sobe uma oitava de D à D. Na última estrofe da faixa, também aparecem outros elementos característicos do blues, como se vê:

> Quantas vezes mais, *barrelhouse* toda noite, tudo bem
> Quantas vezes mais, *barrelhouse* toda noite
> Bem, eu tenho que chegar até você, baby
> Então *Whoa whoa whoa*, por favor, venha para casa
> Por que você, por favor, não vem para casa?
> Por que você, por favor, não vem para casa?
> Por que você, por favor, não vem para casa?[156] (John Bonham, John Paul Jones, Jimmy Page, Robert Plant, 1969; tradução nossa)

Barrelhouse nesse caso não foi traduzido por ganhar um significado específico: era um espaço da cultura do blues também conhecido como *juke joint*, importantes para as comunidades afro-estadunidenses, já que eram ambientes de difícil detecção pelos brancos que invadiam a privacidade de negros sem que isso fosse levado a sério. Normalmente, eram prédios que não eram construídos com o objetivo daquilo que os africanos ou afrodescendentes queriam neles e, assim, havia um disfarce para as atividades que lá ocorriam, como beber, ouvir blues, dançar e viver em comunidade (Komara, 2005, p. 552-553). Em "How many more times", a busca pelo controle da mulher é tão acentuada que ele imagina[157] que ela está festejando e que ele a quer em casa. A preocupação que há no verso "Por que você, por favor, não vem para casa?" está relacionada à desconfiança que o homem sente pela mulher que, de modo comum no blues, é vista como alguém que potencialmente e imaginariamente irá traí-lo, como mostra Andrew Kellett (2020).

O Led Zeppelin não só não rompeu com o passado *mod*, uma vez que o machismo era uma característica que penetrou na cultura do *underground*, ainda que existissem críticas a esse problema social também. No jornal *International Times* (1966, p. 11), o *freak* Raymond Durgnat dava dicas para que seus colegas encontrassem mulheres em prostíbulos e afirmava que as francesas eram as mais fogosas e com corpos suculentos. Se por um lado

[156] No original: *"How many more times, barrelhouse all night long/ how many more times, barrelhouse all night long/ Well, I've got to get to you, baby/ So – whoa – whoa – whoa please come home/ Why don't you listen to me, babe/ Why don't you please come home/ Why don't you please come home/ Why don't you please come home".*

[157] As afirmações de que a mulher traiu o homem no blues normalmente são projeções imaginárias do sujeito cancional (Kellett, 2020)

havia a busca pela sexualidade livre, por outro, esses homens que defendiam uma sociedade livre de pressões externas que limitassem a subjetividade de indivíduos terminavam por retirar a autonomia de mulheres por meio de comprá-las enquanto mercadorias – o mesmo tratamento dado a muitas parceiras sexuais, esposas ou namoradas que aparecem nas letras de blues. Isso demonstra que as letras machistas e misóginas do gênero afro-estadunidense podiam encontrar espaços nos conflitos e contradições dos *freaks*.

De outra maneira, havia também elementos emancipadores em relação às mulheres no *underground*, quando se percebe que há críticas sociais que se encontra na contramão do machismo. Meses após Durgnat dar dicas de casas de prostituição, encontra-se este texto:

> A Inglaterra é o país onde a função principal da mulher é como uma prostituta e é tolerada, mas não pode ser legalizado o aborto de uma bebê indesejado – onde dois homens podem ser tolerados por necrofilia, coprofilia e práticas sádicas, porém podem ser presos por fazer amor. Um homem que brutalmente assassinou sua esposa porque ela dormiu com outro homem foi dada a sentença mínima sob a lei por um júri todo masculino, enquanto os assaltantes de trens eram condenados pelos restos de suas vidas porque eles roubaram grandes maços de papéis sujos que nós chamamos de dinheiro"[158] (IT, vol. 1, issue 11, p. 5, tradução nossa)

Ademais, em um artigo intitulado "How good are your orgasms", há a defesa de que homens e mulheres possuem a energia do sol e que, no sentido sexual, tem suas diferenças, mas são complementares, não havendo uma relação de superioridade entre elas. Ainda que os *freaks* possuíssem diversas crenças metafísicas, há nesse pensamento uma busca por igualdade entre os sexos. Dessa maneira, pode-se dizer que o Led Zeppelin fez uma escolha ao permanecer ao lado do conservadorismo do blues, em vez de optar por uma musicalidade emancipadora e por uma letra que levasse à autonomia em "How many more times".

As percepções religiosas ou espiritualizadas podem ser encontradas na adesão dos *freaks* pelas diversas religiões de origem oriental, tal como o hinduísmo; na crença na magia de origem europeia para o reencantamento

---

[158] No original: "*England is the country where a woman may function as a prostitute and be tolerated but may not legally abort an unwanted baby – where two men may indulge in necrophiliac, coprophiliac and sadistic practices but will be arrested if they are making love. A man who brutally murdered his wife because she slept with another man was given the minimum sentence under the law by an all-male jury while the train robber were condemned for the rest of their lives because they stole large bundies of dirty paper we call bank notes.*"

do mundo, como ligação com a obra de Aleyster Crowley; na crença na astrologia; na valorização da natureza em oposição ao industrialismo e que também proporcionou aos adeptos do *underground* a ler os livros de J. R. R. Tolkien e C. S. Lewis; em outras obras de literatura infantil, uma vez que consideravam que a infância era intocada pelo materialismo capitalista, como no caso de *Ursinho Pooh*, de A. A. Milne, *Alice no País das Maravilhas*, de Lewis Carroll, e na crença em lendas e mitos de origens celtas, nórdicas e europeias, tal como no caso das relacionadas ao Rei Arthur (Simonelli, 2013).

Esses temas serviram de base para inúmeras letras de rock psicodélico, como no caso de "Penny Lane", de The Beatles, relacionada à infância e "Ramble on", do Led Zeppelin, que traz aspectos de valorização da natureza e temáticas tolkianas. Desse modo, recorrer ao machismo em "How many more times" significa a aderência a aspectos do *establishment* que de alguma maneira permaneciam de modo conflituoso em um meio que queria buscar uma sociedade emancipada.

Se por um lado houve a subversão do gênero blues no Led Zeppelin, por outro, houve também aqueles que seguiam os clichês da musicalidade afro-estadunidense, sem tensioná-la. "You shook me" é um blues que aparece em *Led Zeppelin*, mas segue por esquemas tradicionais do gênero, já que está na forma de 12 compassos e possui a forma clássica com introdução tema, solo e retorno ao tema e progressão harmônica I-IV-V, na tonalidade de E7. O estilo de "You shook me" está mais conectado ao do R&B britânico, ao invés do blues da Escola Moderna, que prioriza fraseados rápidos na guitarra, ao estilo do jazz bebop, como fazia B. B. King e como está presente em faixas como "I can't quit you baby" e "Since I've been loving you". O *shuffle*[159] realizado em "You shook me" é uma das características distintivas do blues e que foi largamente mobilizado por Muddy Waters e Howlin' Wolf.

Esta faixa foi composta por Willie Dixon e gravada por Muddy Waters antes da existência da interpretação de que o Led Zeppelin lançou mão. Por se tratar de músicos de blues e de rock, há diferenças importantes entre as interpretações: na banda britânica há a modificação da sonoridade da guitarra por *fuzz* e *reverb* que acentua a sonoridade deste instrumento. Assim, o emprego do *bottle neck* por Jimmy Page deixa a sonoridade mais nítida

159 O *shuffle* é uma métrica do blues baseada em oito notas musicais que se dispõem em tercinas, mas a segunda nota não é tocada, o que causa a sensação de que não há uma divisão rigorosa na métrica musical que possui essas oito notas. Em dicionários de termos musicais, observa-se que *shuffle* significa embaralhamento (Dourado, 2004, p. 303).

do que a realizada por Earl Hooker na interpretação do *bluesman* norte-americano, já que não possui a transformação pela tecnologia dos finais da década de 1960. A viabilidade do tipo de mixagens nesse contexto era utilizada para acentuar ou atenuar determinadas características, ainda que ela não seja satisfatória para criar uma faixa inusitada como "How many more times". Isso significa que se esses efeitos fossem retirados da faixa, eles não causariam transformações na forma musical e funcionam, dessa maneira, como embelezamento.

Pouco tempo antes do lançamento de "You shook me" no *Led Zeppelin*, uma versão dessa música foi lançada por The Jeff Beck Group no álbum intitulado como *Truth*, e há algumas dessemelhanças entre as duas versões que são importantes de serem consideradas: enquanto os arranjos elaborados pelo Led Zeppelin priorizam os acordes rítmicos, os de Jeff Beck Group tem preferência por fraseados típicos da Escola Moderna de blues. Apesar disso, a guitarra, assim como no contexto dos *mods*, possui relevância, o que revela a necessidade estilística que parece passadista, na qual a guitarra seria o principal instrumento do blues. Ainda que Jimmy Page tenha declarado não ter acesso à versão de Jeff Beck Group, John Paul Jones havia tocado como músico de estúdio os teclados nesta ocasião, o que leva a crer que era de conhecimento dos membros do Led Zeppelin o que Jeff Beck havia realizado (Wall, 2009, p. 76-77).

A *performance* vocal de Rod Stewart e Robert Plant também são consideravelmente diferentes: uma vez que Robert Plant parece estar em disputa com a guitarra, principalmente ao final da faixa ao reproduzir fraseados específicos, ainda que os traços estilísticos relacionados à guitarra de um blues que tocaria no Marquee Club em 1964 são nítidos. O vocalista do Led Zeppelin também segura por mais tempo uma mesma vogal, como na palavra *sing*, presente no verso *"I have birds that whistles/ and I have birds that sing"*.

Em alguns momentos, nota-se que a voz e a guitarra se combinam em um mesmo fraseado. Aos 3'34" de faixa, durante o solo de gaita, há uma espécie de canto-resposta que Robert Plant faz entre esse instrumento e sua voz, no qual ele emula uma harmônica, ou seja, nela a voz não apenas canta a letra da música, mas se comporta como instrumentos musicais que são importantes para a textura, ainda que isso não necessariamente tensione o gênero. Nota-se que, apesar do solo de teclado elaborado por John Paul Jones para a versão de *Led Zeppelin*, entre os 2'07" e 3'03", a ideia de *rave up* também está presente no álbum de 1969.

Em termos de conteúdo de letra, ela não se diferencia substancialmente de outros blues já trabalhados neste ensaio:

> Você sabe que você me sacudiu, você me sacudiu a noite toda
> Você sabe que você me sacudiu, você me sacudiu a noite toda
> Você me sacudiu tanto, baby, baby, baby, por favor, volte para casa
>
> Eu tenho um *bird* que assobia, eu tenho *birds* que cantam
> Eu tenho um *bird* que assobia, eu tenho *birds* que cantam
> Eu tenho uma baby que não fará nada (compre um anel de diamante)[160] (Willie Dixon, tradução nossa)

Como se pode perceber, a temática sexual se faz presente por meio de metáforas ("sacudiu a noite toda"). O que mais chama a atenção é a expressão *bird* que não foi traduzida como pássaro propositalmente, já que é uma gíria para mulher jovem, ou seja, mais uma vez o sujeito cancional do blues aparece com uma ninfeta. Em acréscimo, essa expressão pode se referir a jovens que têm características de vaidade, estupidez e inutilidade. Desse modo, reforça-se a característica do *bluesman* emulado pelos jovens britânicos como alguém experiente em matéria sexual e dinâmico. O último verso apresenta uma *baby* que não fará nada, ou seja, sexo, então ele tem a ideia de comprar um anel de diamante à sua parceira para que ela realize o ato sexual com ele. A última estrofe é uma repetição quase incessante do verso que dá título à faixa, exceto pelo controle que o homem tenta exercer sobre a sua companheira no seguinte verso: "Eu sei o que você, realmente, realmente fez, baby".

O blues, enquanto um gênero musical, como já foi dito, nunca esteve completamente ausente do rock, porém ele não era um elemento central do *underground* durante os anos de 1966 e 1967. Nesse período, ainda que existam indicações de shows de blues que ocorreriam pela Inglaterra em pequenos anúncios no final do *International Times*, não havia notícias de destaque. A única que esta pesquisa conseguiu observar foi na entrevista de Maxim Zwemmer com John Lee Hooker, uma vez que The Rolling Stones apenas apareceram porque os *freaks* que editavam o jornal ficaram contra a prisão de Mick Jagger por porte de drogas e não para falar do blues tocado pela banda (IT, 1967, p. 3).

---

160 No original: "*You know you shook me, you shook me all night long/ You know you shook me, baby, you shook me all night long/ You shook me so hard, baby, baby, baby please come home// I have a bird that whistles and I have a bird that sing/ I have a bird that whistles and I have a bird that sing/ I have a baby, won't do nothin (buy a diamond ring*".

Todavia, a partir de meados de 1968, há um processo de transformação nas bandas e nas faixas que elas escolhiam para fazer parte de seus discos. Nesse momento histórico, apareceu a banda Fleetwood Mac, a qual tinha Peter Green como guitarrista, que havia gravado *A hard road* com John Mayall & Bluesbreakers, e ainda contava com Jeremy Spencer, John McVie e Mick Fleetwood. Foi também nesse contexto que The Rolling Stones deixaram a psicodelia de *Their satanic majesties request* (1968) para se voltar para o *country blues* e o blues elétrico em álbuns como *Beggars Banquet* e *Let it bleed*. Já Eric Clapton demonstrava estar cansado das experimentações realizadas pelo Cream e queria voltar a compor dentro dos parâmetros do gênero afro-americano (Schwartz, 2007, p. 196-198). Ademais, outras bandas que fizeram álbuns com músicas importantes de blues surgiram nesse momento, como Jeff Beck Group, Yes, Jethro Tull e Led Zeppelin. Na banda que se tornou central para este ensaio, o gênero afro-estadunidense não foi o único a aparecer, como acontece com a Fleetwood Mac e o Yes antes de se tornar uma banda de rock progressivo.

No *International Times*, começou a crescer a quantidade de matérias sobre o blues e, em meados de 1968, já havia momentos em que ele era central na musicalidade do *underground*. Assim, surgiu uma coluna chamada *Blues Profile*, que apresentava aos *freaks* músicos britânicos que adotaram o blues como meio de expressão. Segundo Roberta Schwartz (2007, p 194, tradução nossa), havia uma conjectura de que o blues reapareceu com seu "realismo arenoso" porque "era uma reação contra a 'cena hippy drop-out' e oferecia mais emoção e variedade do que o pop contemporâneo"[161].

Todavia, Roberta Freund Schwartz (2007) não considera que existiram transformações no público *freak* e que a cena *drop-out* de meados de 1968 não é exatamente igual a de 1967, quando The Beatles lançaram *Sgt. Pepper's Lonely Hearts Club Band*, o que significa que ela não evidencia as razões pelas quais o blues se tornou carro-chefe de determinadas bandas do *underground* a partir de meados de 1968, como no caso da Fleetwood Mac. Sublinha-se que o cerne da abordagem de Schwartz (2007) se encontra na análise de como a crítica especializada compreendeu o blues na Grã-Bretanha e como construiu, a partir disso, conceitos de autenticidade, com os quais, inclusive, a juventude dialogou desde o período dos *mods*. Dessa maneira, a interpretação de "You shook me" por parte do Led Zeppelin tem relações

[161] No original: "*was a reaction against the 'hippy, drop-out scene' and offered more emotion and variety than contemporary pop*".

com o momento em que os *freaks* adotam o gênero afro-estadunidense em questão dentro de um processo em que se tornou linguagem central para muitos grupos do *underground*.

A partir da pesquisa que foi realizada para a construção deste texto, foi percebido que havia uma crise de paradigmas no *underground* e que aconteceu por causa de críticas feitas por marxistas da Nova Esquerda. Diferente dos *freaks*, os membros da *New Left* não buscavam a transformação da sociedade pela ingestão de drogas, mantras, crenças metafísicas ou na infância como algo intocado pelo capitalismo, já que possuíam o materialismo como visão filosófica então achavam que a luta contra o capitalismo poderia acontecer por meio da violência revolucionária. Durante a década de 1960, o foco das críticas feitas por esses homens e mulheres recaiu sobre o governo trabalhista de Harold Wilson que, ao invés de expandir o socialismo, como prometeu em campanha, aliou-se aos Estados Unidos em apoio à Guerra do Vietnã (Ali, 2008, p. 195).

A designação de *New Left* mostra que houve certo afastamento das políticas da "velha esquerda", dos Partidos Comunistas ligados à União Soviética, vistos como estruturas rígidas e pouco democráticas. Pensadores que se conectavam a essas novas ideias e valores de esquerda, como Raymond Williams e Edward Palmer Thompson, entendiam que era possível que a classe trabalhadora se auto-organizasse em conjunção crítica com a cultura de determinado contexto sócio-histórico e o partido deveria aglutinar essas expressões para que fossem debatidas e sistematizadas. A função da burocracia partidária, desse modo, não seria a de direcionar os proletários, mas sim organizar seus posicionamentos de "baixo" para "cima" (Glaser, 2011, p. 42). À vista disso, para esses intelectuais, o Partido Trabalhista não fazia esse movimento de aglutinar as ideias das campanhas contra o desarmamento nuclear e das críticas contra o marxismo soviético, situação que se agravou com o alinhamento de Wilson com o governo estadunidense (Ali, 2008, p. 111-118).

Em 1966, a militância, com o apoio financeiro e intelectual de Bertrand Russell (1872-1970), fundou a *Vietnam Solidarity Campaign* (VSC), que criaria jornais e periódicos contra políticas liberais, se colocaria contrária às ações governamentais de Harold Wilson e iria aos *campi* universitários debater sobre mudanças sociais (Ali, 2008). As referências para essas ações era a luta armada de países do chamado Terceiro Mundo contra o Imperialismo e o Maio de 1968, que uniu a juventude universitária francesa e os trabalhadores da indústria automobilística contra o governo de Charles De Gaulle.

Baseados nesses eventos, os estudantes universitários ingleses ocuparam as universidades para pedir o fim da burocracia e paridade na porcentagem de votos para escolher órgãos colegiados, já que os docentes tinham mais peso nas decisões, o que foi apoiado por intelectuais da Nova Esquerda. O governo de Wilson, por sua vez, atacava a VSC e criava um clima de histeria nacional ao dizer que a Grã-Bretanha entraria no mesmo clima que os franceses durante o Maio de 1968, já que embates violentos nas ruas ocorreram. Segundo Tariq Ali (2008), militante e líder da VSC, a classe trabalhadora britânica não daria forças aos militantes e universitários de esquerda porque era mais desarticulada do que na França.

No mês de outubro, a VSC liderou manifestações contra a guerra imperialista no Vietnã, uma maneira de também fazer oposição ao governo do Primeiro Ministro trabalhista. Segundo Ali (2008), a polícia inglesa estava preparada para qualquer tipo de embate, e o medo da violência estatal levou à reconsideração de quais locais deveriam ser escolhidos para as passeatas. As crescentes tensões levaram à desistência da ocupação da Grosvenor Square, onde estava a embaixada dos EUA, e a nova rota iria até o Hyde Park, o que gerou desentendimentos e dividiu os diversos grupos políticos vinculados ao marxismo (Ali, 2008).

Foi nesse contexto que os Rolling Stones compuseram e lançaram "Street Fighting Man", que figuraria nas páginas do jornal novoesquerdista *The black dwarf*, uma vez que os roqueiros declararam que a música era em apoio à VSC e suas movimentações (Ali, 2008). Se em 1967 a psicodelia era o carro-chefe do rock e da transformação social, no ano seguinte as letras se tornaram panfletárias, ainda que a música ligada ao ácido lisérgico não houvesse desaparecido por completo, inclusive por existirem *freaks* discordantes das ações da *New Left*.

David Stringer (1968, v. 1, n. 37, p. 3), por exemplo, afirma que parte dos *freaks* se voltou às políticas novoesquerdistas, pois muitos aderiram ao marxismo, o que é um ponto de virada na hegemonia jovem, que passa do *underground* à luta encampada por militantes vinculados à Nova Esquerda. No mesmo artigo de jornal, Stringer (1968) infere que a revolução teria lugar quando muitos indivíduos se tornassem livres e, desse modo, ele privilegiava o individual no lugar do social e defendia que as transformações necessárias só aconteceriam se houvesse a adoção dos modos de vida dos *freaks*. Havia, dessa maneira, uma crise de paradigmas no *underground*, entre os apoiadores dos modos de vida *freak* e os marxistas da Nova Esquerda.

Nesse contexto de disputa é que foram cantadas as "Revolutions" de John Lennon (Fenerick; Marquioni, 2015) e que o blues reapareceu como elemento fundamental de bandas que se conectavam ao *underground*, como é o caso de Led Zeppelin, Yes, Jethro Tull, Jeff Beck Group, Fleetwood Mac e outras. Como se percebeu durante a pesquisa, havia, com o fortalecimento dos ideais novoesquerdistas, o enfraquecimento das propostas lisérgicas de transformação da sociedade. Todavia, o que se notou é que a juventude recorreu a musicalidades que em determinados momentos foram consideradas contrárias ao *status quo*, tais como o blues e o folk britânico. Desse modo, o que pode ser entendido como crise do *underground* traz para o centro das atenções algo que a cultura lisérgica jovem dos britânicos da década de 1960 havia tensionado, como viu-se em "How many more times".

Dessa maneira, o Led Zeppelin elaborava uma obra que, ao menos na questão do blues e seu tensionamento, trazia as possibilidades existentes na política revolucionária e lisérgica em crise: a plausibilidade da psicodelia e do inusitado como percebido em "How many more times", mas que também encontrava espaços em obras como *The Beatles (White Album)*, de The Beatles, e *Ummagumma* (1969), do Pink Floyd (Fenerick; Marquioni, 2015; Fenerick, 2021). Trazia também o blues padronizado em "You shook me" por pertencer a uma musicalidade considerada não pop, ainda que fosse um modelo de blues pré-definido, como visto em bandas como The Rolling Stones, Yes, Jethro Tull e Fletwood Mac. Nesse sentido, não há apenas um cansaço dos músicos em relação à psicodelia, como afirmou Schwartz (2007), porém uma transformação do *underground* que impacta nas possibilidades da arte de negar o existente.

Considerações finais

À vista do que foi escrito neste ensaio, o blues é parte formador da juventude britânica da década de 1960, seja do momento em que os mods foram hegemônicos ou do contexto de auge e crise do *underground*, porém há transformações históricas e sociais que modificam o significado e o impacto do gênero afro-estadunidense no que diz respeito à relação entre o blues e a sociedade. Desse modo, não basta dizer que o blues influenciou o rock ou serviu de referência para a sua elaboração, é preciso compreender o momento histórico em que foi mobilizado para que a relação arte e sociedade não se torne a-histórica ou anacrônica. Ainda nesse sentido, ao se levar os *freaks* em consideração, não basta afirmar que o blues serviu de formato para o rock psicodélico, é preciso pensar nas plausibilidades de subversão daquilo que supostamente está dado, já que é nesse momento que a arte se torna crítica aos elementos externos aos indivíduos que limitam a autonomia e a subjetividade.

Nota-se também que, no contexto inglês, o blues ganhou novas interpretações por parte da juventude britânica. Quando os *mods* formaram a hegemonia jovem no início dos anos 1960, o gênero afro-americano era uma espécie de porta de entrada para a sociedade estadunidense que deslumbrava não apenas essa juventude, mas pessoas como Mick Jagger, Jeff Beck, Keith Richards, Jimmy Page, Eric Clapton, John Paul Jones etc. Ademais, o blues também gerou uma identificação desses indivíduos com os *bluesmen*, como Robert Johnson, Muddy Waters, Howlin' Wolf etc., pois havia uma compreensão entre eles de que eram tão sufocados pela sociedade conservadora quanto os negros estadunidenses. Todavia, não há comparação entre o racismo sofrido por negros nos EUA e a situação de jovens brancos britânicos que vivem o Estado de bem-estar social em meio à classe média, mas se sentem incompreendidos pelo *status quo*.

Já durante o apogeu e queda do *underground*, a preocupação não era mais a de estar vislumbrado com as oportunidades existentes nos Estados Unidos, mas a de buscar uma nova sociedade, diferente da existente. Assim, a mobilização de aspectos do blues, em um primeiro momento, como em "How many more times", não seria mais sobre repetir as características do gênero afro-estadunidense, mas a de subverter seus aspectos a ponto de fazer a crítica do tecnicismo e propor um mundo novo, ainda que esses indivíduos pudessem ter em si elementos do que chamavam de *establishment*, como o machismo, o que se notou no conteúdo da letra de "How many more times".

Durante a crise do *underground*, após o ano de 1968, é possível perceber que, apesar da existência das possibilidades do inusitado, recorria-se àquilo que um dia foi crítico ao conservadorismo do *organization man* e do *status quo*: o blues padronizado, que pode ser observado em bandas como Fleetwood Mac e sua formação com Peter Green e em faixas como "You shook me". Essa mudança, pressionada pelas críticas da Nova Esquerda, talvez tenha simbolizado o momento em que os *freaks* começaram a perder a força crítica em relação ao tecnicismo da época de Estado de bem-estar social dos anos 1960.

Por fim, também se percebe que muitos intelectuais britânicos, agrupados em clubes de música para ouvir blues e jazz, lançaram mão de diversas tradições inventadas para dar corpo ao que entendiam como autêntico, neste caso, o "verdadeiro" blues. Todavia, em termos contraditórios, isso significava uma pressão externa na autonomia do artista que limitava não só a criatividade de indivíduos como The Yardbirds, como a de diversos *bluesmen* como Big Bill Broonzy. Esses aspectos acabavam por aproximar esses indivíduos da música pop estandardizada a qual atacavam. Nesse sentido, o *underground*, ao recusar fórmulas musicais, permitiu experimentações e a subversão de gênero musicais, o que também admitiu tensionamentos no gênero blues, que eram reveladores da ideologia da autenticidade criada por aqueles que viam gêneros engessados como verdadeiros.

Referências

Discografia:

ALEXIS KORNER. **Kornerstoned:** the Alexis Korner anthology 1954-1983. London: Sanctuary Records Group, 2008. 2CD (144min.). Disponível no Spotify.

ALLAN LOMAX. **Negro Prison and the blues songs**. Pismo Beach: Legacy International, 1990. 1CD (70min.). Disponível no Spotify.

ALBERT KING. **Born under a bad sign**. São Francisco: Fantasy Records, 2002. 1CD (34min.). Disponível no Spotify.

ARTHUR BROWN. **The crazy world of Arthur Brown**. New York: Universal Music, 1991 [remasterizado do LP original de 1968]. 1 CD (58min.). Disponível no Spotify.

BO DIDLEY. **Bo Didley**. Santa Monica: Geffen Records, 1958. 1CD (31min.). Disponível no spotify.

CLIFF RICHARDS & THE SHADOWS. **Reunited**. London: Parlophone, 2009. 1CD (70 min.). Disponível no Spotify.

CHARLES COBORN. The man who broke the bank at Monte Carlo. In: Vários intérpretes. **The golden years of music hall**. Badminton/ South Gloucestershire: Saydisc Records, 1988. 1CD (77min.). Disponível no Spotify.

CHARLES COBORN. Two lovely black eyes. In: Vários intérpretes. **British music hall memories**. Marina Del Rey: Master Classics Records, 2009. 1CD (74min.). Disponível no Spotify.

CREAM. **Disraeli Gears**. New York: Atlantic Records, 1997 [remasterizado do LP original de 1967]. 1 CD (33min.). Disponível no Spotify.

CREAM. **Fresh Cream.** California: Universal International Music, 1997 [remasterizado do LP original de 1966]. 1 CD (41min.). Disponível no Spotify.

CREAM. **Wheels of fire.** New York: Atlantic Records; London: IBC, 1968 [remasterizado do LP original de 1968]. 2 CDs (80min.). Disponível no Spotify.

FAIRPORT CONVENTION. **Liege and lief.** New York: Island Records; Universal Music, 2002 [remasterizado do LP original de 1969]. 1 CD (55min.). Disponível no Spotify.

FLEETWOOD MAC. **Fleetwood Mac.** London: Sony Music Entertainment, 2004 [remasterizado do LP original de 1968]. 1 CD (63min.). Disponível no Spotify.

FLEETWOOD MAC. **Mr. Wonderful.** London: Sony Music Entertainment, 2004 [remasterizado do LP original de 1968]. 1 CD (56min.). Disponível no Spotify.

FLEETWOOD MAC. **Then I play on.** California: Warner Records Inc.; Rhino Entertainment Company, 2013 [remasterizado do LP original de 1969]. 1 CD (70min.). Disponível no Spotify.

KETELBEY, Albert; LEAPER, Adrian. **Ketelbey:** In a monastery garden/ Chal Romano. Franklin: Marco-Polo, 1993. 1CD (73min.). Disponível no Spotify.

LED ZEPPELIN. **Led Zeppelin.** New York: Atlantic Records. 1969. 1 LP (44min.).

LED ZEPPELIN. **Led Zeppelin II.** New York: Atlantic Records. 1969. 1 LP (41min.).

MILES DAVIS. **Kind of blue.** New York: Sony Music Entertainment; Columbia Records, 2008 [remasterizado do LP original de 1959]. 1 CD (120min.). Disponível no Spotify.

PINK FLOYD. **A saucerful of secrets.** London: Pink Floyd Music Ltd.; Sony Music Entertainment, 2016. [remasterizado do LP original de 1968]. 1 CD (39min.). Disponível no Spotify.

PINK FLOYD. **Atom Heart Mother.** London: Pink Floyd Music Ltd.; Sony Music Entertainment, 2016. [remasterizado do LP original de 1970]. 1 CD (52min.). Disponível no Spotify.

PINK FLOYD. **The Piper at the gates of down.** London: Pink Floyd Ltd.; Sony Music Entertainment, 2016 [remasterizado do LP original de 1967]. 1 LP (41min.). Disponível no Spotify.

PINK FLOYD. **Ummagumma**. London: Pink Floyd Ltd.; Sony Music Entertainment, 2016 [remasterizado do LP original de 1969]. 2 LPs (86min.). Disponível no Spotify.

SOFT MACHINE. **The Soft Machine**. London: Polydor Records, 2009 [expandido e remasterizado do LP original de 1968]. 1 CD (47min.). Disponível no Spotify.

TOMMY STEELE. **The world of Tommy Steele**. London: Decca, 2009. 1CD (49min.). Disponível no Spotify.

THE BEATLES. **Abbey Road**. London: Apple Corps., 2015 [remasterizado do LP original de 1969]. 1 LP (47min.). Disponível no Spotify.

THE BEATLES. **Sgt Pepper Lonely Hearts Club Band**. London: Apple Corps., 2017 [remasterizado do LP original de 1967]. 4 CDs (203min.). Disponível no Spotify.

THE BEATLES. **The Beatles**. London: Apple Corps., 2015 [remasterizado do LP original de 1968]. 2 CDs (93min.). Disponível no Spotify.

THE JEFF BECK GROUP. **Truth**. Londres: Warner Music Group, 2016. [remasterizado do LP original de 1968]. 1 CD (70 min.). Disponível em Spotify.

THE JIMI HENDRIX EXPERIENCE. **Are you experienced**. Seattle, New York: Experience Hendrix L.L.C; Sony Music Entertainment, 2010 [remasterizado do LP original de 1967]. 1 CD (60min.). Disponível no Spotify.

THE JIMI HENDRIX EXPERIENCE. **Axis: Bold as love**. Seattle, New York: Experience Hendrix L.L.C; Sony Music Entertainment, 2010 [remasterizado do LP original de 1967]. 1 CD (39min.). Disponível no Spotify.

THE JIMI HENDRIX EXPERIENCE. **Electric Ladyland**. Seattle, New York: Experience Hendrix L.L.C; Sony Music Entertainment, 2010 [remasterizado do LP original de 1968]. 1 CD (75min.). Disponível no Spotify.

THE MOVE. **Move**. London: Bucks records, 2018 [remasterizado do LP original de 1968]. 1 CD (36min.). Disponível no Spotify.

THE NICE. **The thoughts of Emerlist Davjack**. London: Charly Acquisitions, 2018 [remasterizado do LP original de 1967]. 1 CD (37min.). Disponível no Spotify.

THE ROLLING STONES. **Beggars Banquet**. New York: ABKCO Music & Records, 2002 [remasterizado do LP original de 1968]. 1 CD (39min.). Disponível no Spotify.

THE ROLLING STONES. **Let it bleed**. New York: ABKCO Music & Records, 2019 [remasterizado do LP original de 1969]. 1 CD (42min.). Disponível no Spotify.

THE ROLLING STONES. **Out of our heads**. New York: ABKCO Music & Records, 2002 [remasterizado do LP original de 1965]. 1 CD (33min.). Disponível no Spotify.

THE ROLLING STONES. **Their Santanic Majesties Request**. New York: ABKCO Music & Records, 2017 [remasterizado do LP original de 1968]. 1 CD (88min.). Disponível no Spotify.

THE WHO. **Tommy**. London: Polydor Records, 1969 [remasterizado do LP original de 1969]. 2CDs (74min.). Disponível no Spotify.

THE YARDBIRDS. **Having a rave up with The Yardbirds**. London: Charly Acquisitions, 2015 [remasterizado do LP original de 1965]. 1 CD (39min.). Disponível no Spotify.

THE YARDBIRDS. **Little games**. London: Parlophone Records, 2003 [remasterizado do LP original de 1967]. 1 CD (76min.). Disponível no Spotify.

WATERS, Muddy. **The Chess box**. Santa Monica: UMG, 1989 [remasterizado do LP original de 1989]. 3 CDs (210 min.). Disponível em Spotify.

WOLF, Howlin'. **Moanin' in the moonlight.** Chicago: UMG, 1958 [remasterizado do LP original de 1968]. 1 CD (34 min.) Disponível em Spotify.

YES. **Close to the Edge**. New York: Elektra, 2003 [remasterizado do LP original de 1972]. 1 CD (64min.). Disponível no Spotify.

YES. **Fragile.** New York: Elektra, 2003 [remasterizado do LP original de 1971]. 1 CD (59min.). Disponível no Spotify.

YES. **Yes**. New York: Elektra, 2003 [remasterizado do LP original de 1969]. 1 CD (79min.). Disponível no Spotify.

Bibliografia:

ABSALOM, Mike. Blues Profile: Ralph McTell. **International Times**, London, v. 1, n. 45, 29 nov. 1968. p. 6. Disponível em: https://www.internationaltimes.it/archive/index.php?year=1968&volume=IT-Volume-1&issue=45&item=IT_1968-11-29_B-IT-Volume-1_Iss-45_006. Acesso: 09 mai. 2023.

ADORNO, Theodor; HORKHEIMER, Max. **Dialética do Esclarecimento**: fragmentos filosóficos. Rio de Janeiro: Zahar, 1985.

ADORNO, Theodor. **Introdução à sociologia da música**: doze preleções teóricas. São Paulo: Editora Unesp, 2011.

ADORNO, Theodor. Sobre música popular. In: COHN, Gabriel. **Theodor W. Adorno**. São Paulo: Editora Ática, 1986. p. 115-146.

ALI, Tariq. **O poder das barricadas:** uma autobiografia dos anos 60. São Paulo: Boitempo, 2008.

ARRUDA, Ricardo Sinigaglia. Reflexões sobre o rock anglo-americano (1965-1975): gênero ou estilo musical? *In*: FENERICK, José Adriano (Org.). **Nas trilhas do rock**: contracultura e vanguarda. Curitiba: Appris, 2021. p. 255-277.

ARRUDA, Ricardo Sinigaglia. How many more dazed and confused: luz e sombra, pop e música experimental no *Led Zeppelin* (1969). **Fênix: Revista de História e Estudos Culturais**, Uberlândia, v. 20, n. 2, p. 645-679, jul.-dez. 2023. Disponível em: https://www.revistafenix.pro.br/revistafenix/article/view/1246/1091. Acesso em: 20 ago. 2023.

BLAKE, Andrew. **The land without music**: music, culture and society in twentieth century Britain. Manchester and New York: Manchester University Press, 1997.

BRACKETT, D. **Categorizing Sound:** genre and twentieth century popular music. Oakland: California University Press, 2016.

BROCKEN, Michael. **The British folk revival**. Aldershot: Ashgate Publishing Company, 2003.

CARONE, Iray. A face histórica de *On popular music*. In: CARONE, Iray. **Adorno em Nova York**: Os estudos de Princeton sobre a música no rádio (1938-1941). São Paulo: Alameda, 2019. p.105-144.

CHAMBERS, Iain. A strategy for living: black music and white subcultures. HALL, Stuart; JEFFERSON, Tony (org.). **Resistance through rituals:** youth subcultures in post-war Britain. Abingdon: Routledge, 2003. p. 157-166.

COVACH, John. Form in rock music: a primer. In: STEIN, Deborah. **Engaging Music:** Essays in music analysis. New York: Oxford University Press, 2005, pp.65-76.

DOURADO, Henrique Autran. **Dicionário de termos e expressões da música**. São Paulo: editora 34, 2004.

DURGNAT, Raymond. Strippers: a guide to Soho clubs. **International Times**, London, v. 1, n. 4, 27 nov. 1966. p. 11. Disponível em: https://www.internationaltimes.it/archive/index.php?year=1966&volume=IT=-Volume1-&issue4=&item-IT_1966-11-28_B-IT-Volume-1_Iss-4_011. Acesso em: 26 jun. 2022.

FABBRI, Franco. A theory of musical genres: two applications. *In*: HORN, David; TAGG, Philip (Eds.). **Popular music perspectives:** papers from the First International Conference on Popular Music Research, Amsterdam, June 1981. Gothenburg; Exeter: International Association for the Study of Popular Music, 1980. p. 52-81.

FENERICK, José Adriano; MARQUIONI, Carlos Eduardo. Revoluções do álbum branco: vanguardismo, Nova Esquerda e música pop. **ArtCultura**, Uberlândia, v. 17, n. 31, p. 21-37, jul.-dez. 2015. Disponível em: http://www.artcultura.inhis.ufu.br/PDF31/5_As_revolucoes_ do_Album_branco.pdf. Acesso em: 06 ago. 2018.

FENERICK, José Adriano; MARQUIONI, Carlos Eduardo. *Sgt. Pepper's Lonely Hearts Club Band*: uma colagem de sons e imagens. **Fênix: Revista de História e Estudos Culturais**, Uberlândia, v. 5, ano V, n. 1, p. 1-21, jan.-mar. 2008. Disponível em: http://www.revistafenix. pro.br/PDF14/Artigo2JoseAdrianoFenerick.pdf. Acesso em: 02 fev. 2016.

FENERICK, José Adriano. Pink Floyd: Gritos de estranhamento e alienação. *In*: FENERICK, José Adriano (Org.). **Nas trilhas do rock**: contracultura e vanguarda. Curitiba: Appris, 2021. p. 97-112.

FENERICK, José Adriano. Rock e Vanguarda nos anos 60: uma dialética possível. *In*: SOUSA, Rainer Gonçalves (Org.). **Nas trilhas do rock**: experimentalismo e mercado musical. Goiânia: Kelps, 2018. p. 42.

FENERICK, José Adriano. Vanguarda Paulista: apontamentos para uma crítica musical. **Fênix: Revista de História e Estudos Culturais**, Uberlândia, v. 4, ano IV, n. 2, p. 1-20, abr.-jun. 2007. Disponível em: https://www.revistafenix.pro.br/revistafenix/article/view/729/693. Acesso em: 04 abr. 2023.

FRIEDLANDER, Paul. **Rock and roll**: uma história social. 7. ed. Rio de Janeiro: Record, 2012.

FRITH, Simon. Towards an aesthetic of popular music. *In*: LEPPERT, Richard; MCCLARY, Susan. **Music and Society:** the politics of composition, performance and reception. Cambridge: Cambridge University Press, 1987.

FRITH, Simon. Art VS technology: the strange case of popular music. *In*: FRITH, Simon. **Popular Music**. London: Routledge, 2004. V. 2. p. 107-122.

FRITH, Simon. **Performing rites**: on the value of popular music. Massachusetts: Harvard University Press, 1998.

FRITH, Simon. Pop music. *In*: FRITH, Simon; STRAW, Will; Street, John. **Pop and rock**. Cambridge: Cambridge University Press, 2004. *E-book*.

FRITH, Simon. **Sound effects**: youth, leisure and the politics of rock'n'roll. New York: Pantheon Books, 1981.

FRITH, Simon. Towards an aesthetic of popular music. In: **Taking popular music seriously:** Selected essays. London: Routledge, 2007.

GARDNER, Richard. How good are your orgasms? Magical love making. **International Times**, London, v. 1, n. 20, 27 out. 1967. p. 3. Disponível em: http://www.internationaltimes.it/archive/index.php?year=1967&volume=IT-Volume-1&issue=20&item=IT1967-10-27B-IT-Volume-1Iss-20_003. Acesso em: 3 ago. 2018.

GINSBERG, Allen. Public Solitude. **International Times**, London, v. 1, n. 7, 30 jan. 1967. p. 5. Disponível em: http://www.internationaltimes.it/archive/index.php?year=1967&volume =IT-Volume-1&issue=7&item=IT_ 1967-01-30_B-IT-Volume-1_Iss-7_005. Acesso em: 4 set. 2018.

GINSBERG, Allen. Reflections on the mantra. **International Times**, London, v. 1, n. 8, 13 fev. 1967. p. 8. Disponível em: https://www.internationaltimes.it/archive/index.php?year=1967&volume=IT-Volume-1&issue=8&item=IT_1967-02-13_B-IT-Volume-1_Iss-8_008-009. Acesso em: 4 set. 2018.

GLASER, André. **Raymond Williams**: Materialismo Cultural. São Paulo: Biblioteca24horas, 2011.

GOFFMAN, Ken; JOY, Dan. **Contracultura através dos tempos**: do mito de Prometeu à cultura digital. Rio de Janeiro: Ediouro, 2007.

GOMES, José César Fernandes. Um olhar absorto: David Bowie e a contracultura. *In:* FENERICK, José Adriano; PORTUGAL, Ana Raquel; CONTE, Marco Aurélio. **A história nas artes**. Curitiba: Appris, 2023. p. 243-254.

HEBDIGE, Dick. The meaning of mod. HALL, Stuart; JEFFERSON, Tony (org.). **Resistance through rituals:** youth subcultures in post-war Britain. Abingdon: Routledge, 2003. p. 87-96.

HICKS, Michael. **Sixties rock**: garage, psychedelic and other satisfactions. Chicago: University of Illinois Press, 1999.

HOBSBAWM, Eric. **Era dos Extremos:** o breve século XX – 1914-1991. São Paulo: Companhia das Letras, 1995.

HOBSBAWM, Eric. **História social do jazz**. São Paulo: Paz e Terra, 1989.

INTERNATIONAL TIMES. *Red guard pointers.* **International Times**, London, vol. 1, n. 11, 21 abr. 1967, p.5. Disponível em: https://www.internationaltimes.it/archive/index.php?year=1967&volume=IT-Volume-1&issue=11&item=IT_1967-04-21_B-IT-Volume-1_Iss-11_005. Acesso em: 20 jul. 2024.

INTERNATIONAL TIMES. **International Times**, London, vol. 1, n. 17, 20 jul. 1967, p. 3. Disponível em: https://www.internationaltimes.it/archive/index.php?year=1967&volume=IT-Volume-1&issue=17&item=IT_1967-07-28_B-IT-Volume-1_Iss-17_003. Acesso em 20 jul. 2024.

KALLBERG, Jeffrey. The rhetoric of genre: Chopin's Nocturne in G minor. **19th – century music**, California, vol.11, n.3, 1988, pp.238-261.

KELLETT, Andrew. **The British blues network:** adoption, emulation, and creativity. Ann Arbor: University of Michigan Press, 2020

KOMARA, Edward (ed.). **Encyclopedia of the blues**. New York: Routledge, 2006.

MERHEB, Rodrigo. **O som da revolução**: uma história cultural do rock, 1965-1969. Rio de Janeiro: Civilização Brasileira, 2012.

MICHELL, John. Centres & lines of latent power in Britain. **International Times**, London, v.1, n. 15, 05 out. 1967. p. 5. Disponível em: http://www.internationaltimes.it/archive/ index.php?year=1967&volume=IT=-Volume1-&issue19=&item-IT1967-10-05B-IT-Volume-1Iss-19005. Acesso em: 30 ago. 2018.

MILANI, Vanessa Pironato. Yoko Ono: uma artista (neo) vanguardista. *In*: FENERICK, José Adriano (Org.). **Nas trilhas do rock**: contracultura e vanguarda. Curitiba: Appris, 2021. pp.49-67.

MILES, Barry. **Hippie**. New York: Sterling Publishing, 2003.

MILES, Barry. **London Calling**: a countercultural History of London since 1945. London: Atlantic Books, 2010.

MILES, Barry. UFO is dead – long live UFO. **International Times**, London, v. 1, n. 29, 19 abr. 1968. p. 3. Disponível em: https://www.internationaltimes.it/archive/index.php?year=1968&volume=IT-Volume-1&issue=29&item=IT_1968-04-19_B-IT-Volume-1_Iss-29_003. Acesso em: 12 mar. 2023.

MILWARD, John. **Crossroads**: how the blues shaped rock'n'roll (and rock saved the blues). New Hampshire: University Press of New England, 2013.

MOORE, A.F. Categorical Conventions in Music Discourse: Style and Genre. **Music & Letters**, Oxford, vol. 82, n. 3, 2011, pp. 432-442.

SCHWARTZ, R.F. **How Britain got the blues:** the transmission and reception of American blues style in the United Kingdom. Oakley: Ashgate Publishing Limited, 2007.

SIMONELLI, David. **Working Class Heroes**: Rock Music and British society in the 1960s and 1970s. Plymouth: Lexington Books: 2013.

STANSIL, Peter. Psyching in the new age. **International Times**, London, v. 1, n. 9, 27 fev. 1967. p. 12. Disponível em: http://www.internationaltimes.it/archive/index.php?year=1967& volume=IT-Volume-1&issue=9&item=IT1967-02-27B-IT-Volume-1Iss-9012. Acesso em: 12 nov. 2018.

STRINGER, David. North Perspectives. **International Times**, London, v. 1, n. 37, 9 ago. 1968, p. 3. Disponível em: https://www.internationaltimes.it/archive/index.php?year=1968&volume=IT-Volume-1&issue=37&item=IT_1968-08-09_B-IT-Volume-1_Iss-37_003. Acesso em: 16 abr. 2023.

TITON, Jeff Todd. Reconstructing the blues: reflections on the 1960s blues revival. *In*: FRITH, Simon. **Popular Music**: critical concepts in media and cultural studies. London: Routledge, 2004. V. 3. p. 65-86.

WALD, E. **The Blues:** a very short introduction. New York: Oxford University Press, 2010.

WALL, Mick. **Led Zeppelin**: quando os gigantes caminhavam sobre a Terra. São Paulo: Lafonte, 2009.

WARNER CHAPPEL MUSIC. **Led Zeppelin I**: off the record. London: Rittor Music, 1990.

WÖLFFLIN, Heinrich. **Conceitos fundamentais da História da Arte:** o problema da evolução dos estilos na arte mais recente. 4. ed. São Paulo: Martins Fontes, 2015.

ZWEMMER, Maxim. Interview between Maxim Zwemmer and John Lee Hooker. **International Times**, London, v. 1, n. 9, 30 jun. 1967. p. 10. Disponível em: https://www.internationaltimes.it/archive/index.php?year=1967&volume=IT-Volume-1&issue=16&item=IT_1967-06-30_B-IT-Volume-1_Iss-16_010. Acesso em: 10 dez. 2022.

7

FREEJAZZ: O RUÍDO COMO PRÁTICA DE LIBERDADE

André Céspedes Pimenta

[...] os sons,
afinados pela cultura,
que fazem a música,
estarão sempre dialogando com o ruído,
a instabilidade, a dissonância.

José Miguel Wisnik

Liberdade em contradição

Desde a independência das Trezes Colônias, em 1776, os Estados Unidos da América bradam para si certa vocação para o exercício da liberdade – seja ela para eles mesmos ou para outrem. Tal discurso, enraizado no arcabouço teórico do Iluminismo, não falhou em demonstrar na prática as contradições advindas das revoluções burguesas ocorridas em países centrais do mundo a partir dessa época. As propostas de pensadores ilustrados, ocupados primordialmente em teorizar formas de superação do Antigo Regime, encontraram, em um país que jamais possuiu monarquia, campo fértil para sua prática[162]. Tal descompasso entre teoria e prática talvez tenha sido um dos principais responsáveis por distorções fundamentais que tornaram a "terra da liberdade" um dos países mais desiguais do mundo séculos depois. Contudo, durante a década de 1960, inúmeros jovens ao redor de todo o país buscaram afinar o discurso fundador de sua pátria com a realidade díspar observada em qualquer esquina.

[162] Importante ressaltar que os EUA também tiveram pensadores iluministas que refletiram sobre suas questões nacionais, como Benjamin Franklin, mas isso não significa que o eixo fundamental do Iluminismo não fosse a destituição do poder real.

Discorreremos, neste texto, acerca de uma pequena fração desse movimento que nasceu e declinou nos anos sessenta, ocorrido em alguns países ao redor do globo (tanto de capitalismo central, quanto periférico), denominado contracultura. Para isso, algumas digressões relacionadas a eventos relevantes do século XX serão necessárias. Ainda assim, discutiremos, mais precisamente, os desenvolvimentos musicais e disputas culturais que culminaram no surgimento e nas divergências relacionadas ao *freejazz*, um movimento musical heterogêneo que dialogou diretamente com essa questão fundamental posta em xeque na contemporaneidade: a liberdade. As práticas realizadas por seus músicos, majoritariamente negros, ainda que muito distintas entre si, tiveram a liberdade como fundamento – como *práxis* – fossem elas relacionadas estritamente à forma de tocar (se distanciando das rígidas imposições históricas relacionadas à harmonia, à melodia e ao ritmo), ou à forma contestatória de se portar para além da música. Veremos, na verdade, que ambas as esferas guardam entre si uma relação dialógica muito estreita, não podendo ser desvinculadas. Muito pelo contrário: devem ser usadas como baliza para compreensão de um movimento tão singular como foi o *freejazz*. Somente uma recapitulação dos principais momentos históricos vinculados ao desenvolvimento musical jazzístico do século é capaz de dar sentido ao aparentemente caótico e multifacetado movimento sessentista.

Sonoridades fundantes

A escravidão, dinâmica econômica fundamental do mercantilismo colonial, deixou cicatrizes profundas que marcaram a sociabilidade americana mesmo após sua abolição. Havia, nos Estados Unidos, sobretudo em estados do sul, ainda na década de sessenta, uma série de espaços legalmente segregados, ancorados nas leis Jim Crow, criadas gradativamente após o fim da Guerra Civil, em 1865. Eram escolas, universidades, praças públicas, transportes comunitários, hospitais, entre tantos outros locais que ainda faziam valer um *apartheid* institucionalizado no país, condicionado pela cor da pele de seus indivíduos. Segundo W. E. B. Du Bois (2021), notório por seus escritos sobre a fundação dos EUA, "o problema do século XX é o problema da linha de cor – a relação entre as raças de homens mais claros e mais escuros na Ásia e na África, nas Américas e nas ilhas do mar" (Du Bois, 2021, p. 35). E essa noção é fundamental para qualquer discussão que se proponha a debater as proposições estéticas da América moderna, uma vez que o conteúdo social para a elaboração artística se dá nesse cenário de forte segregação. Isto é, no caso da música, os principais elementos articulados por seus agentes são legados de um passado que carrega um inestimável índice humano, implicando diretamente em um estudo sobre dominações, medos, paixões, afinidades, repulsas, angústias e tantos outros afetos que atravessam e cunham nossa sociabilidade. Todo e qualquer elemento constituinte musical que se apresente distante desses índices redunda de um essencialismo que ignora as relações humanas que lhe conferiram sentido social no tempo. Isso não significa, no entanto, que os sons sejam capazes de traduzir literalmente a experiência humana no tempo; significa apenas que, em torno deles, podemos ouvir ressoar os ecos dos mais diversos sentidos atribuídos à existência e à coletividade. Significa, nas palavras de José Miguel Wisnik, que os sons podem

> [nos] aproximar daquele limiar em que a música fala ao mesmo tempo ao horizonte da sociedade e ao vértice subjetivo de cada um, sem se deixar reduzir às outras linguagens. Esse limiar está dentro e fora da história. A música ensaia e antecipa aquelas transformações que estão se dando, que vão se dar, ou que deveriam se dar, na sociedade. (Wisnik, 2019, p. 15)

Assim sendo, o século que marcou o fim da Guerra de Secessão e o início da efusiva década de 1960 norte americana[163] gestou uma série de insatisfações que puderam tomar formas e serem ouvidas por meio das mais diversas expressões artísticas e culturais. Juntamente com uma série de outros países, os EUA se viram obrigados a reformular suas dinâmicas sociais em face de objeções ancoradas nas antigas promessas fundantes de sua pátria, vinculadas essencialmente à liberdade e igualdade. Não foram poucas as esferas sociais que buscaram reformulações de si próprias a partir de um imperativo inegociável sobre liberdade. A música, as artes plásticas, o direito, os movimentos sociais, as religiões, as famílias, todos foram em algum grau impactados pelo forte *ethos* que se espraiou pelo mundo desde o fim da Segunda Guerra Mundial.

Ainda assim, o uso de armamento nuclear por meio das duas bombas atômicas jogadas em Hiroshima e Nagasaki, em 1945, também explicitou para o mundo a potencial capacidade de autodestruição da humanidade, desencadeando uma série de outras consequências no reordenamento do mundo. Isto é, ao passo que, por um lado, o ímpeto por liberdade dimensio-

[163] Esse recorte temporal, embora extenso, tem como objetivo mobilizar as agenciações ocorridas em um cenário de disputa onde a escravidão permutava hegemonicamente em determinados territórios, e residualmente em outros – ainda que em um mesmo Estado nacional.

nava o rearranjo geopolítico e social; por outro, o medo agenciava cada vez mais as tomadas de decisões políticas, tanto individuais, quanto coletivas. A dinâmica imbricada entre liberdade, medo e desamparo, em que ora um sobrepujava o outro, é aquela que dá a tônica das décadas seguintes.

Em linhas gerais, jovens de classe média, embora aspirassem a um grau de liberdade que o capitalismo tardio[164] não lhes permitia atingir, eram tolhidos pela eminente repressão atômico-nuclear direcionada aos cenários potencialmente revolucionários que se desenhavam desde o fim da guerra. Por outro lado, os músicos negros americanos, que havia décadas já viviam em cenários de precariedade material, não temiam tal ameaça da mesma forma (ou na mesma intensidade), pois viviam havia tempos vidas muito mais atravessadas pelo desamparo – afeto que se caracteriza, entre outras coisas, pela esperança, pelo lançar-se às potencialidades de um cenário completamente novo (uma vez que não há muito a se perder) –, do que pelo medo – afeto paralisante que tem como principal função social a manutenção do estado de coisas tal como estão. Embora guardem certa semelhança, as decorrências de cada um deles são antagônicas[165]: enquanto um tem em si um potencial revolucionário, o outro implica em tendências conservadoras. Conforme o primeiro se sobrepunha ao segundo, e o desamparo passou a ganhar corpo no tecido social norte americano, dando sentido à experiência coletiva da juventude, organizando novas redes de solidariedade, radicalizaram-se também as noções de liberdade mobilizadas por eles, tornando-se assim a única via capaz de conferir sentido às suas vidas em meio à ameaça de uma iminente extinção da humanidade.

Para além disso, a reestruturação europeia, após 1945, juntamente à noção das causas das duas grandes guerras, levou antigas colônias asiáticas e africanas a conseguirem suas independências, muitas delas passando por processos revolucionários socialistas, inspirados no modelo soviético. Formando, com isso, novas zonas de influência ao redor do globo: desenhando um mundo bipartido, separado por uma simbólica cortina de ferro e redefinindo antigas noções sobre "oriente" e "ocidente".

164 Para discussão mais bem fundamentada sobre o conceito, buscar "*Pós-Modernismo*: A lógica cultural do capitalismo tardio" (1991), de Fredric Jameson, em que o autor analisa o domínio da forma-mercadoria nas produções artísticas a partir da década de 1960.

165 Já para aprofundar este tema, buscar o primeiro capítulo 1 de *Circuito dos afetos*: Corpos políticos, desamparo e o fim do indivíduo, de Vladimir Safatle. Editora Autêntica.

Os papeis sociais das sonoridades obviamente foram redefinidos a partir destas mudanças; sonoridades orientais, antes utilizadas primordialmente como adornos exóticos, carregados de preconceitos orientalistas, passaram a ter papéis fundamentalmente políticos e estruturantes nas produções de músicos que buscavam dar contornos de seriedade às suas obras. Temporalidades pré-capitalistas passaram a habitar com maior frequência o campo da música popular moderna, insinuando novas finalidades às performances, aos rituais de escuta, de dança e de apreciação. O inconsciente, nesse cenário, se tornou um refúgio lúdico e seguro para salvaguardar o prazer em um mundo que se acinzentava cada vez mais, tornando-se também objeto de disputas políticas. Tanto a meditação quanto as experiências psicodélicas se tornaram meios de exploração interior para trazer à tona a imaginação política que faltava a um mundo completamente administrado[166]. A partir dos primeiros anos de contracultura, após 1959, tais noções foram levadas a uma condição central da dinâmica cultural americana, ocasionadas em grande parte por músicos de jazz (e seus assíduos ouvintes), tensionando ao máximo os vínculos sociais estabelecidos desde o século anterior.

Jazz sob controle (1929 – 1945)

Ainda no período entreguerras (1918 – 1939), a Europa foi palco de uma série de movimentos artísticos que também buscaram levar a arte moderna ao seu limite – muitas vezes com intento de superá-la –, chamados de vanguardas artísticas. Embora algumas fossem mais radicais que outras[167], cada uma, à sua maneira, formulou severas críticas à dinâmica de um mundo que descambou, pela primeira vez, em um conflito bélico envolvendo todo o planeta.

O potencial revolucionário demonstrado por essas vanguardas logo foi combatido de forma veemente. A União Soviética, por exemplo, combateu fortemente o Construtivismo Russo, reforçando sua arte voltada à exaltação do Estado – representada sobretudo pelo Realismo Socialista – e muito provavelmente essa tenha sido a razão principal para o declínio de seu prestígio. Já o ocidente fez grandes esforços no sentido de submeter

---

[166] Esta expressão remete ao pensamento de Theodor Adorno e Max Horkheimer, encontrado no decorrer de suas obras, mas presente com maior detalhamento no texto "Dialética do Esclarecimento", de 1947. Nele, os autores constatam haver, no mundo, uma racionalidade que é predominantemente instrumental, fundada na hegemonia da técnica, onde meios e fins se invertiam em função da manutenção do estado de coisas tal como estavam.

[167] Marinetti, fundador do Futurismo Italiano, por exemplo, se filiou ao partido Partido Fascista Italiano ainda em 1919.

sua produção a um cenário de exaltação da técnica, em detrimento de outras potencialidades artísticas. Sobretudo após a quebra da bolsa de 1929, as formas de estabelecimento do poder precisaram se reformular: se tornaram mais tênues do que aquelas anteriores à guerra, ainda que não menos contundentes. O desafio colocado era justamente este: esterilizar o potencial explosivo do material artístico que circulava cada vez mais, sem necessariamente demonstrar algum autoritarismo nesse processo. O cenário de crise, juntamente com um material artístico potencialmente revolucionário, poderia selar a derrocada do sistema político vigente, e, portanto, deveria ser contido de forma mais sofisticada – sem demonstrações evidentes do uso da força, uma vez que isso poderia reacender os ânimos recém controlados após o fim da guerra.

Nesse cenário, a cultura (e consequente o mundo das artes) também passou por um processo de remodelamento. O jazz teve papel duplamente crucial nisso: atuou primeiramente como catalisador de uma economia que se fragmentava devido a um forte descompasso entre oferta e demanda, após a crise de 1929; assim como também se tornou palco hegemônico para a gestão dos valores, ideias e hábitos culturais que interessavam às classes dominantes[168].

A década de 1930 ficou marcada pelo auge do *swing*, uma forma de jazz associada às *big bands*, às transmissões de largo alcance radiofônicas, ao glamour midiático e aos bailes dançantes. Os músicos, sobretudo negros, atuavam nesse cenário como operários de um processo industrial mecanizado, que tinha como finalidade principal o aquecimento da economia pós-crise da Bolsa de Nova Iorque (Gioia, 2011). Tinham seu protagonismo apagado tanto como intérpretes, por meio de anonimato imposto nos shows e nas transmissões; como em sua liberdade criativa, por meio das rígidas fórmulas impostas para a produção de *hits* de sucesso desde os tempos de *Tin Pan Alley*[169].

Ao se tornar o principal produto da indústria fonográfica na década de 30, o jazz também se desvinculava daquilo que o caracterizou no seu nascedouro, durante as décadas anteriores: não tinha mais espaços para improvisos e, quando ocorriam, eram previamente ensaiados para momentos

[168] Não sem rusgas. Havia setores das classes dominantes norte americanas completamente avessos ao jazz, fossem por motivos morais ou estéticos.

[169] *Tin Pan Alley* foi o nome dado à região de Nova Iorque em que se concentrava a atividade econômica musical na virada do século XIX para o XX. Seu nome é uma referência à cacofonia oriunda de muitos instrumentos sendo tocados ao mesmo tempo nas lojas.

previamente determinados das músicas, com melodias também previamente definidas; seus principais músicos, ao menos aqueles que tinham impulsionamento midiático e estampavam as capas de discos, eram brancos[170]; suas temáticas envolviam sobretudo o amor romântico, ao passo que nas décadas anteriores os estilos precursores do jazz eram mesclados às temáticas blues, às contingências da vida urbana, à devoção espiritual etc.

Além disso, o *swing* estabeleceu os EUA, que já eram a maior potência econômica do mundo desde o fim da guerra, como uma potência cultural também, capaz de penetrar lares, bailes e transmissões de rádio do outro lado do Atlântico, a contragosto de muitos setores conservadores europeus, como o nacional socialismo alemão[171]. Isso permitiu que sua forma de gestão cultural também se alastrasse para além de suas fronteiras nacionais.

Essa forma de gestão que exaltava a técnica – fosse ela industrial, artística, ou de qualquer outro ofício –, no decorrer das décadas seguintes, até os anos 1960, visava a solucionar os conflitos de classes sem necessariamente revolucionar as bases estruturadas da sociedade. Ainda que esse discurso não guardasse correspondência com a realidade (ou fosse apenas parcialmente eficaz naquilo que se propunha), ele permaneceu, se fez hegemônico e permeou todo ambiente jazzístico da época. A maior qualidade que geralmente se atribuía a um músico era seu virtuosismo, sua velocidade e clareza na execução de composições dançantes. Explorações rítmicas, timbrísticas e harmônicas não eram objeto da apreciação crítica à época.

Havia, nesse cenário, um apagamento de tradições dos povos da diáspora, posto que suas contribuições estavam vinculadas justamente a estes pontos. E isso não era por acaso, a contribuição negra para a indústria fonográfica devia ser pensada e controlada para que o *status quo* se mantivesse – qualquer elemento crítico à hegemonia cultural que tomasse grandes proporções poderia gerar desencadeamentos desastrosos para as classes dominantes. Por isso, suas contribuições eram permitidas apenas em dois sentidos, sendo eles incapazes de mobilizar radicalmente a sociedade. A primeira, por meio do virtuosismo[172] adquirido com os esforços advindas

---

[170] Benny Goodman talvez seja a representação máxima desse momento.

[171] É sabido que Adolf Hitler considerava o jazz como mais uma expressão de "música degenerada", fruto de sua origem afro americana. Por conta disso, ele o proibiu durante a Segunda Guerra Mundial.

[172] Este virtuosismo, no futuro, serviria como escudo às críticas que buscavam invalidar as produções disruptivas da década de 1960 como "falta de habilidade", posto que boa parte dos músicos de *freejazz* já haviam provado suas capacidades nas décadas anteriores.

da exploração de trabalho, através de jornadas desumanas e extenuantes; a segunda, por meio da fetichização de suas qualidades históricas no processo de estetização das mercadorias musicais.

Prelúdio de uma explosão (1945 – 1959)

Como ressaltado anteriormente, o mundo que se remodelou após a Segunda Guerra Mundial trazia consigo um novo imperativo relacionado à liberdade e à igualdade. A nova ordem mundial que se desenhava buscava, em partes, um acerto de contas com os séculos de exploração que a antecederam. Da mesma forma, o vento que soprava no mundo, como aqueles vindos das revoluções no oriente, ou das independências asiáticas e africanas, não tardou em chegar no interior dos países centrais vencedores da guerra. Mais precisamente, no caso norte americano, aos poucos uma série de movimentos e organizações reivindicavam reformas nas bases sociais estabelecidas. Em outras palavras, as condições materiais para que reivindicações das mais diversas naturezas se davam com maior vigor.

É verdade, portanto, que tais reivindicações não se deram de forma automática nos EUA. Uma série de mediações ocorreu para que as mudanças que se passavam no mundo pudessem ter desdobramentos sociais em larga escala no solo americano, uma vez que os Estados Unidos foram o país que menos sofreu impactos significativos imediatos com o fim da guerra. No entanto, também já nos referimos que, no fim da década de 40, com o desenvolvimento do programa nuclear soviético, a ameaça de uma nova guerra atômica de dimensões catastróficas passou a contrastar com a tranquilidade proveniente da prosperidade econômica[173] americana.

Nesse sentido, as musicalidades afro referenciadas passaram por mudanças substanciais. O caráter recreativo que se estabelecera antes da guerra migrou para outros filões do mercado musical, como os nascentes gêneros do *R&B* e do *rockabilly*, legando ao jazz as margens do mercado musical estabelecido. O declínio do já exaurido *swing*, dos bailes dançantes e do glamour, impactou o fazer musical dos músicos no estilo nascente do *bebop* – um grau de maior seriedade pôde se desenhar no horizonte para eles, ainda que a duras penas e baixas remunerações. As menores pressões de mercado lhes permitiram gozar de uma autonomia muito maior, e, com

173 Sempre é importante ressaltar que a "prosperidade econômica" advindo desde o *New Deal* não se aplicava à população negra norte americana. As políticas de bem-estar social (como os investimentos em educação formal) foram, em sua maioria, voltadas às populações brancas.

isso, pôr à prova seus potenciais de criação e diálogo com suas próprias tradições, não com as usuais tradições fundamentalmente europeias que predominavam nos EUA.

Do ponto de vista concreto, muita coisa mudou. As bandas diminuíram o número de seus integrantes drasticamente: se antes havia um grande número de músicos, com linhas de instrumentos iguais num mesmo palco, como os trombones e trompetes; depois, os trios e quartetos se tornaram os mais frequentes[174]. A importância de determinados instrumentos mudou, sobretudo dos solistas. Antes, o trompete e o clarinete figuravam os centros das atenções; depois, saxofonistas como Coleman Hawkins, Lester Young e Charlie Parker se tornam os modelos para solistas (não somente no saxofone). Os locais para produção jazzística também mudaram: deixaram os grandes salões dançantes e passaram para pequenos bares, longes dos centros comerciais[175]. Consequentemente, o público mudou, as classes médias deram lugar a um público periférico, e, posteriormente, a jovens brancos de classe média e altamente desiludidos com as circunstâncias existenciais dentro da dinâmica socialdemocrata do capitalismo avançado. O desamparo das populações negras segregadas, sobretudo dos músicos, atravessava cada vez mais estes jovens – muitas vezes ligados ao mundo das artes, geralmente da literatura *beatnik*[176]. Norman Mailer, em seu seminal ensaio intitulo "White Negro" denominou este grupo que se avolumava com o passar dos anos como *hipsters* e os descreveu da seguinte maneira

> É nesse cenário desolador que um fenômeno apareceu: o existencialista americano – o hipster, o homem que sabe que se é nossa condição coletiva viver com a morte instantânea pela bomba atômica, relativamente rápida morte pelo Estado como em *L'Univers concentrationnaire*, ou com uma morte lenta pelo conformismo, com cada instinto criativo e rebelde reprimido (em que os danos na mente, no coração, no fígado e nos nervos nenhuma fundação de pesquisa do câncer vai descobrir), se o destino do homem do século XX é viver com a morte na adolescência por uma demência prematura, porque a única resposta que a vida dá é a aceitação dos termos da morte, para viver com a morte como perigo imediato, para

[174] Boa parte disso se devia à menor quantidade de dinheiro circulando no meio jazzístico.

[175] Embora alguns grandes eventos de jazz ainda ocorressem, como o Festival de Newport.

[176] "O Uivo" (1957), de Allen Ginsberg, foi escrito com intuito de tentar transplantar a prática do improviso jazzístico para o âmbito da poesia. Por conta disso, o poema é tomado por livres fluxos de pensamentos o tempo todo.

> divorciar si mesmo da sociedade, para existir sem raízes, para se estabelecer nessa desconhecida jornada dentro de imperativas rebeliões de si mesmo[177] (Mailer, 2007)[178].

Ainda que esse ensaio guarde uma série de controvérsias que foram desdobradas com o tempo, ele nos fornece alguns elementos para que entendamos que uma nova configuração social se dava em fins dos anos 50, mediada por um agente até então improvável: jovens brancos seduzidos pelo estilo de vida do *jazzman* – um estereótipo caracterizado por quem não tinha nada a perder, uma vez que todo o cenário para o surgimento do *bebop* não falhou em legar aos seus músicos condições miseráveis de reprodução de suas vidas[179].

Tal adesão por parte de um setor de classe média permitiu que os experimentalismos de músicos de jazz fossem levados a um novo patamar com o decorrer dos anos. No ano de 1959, uma série de discos distintos esteticamente mostravam os muitos rumos que o jazz percorreria na década seguinte. Discos como *Ah! Um* (1959), de Charles Mingus, mostravam toda a gama histórica de potencialidades a serem exploradas pelos músicos de então. No disco, gospel, *soul* e blues dialogavam com *hardbop*[180], à maneira de Mingus. Composições singulares, como a música *Fable of Faubus*, expunham tanto as várias tradições que compuseram o caldo cultural que estavam à sua disposição, assim como sua criatividade para mobilizar tais dialetos musicais em torno de questões caras à sua vida, vinculadas à segregação.

Outro disco incontornável do ano – uma espécie de prelúdio irônico da década seguinte – é *The Shape of Jazz to Come* (1959), de Ornette Coleman, que, em português, significa algo como "a forma do jazz que está por vir".

---

177 "It is on this bleak scene that a phenomenon has appeared: the American existentialist — the hipster, the man who knows that if our collective condition is to live with instant death by atomic war, relatively quick death by the State as l'univers concentrationnaire, or with a slow death by conformity with every creative and rebellious instinct stifled (at what damage to the mind and the heart and the liver and the nerves no research foundation for cancerwill discover in a hurry), if the fate of twentieth century man is to live with death from adolescence to premature senescence, why then the only life-giving answer is to accept the terms of death, to live with death as immediate danger, to divorce oneself from society, to exist without roots, to set out on that uncharted journey into the rebellious imperatives of the self." (Tradução nossa)

178 MAILER, Norman - *The White Negro*: Superficial Reflections on the Hipster. Dissent Magazine, julho, 2007. University of Pennsylvania Press. Disponível em: <https://www.dissentmagazine.org/article/the-white-negro-superficial-reflections-on-the-hipster/>

179 Assim como toda generalização, essa merece ressalvas. Alguns músicos, como Miles Davis, eram provenientes de famílias de classe média, mas esta é uma exceção usada para comprovar a condição dos músicos negros daquele momento.

180 *Hardbop* é um estilo musical que buscou tensionar ainda mais o *bebop* da década anterior. Seu surgimento se deu principalmente como resposta ao nascimento do *cool jazz*.

A ironia se deve ao fato de que o jazz que viria posteriormente, sobretudo aquele realizado por Coleman, era avesso à forma (ou, se preferirmos, fôrmas)[181]. A centralidade que o improviso gradualmente passou a receber tinha como ponto fundamental fugir das formas de mercados, tantas vezes internalizadas por músicos e ouvintes, capazes de domesticar escutas, sensibilidades e, por conseguinte, a capacidade imaginativa de cenários para a superação de um estado de coisas fundado na desigualdade. Coleman foi, sem dúvida, um dos principais agentes deste processo.

Nesse ponto, vale reforçar mais uma vez que a abertura à experiência artística está vinculada à abertura à experiência política. Ainda que o ocidente tenha logrado sucesso na missão de desvincular virtualmente as duas esferas, não há dúvida que a experiência sensitiva, mediada pela consciência histórica, é a raiz que mantém ambas vinculadas no campo da materialidade.[182]

Há ainda, em 1959, outros álbuns de destaque, como *Time Out* (1959), de Dave Brubeck; *Portrait in Jazz* (1960), de Bill Evans; ou *Giant Steps* (1960), de John Coltrane; os dois últimos gravados no ano anterior. Todos eles apontam para outros caminhos percorridos pelo jazz na década seguinte. Mas o álbum que merece especial destaque é *Kind of Blue* (1959), de Miles Davis, pela introdução do modalismo ao jazz[183]. O disco, que contava com músicos de renome, como Coltrane e Bill Evans, se tornou um marco incontornável, sendo o disco de jazz mais vendido da história (Williams, 2012).

Dentre as muitas possibilidades de abordar o tema, nos importa sobretudo a capacidade do jazz modal de criar ambientações para uma fruição melódica muito mais livre do que os arranjos do sistema tonal (que incluem, no âmbito jazzístico, as composições desde o *ragtime* ao *hardbop*). Em termos gerais, essa possibilidade implicou num redimensionamento da importância do improviso para o jazz. Como dito no tópico anterior, o jazz sempre manteve algum vínculo com a noção de improviso. Mesmo nos momentos em que todas as etapas do processo de elaboração musical eram minuciosamente calculadas, como na era do *swing*, a noção de que o jazz era uma música que girava em torno do improviso era ao menos instrumentalizada pela mídia, para ser usada como propaganda fetichista.

[181] Neste caso, nos referimos às fórmulas prévias estabelecidas historicamente de forma abrangente, desde os *hits* de sucesso da década de 1930, até a escala harmônica ocidental.

[182] Vale a pena ressaltar também que este movimento não ocorre de forma automática, oriundo de um processo de reflexo entre consciência e arte. Há outras inúmeras mediações a serem levados em consideração ao se analisar a relação entre sociedade, cultura e indivíduos.

[183] Isto já vinha sendo praticado de forma esparsa por alguns músicos anteriormente, mas o álbum consolida tal prática como uma nova tendência que se espraiaria por grande parte da comunidade de músicos de jazz à época.

Não obstante, não é difícil enxergar a forte relação que o improviso de fato mantém com a liberdade. E, assim como a liberdade, que, no contexto de fundação do Estado nacional americano, teve função crucial na elaboração de uma autoimagem para o nascente país, e com o passar do tempo deixou de praticá-la; o jazz, que, em seu nascedouro, tinha o improviso como elemento definidor, com o passar dos anos, deixou de tê-lo. Ainda assim, em ambos os casos, retoricamente tanto "liberdade" ainda era usada como palavra para compor o vazio discurso nacionalista americano, quanto o "improviso" continuava sendo usado pelo discurso da indústria fonográfica para vender uma música que tinha todas as suas etapas elaboradas e avaliadas previamente. Não à toa, ambas as noções foram reivindicadas simultaneamente na passagem dos anos 50 para os 60.

60's – *Freejazz* e Contracultura

As produções citadas anteriormente descrevem um cenário que se radicalizou cada vez mais com o virar da década. Em 1960, no álbum *Mingus Presents Charles Mingus* (1960), o contrabaixista deu letra à música já mencionada, *Fable of Faubus*. Numa versão mais escrachada, Mingus, em canto-resposta com seu baterista Dannie Richmond, verbaliza aquilo que a gravadora *Columbia* não o permitiu em 1959. O músico faz menções diretas a suásticas, à Ku Klux Klan, ao presidente Eisenhower e, por fim, ao governador do Arkansas à época, Orval Faubus – chama-os de nazifascistas sem rodeios:

> Oh, Lord, no more swastikas!
> Oh, Lord, no more Ku Klux Klan!
> Name me someone who's ridiculous, Dannie.
> Governor Faubus!
> Why is he so sick and ridiculous?
> He won't permit integrated schools.
>
> Then he's a fool! Boo! Nazi fascist supremacists!
> Boo! Ku Klux Klan (with your Jim Crow plan).
>
> Name me a handful that's ridiculous, Dannie Richmond.
> Faubus, Rockefeller, Eisenhower [...]

O governador, alvo central da música, havia enviado a Guarda Nacional do Arkansas para impedir que nove alunos negros ingressassem na escola que haviam sido selecionados para estudar. Três anos antes, uma decisão da Suprema Corte americana declarava que os ambientes escolares em todo território nacional deveriam encerrar o regime de segregação, no entanto, o governador desobedeceu à decisão judicial, gerando um motim em frente à escola e, posteriormente, na cidade. Para arrefecer os ânimos, o presidente Eisenhower federalizou a Guarda Nacional do estado para que os jovens pudessem ingressar no local. No entanto, nem isso foi o suficiente para que Mingus o retirasse da música, uma vez que o músico entendia que aquela decisão não se dava por solidariedade, mas por pressão política apenas.

A obscenidade da letra, tão distante da característica não verbal da música instrumental jazzística, tinha como fundamento expor a obscenidade da condição negra na América. Mingus, na verdade, já buscava fazê-lo há tempos, mas as condições para isso é que de fato mudavam consistentemente. Dentre as muitas mudanças que ocorriam naquele momento, janeiro de 1959 foi palco de uma revolução essencial, em uma pequena ilha poucos quilômetros abaixo da Flórida que inspiraria jovens ao redor de todo o mundo. Como ressalta Tariq Ali,

> para toda uma geração da América Latina e da Europa ocidental, essa revolução seria uma experiência educativa. Ensinaria que era possível desafiar a opressão, lutar e vencer. O sucesso de Cuba radicalizou milhões na América Latina e dezenas de milhares na Europa. (Ali, 2008, p. 91)

O exemplo de Cuba não necessariamente tinha influência direta na vida de Mingus, mas seu público certamente se inspirara com a improvável vitória dos insurgentes cubanos, liderados por Fidel, contra o exército de Fulgêncio Batista. O mesmo público que se radicalizava politicamente com o exemplo caribenho, radicalizava-se esteticamente contra a imposição musical forçosa da indústria musical. Não há uma separação nítida entre ambas as coisas, como já assinalamos. Tanto é que a música utilizada por Mingus apenas recebeu letra, mas ela já continha uma estrutura crítica em sua forma. O que há, de fato, é um alargamento na fresta para a liberdade de criação, manifestação e circulação daquilo que os músicos produziam.

Talvez esse caso sirva para exemplificar o movimento que ocorria: uma série de formas musicais socialmente esparsas decantavam e se aglutinavam na realidade, intersubjetivando um cenário antes tomado por consciências atomizadas. Expressava-se uma interessante dialética entre o campo artístico e o campo social. Em termos materialistas, as condições objetivas permitiam o avanço das fronteiras subjetivas impostas pela herança histórica.

Para evitar uma assimilação completa do mercado, capaz de transformar potenciais sementes subversivas em meros ornamentos de um complexo cultural estável, as versões dessa (e tantas outras músicas) eram tocadas cada vez de formas diferentes, em recintos diferentes, com diferentes acentos, diferentes composições de banda etc. John Coltrane, em 1960, grava uma versão de "My Favorite Things", em álbum homônimo lançado no ano seguinte, em que utiliza o tema de uma das peças mais famosas da Broadway[184] com finalidades antagônicas àquelas que ela tinha anteriormente. Para isso, ele utilizou pela primeira vez em sua carreira de estúdio o saxofone soprano, de timbre marcadamente oriental, em uma versão modal da música, criada justamente visando dar espaço aos improvisos. Por conta disso, essa talvez seja uma das mais famosas músicas de Coltrane, uma das principais que o acompanharam até suas últimas apresentações, pois apenas a melodia do tema permaneceu (e ainda assim, ele a tocava em tonalidades e acentos diferentes durante as execuções; muitas vezes também começava pelo meio do tema etc), deixando todo o restante aberto para improvisações, show após show. Coltrane utilizou a familiaridade imposta ao público pelos meios de comunicação de largo alcance para aproximá-los de um fazer musical muito mais subjetivo e, consequentemente, subversivo.

Obviamente, a possibilidade de se submeter a um processo de contínua reinvenção estética não estava ao alcance de qualquer artista (pelo menos, não àqueles que pretendiam também atingir certo grau de circulação na sociedade). Músicos como Mingus, Miles, Coltrane e Coleman haviam passado as últimas duas décadas nos cenários hostis dos subúrbios já descritos[185], onde suas técnicas e habilidades eram as únicas formas de os manterem vivos perante a violenta segregação acentuada nas periferias. A importância que se construiu em torno deles desde os tempos de *bebop* foi o que os permitiu ter relativa prosperidade nos anos 60, permitindo assim também tensionar a estabelecida paisagem musical que enxergavam. O envolvimento e a disponibilidade experimental do público criaram um

184 A música original foi composta para uma das peças musicais mais vendidas do mundo, "A Noviça Rebelde", estreada na *broadway* no ano de 1959.

185 A partir dos fins dos anos 50, os músicos passam a excursionar pela Europa esporadicamente, denotando certo reconhecimento que já se desenhava mundialmente.

ecossistema econômico e cultural onde gravadoras, selos, engenheiros de som e músicos toparam se aventurar por cenários musicais até então pouco explorados, que dialogavam com diversas tradições da música negra do Atlântico.

É importante ressaltar que tais explorações não se davam no intuito de meramente fazer releituras de um passado fantasioso, de forma saudosista ou retrógrada. Eram, na verdade, regurgitadas à luz de uma radical subjetividade, buscando expandir as fronteiras estabelecidas historicamente pelas tradições sonoras da diáspora. Coltrane, por exemplo, imergiu durante anos na música do indiano Ravi Shankar, no intuito de explorar sua musicalidade, sua potência modal, que resistia em um mundo tomado pela tonalidade moderna; compreender seu caráter circular, o uso pentatônico, microtonal, sem acidentes, para explorar outras formas de narrativas musicais que não estivessem necessariamente vinculadas à melodia. Obviamente, ao fazê-lo, Coltrane não buscava algo para mimetizar, mas influenciá-lo em seu contínuo processo de redefinição de si enquanto artista.

Yusef Lateef, em *Eastern Sounds* (1961), outro álbum que explora de forma moderna a tradição modal, traz uma gama de instrumentos não familiares ao jazz. Na faixa mais conhecida do álbum, "Love Them From Spartacus"[186], Lateef utiliza o oboé, notório instrumento da tradição orquestral europeia, na composição de uma versão marcadamente oriental para uma música de jazz. Já Ornette Coleman, em 1961, lança o inovador *Freejazz: A Collective Improvisation* – marco imprescindível para o nascimento do *freejazz* – em que dois quartetos diferentes improvisam músicas simultaneamente. À época, o álbum foi considerado extremamente disruptivo e incapaz de ser assimilado por boa parte da crítica. Mas, na verdade, em alguns momentos, o álbum ainda apresentava certa similaridade com seus álbuns anteriores, em que cada quarteto insinuava melodias familiares, ou numa estrutura similar ao canto-resposta. O álbum, no entanto, pavimentou um caminho que já vinha se desenhando desde o fim dos anos 1950, onde o improviso seria cada vez mais levado às últimas consequências, se tornando o elemento central das produções, não mais um ornamento que compunha as composições da época. Segundo Ted Gioia,

> Inicialmente, as técnicas de improvisação provavelmente eram usadas apenas para ornamentar melodias compostas, mas em algum momento essas elaborações devem ter evo-

[186] Uma releitura do tema de amor, composto por Alex North, para o filme *Spartacus*, de Stanley Kubrick, em 1960.

> luído para solos mais livres. O que começou como experimentação eventualmente levou a uma prática formalizada[187] (Gioia, 2011, p. 35).

Com o passar do tempo e as mais diversas adesões por parte dos músicos, a condição do jazz se tensionava cada vez mais. Tal tensionamento adquiriu dimensões mais radicais no decorrer da década, a ponto de quase cindir com as noções estabelecidas do que o ocidente convencionou chamar de "música" – e esta querela não se deu no campo da música jazzística por acaso. Seu desenvolvimento, por mais de meio século, definiu um cenário fértil para experimentalismo individuais calcados em experiências sociais que foram capazes de driblar o solipsismo e penetrar casas, bares e ouvidos que antes jamais permitiriam isso. Experimentalismos estes que, quando levados às últimas consequências, distanciaram-se tanto de quaisquer padrões familiares musicais de alto alcance do ocidente, que foram condenados por diferentes instâncias que definiam os limites da música e da arte, de forma geral. Havia, no entanto, algo que os mantinha em contato um com o outro; que não lhes permitia navegar à deriva da sociedade: esta esparsa e porosa, porém solidificada socialmente, noção de jazz.

Ainda que não se pudesse atribuir um sentido formal para se estabelecer as fronteiras do que era ou não jazz, historicamente ele já havia sido usado para tantas expressões diversas que, nos anos 1960, foi sob sua alcunha (ainda que com o prefixo "free") que se pôde reunir uma vasta gama de experimentalismos capazes de alvoroçar a sociedade e, por conseguinte, a crítica musical. Isto é, ainda que não se pudesse definir "jazz" a partir de termos meramente musicais, posto que essa alcunha fora usada para se referir a uma gama incontável de formas musicais distintas entre si nas décadas anteriores, o termo poderia ao menos ser usado para legitimar as vastas experimentações radicais afro referenciadas realizadas pelos músicos sessentistas.

As reações dos principais veículos de comunicação, sobretudo das revistas "especializadas" de jazz da época, foram as mais variadas, mas guardavam certa singularidade entre si: estranhavam aquele som, não sabiam como denominá-lo, não entendiam que o improviso poderia tomar as dimensões que tomou, nem sabiam sob que alcunha alocá-lo. Alguns críticos o chamavam de *antijazz* – crítica esta recorrente na história do estilo, observada em

[187] At first, improvisational techniques were probably used merely to ornament composed melodies, but at some point these elaborations must have evolved into more free-form solos. What began as experimentation eventually led to formalized practice. (Tradução nossa)

revistas desde os anos 20 para qualquer música que não agradasse a crítica branca[188]; outros o chamavam de *new thing* – crítica teoricamente neutra, mas que afastava e buscava não validar aquelas expressões sob a chancela de "jazz"; muito se falou também em *avant-garde jazz*[189], uma outra tentativa de associar a música dos anos 60 à arte de vanguarda da primeira metade do século e que teve adesão de muitos; e outros, por fim, o chamaram de *freejazz* – alcunha que ficou mais conhecida com o tempo, que foi aceita e até defendida por parte de seus músicos como expressão ideal para o movimento que ocorria. Muitas vezes, esses nomes eram usados para se referir às mesmas músicas, embora alguns teóricos tenham se esforçado em estabelecer diferenças entre eles.

Antes de avançarmos, é importante ressaltar que o próprio termo "jazz" traz consigo uma condição de tensão interna sobre o seu uso corrente nas línguas inglesas. Segundo Val Wilmer (2018):

> É geralmente aceito entre os etimologistas que a palavra «jazz» é de origem africana, embora sua origem tribal exata seja desconhecida. Pode muito bem ter vindo do *Wolof* – a língua falada por algumas pessoas costeiras do Senegal, Gâmbia e Guiné, que estavam entre aqueles que atuavam como traficantes de escravos – que também é a fonte da palavra *hipicat*, que significa "uma pessoa consciente". Além disso, foi sugerido por J. L. Dillard, a notável autoridade na história e uso do Inglês Negro, que o Wolof pode ter tido algum uso como *língua franca* por certas tribos do interior como resultado dessa atividade nefasta de comércio. Assim, torna-se cada vez mais difícil identificar uma origem exata. O que é claro é que não era uma palavra usada pelos próprios músicos para descrever o que tocavam. No que diz respeito à maioria das fontes relativamente recentes, a palavra está indelevelmente associada ao seu uso na virada do século em Nova Orleans – ou Louisiana – como um coloquialismo para relação sexual. Portanto, é evidente que era usada por brancos para identificar uma música da subcultura negra, um mundo ao qual eles só podiam se relacionar em termos

[188] Segundo Jon Savage: "No início dos anos 1920, o jazz era um divisor de gerações. A Ladies Home Journal lançou uma "cruzada" antijazz: "Quem diz que 'jovens de ambos os sexos podem se misturar num abraço íntimo' - com braços e pernas entrelaçados e os troncos em contato -, sem sofrer danos, mente. Acrescente a esta posição o movimento oscilante e o sensual estímulo da abominável orquestra de jazz com seus acordes de origem vodu e seu direto apelo ao centro sensorial, e se você é capaz de acreditar que a juventude é a mesma depois desta experiência, então que Deus tenha piedade do seu filho (Savage, 2007, p. 232)".

[189] Amiri Baraka, em ensaio de 1961, denominado "A Vanguarda do Jazz" defende tal alcunha e a caracteriza por aproximar as sonoridades do *avant garde jazz* da voz humana.

> sensuais. As restrições sociais inerentes às implicações da palavra e o conhecimento de cuja música ela identificava eram óbvios há trinta anos para os músicos que primeiro tentaram tirá-la dos clubes noturnos e dar-lhe a respeitabilidade da plataforma de concertos, mas a maioria dos músicos de hoje rejeita a palavra pelo mesmo motivo que se recusam a serem conhecidos como "Negros". "Não é uma palavra que inventamos, é uma palavra que nos disseram o que era", disse Lee Morgan, o talentoso trompetista que foi morto em 1972, aos trinta e três anos.[190] (Wilmer, 2019, p. 29).

Essa colocação explicita uma série de questões vinculadas ao uso corrente da palavra "jazz". Desde os seus primeiros usos, em Nova Orleans, a palavra carrega traços de dominação, de uma imposição exógena, usada por agentes em sua maioria brancos, ao se referir às condutas de povos da diáspora africana, para além de referências estritamente musicais.

É verdade, portanto, que não foram poucas as personalidades da música negra que se contrapuseram à associação ao genérico termo "jazz". Alguns, como Duke Ellington e Nina Simone, defendiam uma equiparação à música clássica, mas esta ideia nunca teve tanta popularidade, por usar como medida de comparação de qualidade a música europeia.

Na contramão, muitos também se assumiram como ferrenhos defensores do jazz, estando ele sob as circunstâncias que fossem, por ele ter sido o campo que reuniu diversas expressões da cultura negra no decorrer do século. E é verdade que ambas as posições guardam coerência com a história, uma vez que tanto dominação, quanto união, ocorriam em função de toda simbologia associada ao jazz.

---

190 It is generally accepted among etymologists that the word 'jazz' is African although its exact tribal origin is unknown. It may well have come from Wolof – the language spoken by some coastal people of Senegal, Gambia and Guinea who were among those who acted as slave dealers – which is also the source of the word hipicat, meaning 'an aware person'. It has, furthermore, been suggested by J. L. Dillard, the noted authority on the history and usage of Black English, that Wolof may also have had some lingua franca use by certain interior tribes as a result of this nefarious trading activity.
Thus, it becomes increasingly harder to pinpoint an exact origin. What is clear is that it was not a word used by the musicians themselves to describe what they played. As far as most comparatively recent sources are concerned, the word is indelibly associated with its usage in turn-of-the-century New Orleans – or Louisiana – as a colloquialism for sexual intercourse. It is, therefore, apparent that it was used by whites to identify a music of the Black subculture which was a world to which they could only relate in sensual terms. The social restrictions inherent in the implications of the word and the knowledge of whose music it identified were obvious thirty years ago to the musicians who first sought to take it out of the nightclubs and give it the respectability of the concert platform, but the majority of today's musicians reject the word for the same reason they refuse to be known as 'Negroes'. 'It's not a word that we made up, it's a word where we were told what it was,' said Lee Morgan, the gifted trumpeter who was killed in 1972 at the age of thirty-three. (Tradução nossa)

Há também o caso de músicos que nunca fizeram muita questão de posicionar sobre isso, posto que seus compromissos musicais muitas vezes pareciam muito além dessa querela; mas que, ainda assim, foram impelidos a emitir algum tipo de opinião, explicando ao público o porquê de terem optado pelos caminhos que optaram. É o caso de John Coltrane, que, em 1962, escreveu um artigo para a famosa revista *Downbeat*, respondendo uma série de crítico. Segundo Leonard Brown (2010)

> Na edição de 23 de novembro de 1961 da *DownBeat*, no entanto, John Tynan, então editor associado, rotulou a música de Coltrane e Eric Dolphy como "anti-jazz". Tynan, que anteriormente havia escrito de forma muito negativa sobre a música de Coltrane, disse que sentia que Coltrane e Dolphy estavam empenhados em destruir o swing e chamou sua música de "absurdo". "Eles parecem determinados a seguir um curso anárquico em sua música que pode ser denominado *anti-jazz*.[191] (Brown, 2010, p. 12).

O episódio remete ao já referido, e exaustivamente encontrado em revistas, termo "anti-jazz", usado quase toda vez que algum jazzista avançava sobre supostos limites estéticos estabelecidos pelos críticos conservadores. Tal crítica não visava a compreender quais ideias estavam sendo mobilizadas pelos artistas em suas novas elaborações; muito pelo contrário, exerciam o já familiar controle do que poderia ou não ser usado em suas composições – forma de controle que, incutida de racismo, buscava definir quais elementos da cultura negra poderiam ser explorados e colocados para circular culturalmente em largo alcance ou não.

Coltrane, econômico em suas palavras como de costume, não se ocupou em rebater as críticas diretamente ou se justificar. Tampouco buscou dar continuidade ao assunto ou criar um rótulo para o que produzia (posto que sabia que estava em constante mudança). No artigo, ele buscou apenas explicar que passava por mudanças em sua vida e que, portanto, suas produções também passariam por mudanças no mesmo sentido.

> O músico o é através de sua música. (...) Alguns percebem isso jovens e cedo em suas carreiras. Eu não percebi isso tão cedo quanto deveria, tão cedo quanto gostaria de ter percebido. Às vezes, você tem que aceitar as coisas quando

[191] In the November 23, 1961, issue of *DownBeat*, however, John Tynan, then associate editor, labeled Coltrane's and Eric Dolphy's music as "anti-jazz." Tynan, who had previously written very negatively about Coltrane's music, said that he felt Coltrane and Dolphy were intent on destroying swing, and he labeled their music "nonsense." "Th ey seem bent on pursuing an anarchistic course in their music that can be termed anti-jazz." (Tradução nossa)

> elas vêm e ficar contente. Comecei a sentir isso pela primeira vez em 1957, quando comecei a me organizar musicalmente, embora, na época, eu estivesse trabalhando de forma acadêmica e técnica. Foi só recentemente que tentei me tornar ainda mais consciente desse outro lado — o lado da vida na música. Sinto que estou apenas começando novamente.[192] (Coltrane *apud* Brown, 2010, p. 12).

No excerto, ele se refere a um despertar espiritual que lhe ocorreu após Miles Davis afastá-lo de seu quinteto, em 1957, por conta do uso desenfreado de entorpecentes. Sua indiferença em relação ao ponto levantado pelo crítico aponta apenas para o fato de que a crítica branca não estava familiarizada com os predicados da música negra americana naquele momento (nem em outros anteriormente). Além disso, Coltrane não foi o único a passar por algo nesse sentido, mas ele certamente foi o símbolo maior de uma geração que quis conferir um sentido espiritualizante para suas produções.

A busca por conferir um sentido espiritual, naquele momento, não significava produzir algo individual, voltado somente para si. Embora a forma de conferir tal caráter às suas músicas estivesse estritamente ligado à radicalidade de seus improvisos (e, portanto, algo extremamente subjetivo), essas performances ocorriam em locais coletivos, com grupos que compreendiam seus propósitos e com quais tradições os músicos dialogavam.

Ao contrário da crítica branca, que usava como medida padrões europeus para mensurar e qualificar as produções jazzísticas desde os anos 1920, a juventude da época estava mais familiarizada com os fazeres musicais ocorridos em solo americano nas décadas anteriores. Tensioná-los, portanto, não era uma tarefa inócua ou vazia.

Amiri Baraka, músico e crítico radical da época, muito provavelmente foi aquele que solidificou intelectualmente a crítica capaz de dar contornos coerentes ao movimento que ocorria. Baraka (2023) defendeu, em seu ensaio de 1963, "O Jazz e a Crítica Branca", que qualquer análise que não leve em consideração o sofrimento, a segregação e as musicalidades friccionadas com estas noções no decorrer da história da América moderna não deveriam ser levadas em consideração. Baraka (2023) afirma que os jovens críticos de classe média, com seus padrões medianos, não tinham

[192] The musician's is through his music. (...) Some realize it young andearly in their careers. I didn't realize it as early as I should have, as early as Iwish I had. Sometimes you have to take a thing when it comes and be glad. I first began to feel this way in '57, when I started to get myself togethermusically, although at the time I was working academically and technically. It's just recently that I've tried to become even more aware of this Other side—the life side of music. I feel I'm just beginning again.

aparatos suficiente para compreender o movimento que estava em curso (Baraka, p. 31-32). Segundo ele, "geralmente a principal preocupação do crítico se dava pela apreciação da música, mais do que a compreensão do propósito que a produziu" (Baraka, 2023, p. 29). Isto é, não havia, na crítica "especializada" diálogo entre sonoridades e as sociedades que a produziam. Baraka ainda afirma que

> Na crítica do jazz, não há possibilidade alguma de confiar ou contar com o auxílio de nenhuma teoria ou tradição europeia. A Música Preta, como o próprio Negro, é estritamente um fenômeno estadunidense, e temos que estabelecer padrões de julgamento e excelência estética que dependem de nosso conhecimento nativo, também da compreensão das filosofias subjacentes e referências culturais locais, que produziram o blues e o jazz, para poder engendrar uma escrita ou comentários críticos válidos sobre o assunto. Pode ser que ainda dê tempo de começar. (Baraka, pág. 37, 2023).

E, de fato, Baraka foi quem começou um movimento que, mesmo com percalços, não cessou desde então.

Considerações finais

Ao solidificar um trajeto para a crítica negra da música negra, Baraka – outrora chamado de LeRoi Jones, antes de sua conversão ao islamismo – construiu um dos pilares que faltavam (do ponto de vista social) para que a música afro referenciada pudesse estabelecer um processo concreto de imanência artística. Historicamente, essa peça faltava para o estabelecimento de um panorama que diversificasse os seus possíveis desenvolvimentos musicais.

A partir desse respaldo teórico, em conjunto com todo o aparato envolvendo músicos, público, gravadoras etc, o *freejazz*[193] pôde radicalizar-se nos mais diversos sentidos nos anos seguintes da década. A crítica bem estruturada, além de organizar as bases para os desenvolvimentos que se seguiram, serviu como combustível para alimentar a imaginação dos músicos e canalizar os ímpetos revoltosos para um ambiente em que teriam os desdobramentos adequados.

Albert Ayler, nome incontornável do *freejazz* por exemplo, dialogava com as músicas primevas da diáspora em solo americano: os *spirituals*, o

[193] Baraka, a princípio, o chamou de *avant-garde jazz*, mas posteriormente usou o termo "free".

gospel, entre tantos outros. Sua abordagem crua, regurgitando influências de uma América pré-moderna à sua moda marcaram sua singularidade no espaço e tempo da contracultura.

Já John Coltrane fundiu sua música à sua busca espiritual de forma que ambas se tornaram indistinguíveis. Sua busca incessante por sonoridades distintas ao redor do mundo (desde Stravinsky, passando pela polifonia dos povos da bacia do Congo, até Ravi Shankar) o levaram a um patamar de adoração dentro e fora dos meios jazzísticos[194] sem comparação. Há um sem número de músicos de *rock* da década que já externalizaram sua mais completa admiração e influência por Trane.

Na Europa, o alemão Peter Brötzmann, embora branco[195], também se expressou no campo do *freejazz*, elaborando álbuns como *Machine Gun* (1968), em que dialoga claramente com a beligerante história recente de seu país.

Miles Davis, por outro lado, se aventurou muito timidamente por esse mundo, mas enveredou-se pelo mundo do *fusion* – em festivais como o da Ilha de Wight, em 1970, sua apresentação flerta tanto com o *fusion* quanto com o *freejazz*; mas, com o passar dos anos, Miles se manteve mais próximo ao *cool jazz*, posteriormente se aproxima do *free*, mas certamente se vincula muito mais ao rock do que qualquer outro predicativo musical da época.

Na verdade, ao fim da década de 1960, a noção sobre *freejazz* já não era mais a mesma. Ainda que guardasse certa semelhança, seus principais atores e suas práticas já haviam mudado. O ímpeto explosivo dos anos iniciais da década deu lugar a uma música cada vez mais vinculada às sonoridades asiáticas. A aproximação de Coltrane a Ravi Shankar se fez sentir por toda parte, levando músicos como John McLaughlin a mergulhar em culturas budistas e hinduístas. De certa forma, o *freejazz* percorreu, ainda que marginalmente, processos similares àqueles que a contracultura, compreendida de forma abrangente, também percorreu: teve um início tímido na virada dos anos 50 para os 60; avolumou-se e gestou uma série de revoltas no decorrer da década; teve, entre 1966 e 1967, seu ano de maior profusão; e, ao fim da década, encontrava-se num processo de desmembramento. Musicistas como Alice Coltrane, acompanhada de Pharoah Sanders e tantos outros que tocaram com John, tornaram-se os herdeiros do *freejazz*, mas

194 Há até uma igreja, em São Francisco – CA, denominada "Church of Saint Coltrane" (muito provavelmente a seu contragosto, uma vez que, além de protestante, ele não era apegado a enaltecimentos exagerados).

195 Trazer o exemplo deste músico tem como finalidade mostrar que o *freejazz*, embora fosse uma música majoritariamente negra, também esteve presente em outras localidades e foi praticado por outros agentes. Por ser, antes de tudo, uma música diaspórica, era de se esperar encontrá-la para além do Atlântico.

muitas vezes suas produções já eram entendidas como *spiritual jazz*: uma outra forma que se distanciava, ao passo que ainda mantinha vínculos, com aquela dos anos anteriores.

De fato, o alvoroço que marcou os anos de maiores tensões no *freejazz*, não o permitindo ser qualificado senão sob uma égide confusa e abrangente, certamente também se desmembrou em alguns gêneros mais definidos, do ponto de vista formal: *fusion, spiritual, smooth* etc.

Se aquilo que, na década de sessenta, reuniu um vasto número de músicos sob uma mesma alcunha de "freejazz" era o contínuo ato de negação e superação de si mesmos e suas antigas produções, não há dúvidas de que a década que se seguiu teve sucesso em controlar esse ímpeto, uma vez que as forças de mercado já haviam aprendido onde reencaixar essa radical face da contracultura em suas prateleiras de discos.

Referências

Bibliografia:

ADORNO, Theodor W.; HORKHEIMER, Max. **Dialética do Esclarecimento**. Rio de Janeiro: ZAHAR, 1985.

BARAKA, Amiri. **Black Music**: Freejazz e Consciência Negra (1959 – 1967). Sobinfluência, 2023.

BROWN, Leonard. **John Coltrane and Black America's Quest for Freedom**: Spirituality and the Music. Oxford University Press, 2010.

DU BOIS, W. E. B. **As almas do povo negro**. São Paulo: Veneta, 2021.WISNIK, José Miguel.

GIOIA, Ted. **The History of Jazz**. Oxford University Press, 2011.

JAMESON, Fredric. **Pós-Modernismo**: A lógica cultural do capitalismo tardio. São Paulo: Ática, 1991.

MAILER, Norman – **The White Negro**: Superficial Reflections on the Hipster. Dissent Magazine, julho, 2007. University of Pennsylvania Press. Disponível em: <https://www.dissentmagazine.org/article/the-white-negro-superficial-reflections-on-the-hipster/>

SAFATLE, Vladimir. **Circuito dos afetos**: Corpos políticos, desamparo e o fim do indivíduo. Belo Horizonte: Autêntica, 2018.

SAUL, Scott. **Freedom Is, Freedom Ain't**: Jazz and the making of the sixties. Harvard University Press, 2003.

SAVAGE, Jon. **A criação do conceito de juventude**: como o conceito de teenage revolucionou o século XX. Rio de Janeiro: Rocco, 2009.

WILLIAMS, Richard. **Kind of Blue**: Miles Davis e o álbum que revolucionou a música moderna. Rio de Janeiro: Casa da Palavra, 2011.

WILMER, Val. **As Serious As Your Life**. Profile Books Ltd, 2018.

WISNIK, José Miguel. **O Som e o Sentido:** Uma outra história das músicas. São Paulo: Companhia das Letras, 2019

Discografia consultada:

Bill Evans - Portrait in Jazz. Nova Iorque: Riverside, 1960 (Material digital remasterizado)

Charles Mingus – Mingus Ah Um. Nova Iorque: Columbia, 1959. (Material digital remasterizado)

Charles Mingus – Charles Mingus Presents Charles Mingus. Nova Iorque: Candid, 1960. (Material digital remasterizado)

Dave Brubeck – Time Out. Nova Iorque: Columbia, 1959 (Material digital remasterizado)

John Coltrane. *Giant Steps*. Nova Iorque: Atlantic Records, 1960. (Material digital remasterizado)

John Coltrane. *My Favorite Things*. Nova Iorque: Atlantic Records, 1961. (Material digital remasterizado)

Miles Davis. *Kind of Blue*. Nova Iorque: Columbia Records, 1959. Material digital remasterizado)

Ornette Coleman. *Free Jazz*: A Collective Improvisation. Nova Iorque: Atlantic Records, 1961. (Material digital remasterizado)

Yusef Lateef. *Eastern Sounds*. Nova Iorque: Prestige, 1961. (Material digital remasterizado)

8

I READ SOME BOOKS TODAY, OH BOY – CRISE DAS FORMAS LITERÁRIAS NA METACRÍTICA DO ROCK

Marco Aurélio Abrão Conte

Abandonei as velhas formas quando ficaram
no caminho do que eu queria dizer.

Bertolt Brecht
(Diários do exílio, 03 de agosto de 1938)

Minuto final do álbum: a reverberação do acorde de Mi maior final em "A day in the life". Ao se precipitarem sobre as teclas dos pianos, as mãos dos Beatles não foram apenas responsáveis pela conclusão de *Sgt. Pepper's Lonely Hearts Club Band*, a ópera hippie para cujo bojo confluem todos os influxos da década de 1960, mas também por propor acabamento a um processo estético e histórico iniciado, sem que a banda tivesse plena consciência disso, com a crise das formas que houvera tomado de assalto a literatura no estertor do século XIX. Entre o acorde e a sobreposição de vozes distorcidas que são, de fato, o último som audível do álbum, um longo silêncio – ou melhor, uma frequência sonora que os ouvidos humanos são incapazes de absorver – parece fissurar a história do rock e da indústria fonográfica de modo definitivo ao mesmo tempo em que estabelecia como possível a conciliação de valores que, tidos por eminentemente antitéticos, geraram a inquietação dos principais projetos poéticos do oitocentismo e, posteriormente, dos modernismos e das vanguardas.

Neste ensaio, buscarei evidenciar diacronicamente relações temáticas, ideológicas e, sobretudo, formais entre o rock moderno e a literatura que lhe precedeu. Pretendo, com isso, lançar luz sobre como escritores dos mais diversos momentos estéticos do Ocidente – e não apenas os sempre evocados poetas da geração beat – influíram direta ou indiretamente na consolidação da autocrítica da linguagem musical que deu azo à ruptura, epitomizada pelo referido disco de 1967, que o rock lograra demarcar em relação às formas herdadas. Além disso, é intento deste texto propor que a oitocentista crise das formas, engendrada no seio da narrativa, da lírica e da dramática, conquanto tenha sido superada por diversos projetos artísticos do século XX – como o romance de Joyce, a poesia de Eliot ou o teatro épico de Brecht –, foi de fato possível, nos termos específicos dos que a primeiro identificaram, em um breve espaço de tempo: a contracultura – mesmo que, com a chegada dos anos 1970, a harmonia pós-crítica logo se tenha transfigurado em uma confortável acomodação da arte na forma mercadoria.

Já goza da condição de lugar comum afirmar que inúmeras bandas, como The Doors ou Steppenwolf, formadas em meados da década de 1960, foram nomeadas a partir de livros que exerceram grande influência nos modelos de sociabilidade codificados pela contracultura – nesse caso, *As portas da percepção*, em que Aldous Huxley relata sua incursão em experiências psicodélicas; e *O lobo da estepe*, de Hermann Hesse, romancista alemão cujo interesse pela cultura oriental lhe alçou ao posto de um dos principais divulgadores das concepções metafísicas indianas em solo europeu. Mesmo os Beatles, como é largamente sabido, estabelecem um diálogo com a literatura contemporânea à escolha de seu nome valendo-se de um apelo à chamada poesia beat, movimento de grande popularidade no pós-guerra, em especial na tradição anglófona.

Nenhuma novidade também adviria da listagem de canções que remetem a (ou mesmo baseiam-se em) romances, poemas e peças profundamente enraizados no imaginário coletivo sessentista. São conhecidos os intertextos que "I am the Walrus", composta por John Lennon para *Magical Mistery Tour*, estabelece com os versos de "The Walrus and the Carpenter", presentes em *Alice através do espelho*, de Lewis Carroll, autor de grande ressonância no período, também referido, por exemplo em *The Piper at the Gates of Dawn*, álbum de estreia do Pink Floyd, no qual figuram alusões a personagens de William Shakespeare e J. R. R. Tolkien – este, por sua vez, ocupando espaço dileto na cosmovisão da juventude contracultural e, posteriormente, nas canções de Led Zeppelin. Mick Jagger, ao subir no palco do Festival de Altamont em julho de 1969, vestido de branco à guisa de homenagear o então recém-falecido Brian Jones, guitarrista da primeira formação dos Rolling Stones, optara por abrir seu show com a leitura de um poema de Percy Shelly. Cinco anos antes, Paul, John, George e Ringo encenaram parte de um ato da comédia *Sonho de uma noite de verão* no especial televisivo Around the Beatles, por assinalar a efeméride do quarto centenário do nascimento do Bardo. Jim Morrison, cuja biografia já muitas vezes fora associada à do poeta francês Artur Rimbaud, não ambicionava senão ser reconhecido como um último poeta maldito, dando continuidade à linhagem lírica de Verlaine e seu amente, de acordo com Wallace Fowlie (2005).

Poder-se-ia, além disso, apontar para a maciça valorização da literatura fantástica e da ficção científica por parte do rock progressivo, para a emulação do ethos do decadentismo e do penumbrismo por roqueiros quando da crise do underground londrino; para a tematização de *Alice* pelo Jefferson Airplane; ou, ainda, para a cosmovisão romântica que guiava parte considerável da geração Flower Power ou a poética realista-naturalista que orientou o engajamento da folk music. Contudo, para além de coincidências biográficas, emulações de atitudes ou meras citações, é possível entrever nas estruturas formais e sociais do rock um diálogo mais profundo com a tradição literária.

Ao promover um processo de autocrítica da linguagem característico da arte moderna e, consequentemente, romper com a estrutura genérica do *rock'n'roll*, seu antecessor imediato, o rock impôs uma reflexão estabelecida entre arte e sociedade de consumo e estabeleceu novos parâmetros para essa dialética – mesmo que, a rigor, isso se desse às vésperas da cooptação dos ideais contraculturais levada a cabo pelas estruturas do capitalismo. É à importância da forma literária – cuja crise se anuncia em um Baudelaire, um Dostoiévski ou um Strindberg, século antes do encontro de Bob Dylan e os Beatles – na formulação dessa autoconsciência crítica do rock que dedico as próximas páginas.

Proponho, aqui, que um momento de culminância na relação formal entre a crise das formas da literatura e o rock – em que este consolidava a influência daquela em seu processo de modernização ao mesmo tempo em que consagra novas possibilidades de superação da crise das formas do XIX – deu-se efetivamente no ano de 1967, quando o *Sgt. Pepper* delineia a possibilidade de estruturação ficcional de um álbum musical – procedimento ecoado, noutra dinâmica e em menor escala, por David Bowie através de seu Ziggy Stardust –, acomodando, no seio da cultura de massas, as inquietações estéticas dos poetas modernos, a ela hostis e por ela hostilizados.

Anatomia de uma crise

Quando morreu, em 1988, Raymond Williams dedicava-se à produção de ensaios que buscavam investigar as bases sociais que estabeleceram as condições culturais da formação das vanguardas e dos modernismos. Apesar de inacabada, a coletânea foi publicada postumamente e conservou o título idealizado por seu autor: *Política do modernismo*. Na obra, o pensador galês lança mão de uma revisão crítica de postulados acadêmicos que grassaram durante o século XX e deram a tônica da recepção analítica dos movimentos artísticos da modernidade, dando centralidade a dois argumentos sociológicos segundo os quais 1) os procedimentos vanguardistas deviam grande parte de seus expedientes à experiência da migração e/ou da condição de exilados a que foram submetidos seus principais expoentes; além do que 2) os movimentos modernistas, plurais porque não raro contraditórios entre si, teriam sido assim considerados em razão de uma sobrevalorização ideológica da modernidade, com o que as apregoadas rupturas em relação à tradição foram subscritas pela crítica de forma seletiva, de modo a obscurecer nítidas linhas de continuidade. Em síntese, Williams apontava para o fato de que parte considerável das discussões e disputas em torno da arte e sua feição remontava a debacles estéticos travados sobretudo no último quartel do século XIX mas já anunciados, antes disso, em escritores como William Wordsworth.

> É importante enfatizar quão relativamente antigos são alguns temas aparentemente modernos. Pois é a história inerente dos temas contidos, em um primeiro momento, dentro das formas "pré-modernas" da arte que, em certas condições, levou às mudanças reais e radicais da forma. É a história tão ocultada das condições para essas mudanças internas profundas que devemos explorar, frequentemente contra o clamor dos próprios "universais". (Williams, 2011, p. 12)

Os universais a que Williams se refere dizem respeito à concepção a-histórica, vigente no âmago de muitos projetos modernistas, de que suas manifestações pudessem margear uma verdade absoluta sobre a condição humana na modernidade. Para ele, tanto as dissonâncias entre os grupos quanto a permanência de não apenas temas, mas também formas do século anterior desvelariam o caráter ilusório dessa universalidade – equívoco que está na base da percepção de que as influências dos movimentos literários sobre o rock remontam quando muito aos movimentos de vanguarda, como o surrealismo, de grandes ingerências nas práticas formais da arte psicodélica, mas ignorado nas linhas de continuidade que manteve com a estética simbolista.

Da instalação de novos temas no seio de formas literárias pré-modernas surgiu uma tensão a partir da qual ambos – até então concebidos para harmonizarem-se, em linha com a adoção das poéticas clássicas e neoclássicas como paradigmas prescritivos ao largo dos quais a arte não gozaria da erudição necessária à sua legitimidade social ou intelectual – passavam a travar uma disputa que cindiria as estruturas formais, dando espaço a outras já estabelecidas antes da transição do século. Esses temas, estimulados pelas contingências da modernidade que se configurava de forma progressivamente mais dinâmica, estavam ligados de modo íntimo à experiência de um contexto histórico que carregava em si o surgimento das primeiras metrópoles, bem como o agravamento da guerra de classes que descortinaria como artificial a suposta harmonia do lar burguês, no interior do qual as possibilidades de manutenção das relações intersubjetivas sucumbiam ante a consolidação de subjetividades cada vez mais herméticas, por vezes impermeáveis. Além disso, a diluição do indivíduo nas crescentes massas citadinas, a reificação do ser pelas novas estruturas trabalhistas e o domínio do mercado editorial pelo romance, de produção essencialmente solitária, como epopeia de uma era burguesa deram azo a uma estrutura de sentimentos marcada indelevelmente pelo código da incomunicabilidade social e, por consequência, a um questionamento dos papéis sociais reservados à literatura – dramática, narrativa e, em especial, lírica.

Em que pese certa resistência dos estudos literários, que ora hesitam em admitir o teatro como forma literária, ora o rejeitam abertamente em função de seu caráter plurissemiótico, a forma dramática teve, desde o tido como primeiro tratado de teoria literária (a *Poética* aristotélica), papel central na formação da literatura ocidental. Aqui, ao rejeitar a proposição de que a materialização teatral propriamente dita se dê apenas na encenação, tomo-o, portanto, em sua dimensão textual, dado que foi nela que primeiro se manifestou a crise do drama. Mesmo que a referida crise tenha resultado em inovações cênicas inventivas e prenhes de novas possibilidades no domínio do espetáculo, seus pressupostos e eclosão se dão a sentir na redação, isto é, na forma em si do drama.

É necessário estabelecer como premissa que, conquanto a origem do teatro ocidental remonte aos festivais atenienses do século V a.C., o conceito de drama tal qual tomado na modernidade estabeleceu-se apenas quando da redescoberta e reelaboração das influências greco-latinas pelo Renascimento. Indo de encontro à estrutura do teatro medieval, a forma do drama que se tornaria hegemônica até o século XIX partia de uma leitura em certo sentido dogmática das poéticas clássicas. A cosmovisão antropocêntrica do período alinhou o drama às novas dinâmicas históricas, no âmago das quais fundara a sua organização prototípica, que excluía da mimese as interferências que extrapolassem os limites da agência humana – como os deuses na tragédia clássica ou a corporificação plana de valores morais do Medievo – e restringiam o campo de atuação das personagens ao diálogo interpessoal e à ação objetiva.

No século XVIII, com a emersão do drama burguês, reivindicou-se que o teatro deveria dar conta da vida cotidiana do homem comum, representar suas aflições e sucessos, consagrar no palco os valores de uma classe social em franca ascensão e na iminência de consolidar sua hegemonia. Peças como as de Diderot, Lillo e Lessing foram responsáveis por, tomando o ambiente doméstico como dileta ambientação e valendo-se das disposições arquitetônicas do palco italiano, consolidar a base dialógica do teatro em uma disposição que afirmava os dilemas interpessoais como passíveis de uma resolução final, harmônica e mantenedora dos princípios morais caros à visão de mundo que, conforme salienta Peter Szondi (2004), houvera deslocado o espaço de influência e poder da sua amplitude social para a geografia doméstica.

Outro processo constitutivo do drama deu-se, no século seguinte, em meio ao período em que a orientação naturalista granjeou legitimação estética e certa receptividade por parte do público. O drama do naturalismo expandiu ainda mais a extensão social das personagens que desfilavam em seus enredos, abrindo margem para a representação de estratos e problemas aos quais o teatro renascentista e posteriormente burguês havia programaticamente excluído. Nesse momento, de aproximação entre a fala das personagens e as formas corriqueiras de expressão oral – antes havia "a divisão das palavras entre aquelas que pareciam adequadas a um uso elevado e aquelas a serem excluídas [que] fazia-se sentir em toda a produção poética e aplicava-se tanto à tragédia como à poesia lírica" (Benjamin, 2019, p. 100)[196] –; de predomínio da prosa no texto teatral; de instalação

[196] Há registros, por exemplo, de que o uso da palavra "mouchoi" (lenço) em montagem de *Otelo* no início do século XIX, numa tradução de Alfred de Vigny, teria despertado muxoxos de desaprovação da plateia.

dos embates dramáticos em uma ambientação contemporânea/presente; e de ênfase na secularização dos temas que influíam ou determinavam as ações, o teatro firmava bases sobre as quais o edifício do teatro moderno e de vanguarda, apesar de sua patente rejeição aos modos de representação naturalista, se erigiria.

A forma dramática tida então por prototípica enfrentaria como óbice a estrutura de sentimentos que as novas formações sociais do século XIX delimitaram, obrigando-a à autoconsciência crítica sobre a própria linguagem. Às personagens capazes de concentrar em si e em suas ações os rumos da ação dramática efetiva passaram a corresponder socialmente homens e mulheres cada vez mais diluídos na multidão, reificados e, portanto, destituídos de agentividade em razão da impotência ante estruturas sociais complexas a eles superiores e quase sempre intangíveis. Como consequências mais diretas disso, gera-se a fragilização dos modelos de comunicação intersubjetiva, frequentemente elevada à incomunicabilidade plena, isto é, à impossibilidade de manutenção de diálogos (dados como naturais pelo drama) mesmo nos lares, que se revelam verdadeiros redutos de repressão, e, enfim, o ensimesmamento – que levaria à exploração psicológica das personagens em projetos dramáticos posteriores, mas que àquela altura se revelava como um empecilho para uma forma de arte que, segundo a concepção hegeliana, só conhece a interioridade dos seres na medida em que ela se exterioriza por meio de suas ações e verbalizações.

> O fato e a fonte da tragédia são, agora, essencialmente, a inabilidade para comunicar-se. As pessoas ainda se reúnem ou são reunidas, se encontram ou se chocam. Mas essa é uma coletividade que é marcada apenas negativamente. Uma condição comum é suspeitada, intimada, visualizada, mas nunca apreendida. Os meios da sociedade e do relacionamento positivo são fundamentalmente descontados, mas não como um isolamento real; meramente como um isolamento efetivo dentro do que ainda é uma presença física inevitável. (Williams, 2011, p. 102)

Aos mais sensíveis dramaturgos da segunda metade do oitocentismo não escapou essa artificialidade de que padecia a forma herdada, tomada como a-histórica e universal. Nas peças de Henrik Ibsen, como *Casa de bonecas*, *Espectros* ou, mais perceptivelmente, *John Gabriel Borkman*, à mimese, desenvolvida no presente da ação, cumpre apenas ecoar acontecimentos pretéritos nos quais, em efetivo, se deram os fatos decisivos: fragiliza-se o princípio de que a ação deve ser desenvolvida no presente do drama. O momento em que as personagens dialogam é, dessa forma, formalmente esvaziado, e as conversas nada fazem senão dar vazão a sentimentos reprimidos pela dinâmica familiar – como a opressão de uma mulher por um casamento de conveniência, o histórico libertino de um pai falecido que ecoa anos depois no jovem filho ou enlaces e desenlaces amorosos urdidos por interesses escusos.

Outro dramaturgo em que a crise se faz notar com intensidade é o russo Anton Tchekhov. Escrita no ano de 1900, a peça *As três irmãs* é dividida em quatro atos e ambientada na casa de uma família em que a morte do patriarca obrigou os quatro filhos, Andrei e as três irmãs a que o título da obra remete, a se dedicarem a profissões liberais a fim de manter o seu sustento. Às voltas com a desilusão que a nova realidade econômica lhe impingira, Andrei não encontra interlocutores a quem dirigir suas aflições, dada a futilidade das prioridades de sua esposa, a superficialidade das reuniões sociais em sua casa e o estado de confusão das irmãs enfim empregadas a contragosto. Resta-lhe desabafar, na passagem mais emblemática da peça, a Feraponte, o mordomo da família. A ironia trágica reside em que se trata de um homem que padece de severa perda auditiva.

> ANDREI – Por que vieste tão tarde? Já são mais de oito horas.
>
> FERAPONTE – Como?
>
> ANDREI *(mais alto)* – Estou dizendo que chegaste muito tarde... mais de oito horas.
>
> FERAPONTE – Sim, senhor. Cheguei quando ainda era dia. Mas não quiseram que eu entrasse. Disseram-me que o senhor estava ocupado. Então pensei, se está ocupado, está ocupado. Posso esperar. Não tenho pressa. *(supondo que Andrei lhe pergunta qualquer coisa)* Como?
>
> ANDREI *(examinando o livro)* – Nada. *(Continua examinando o livro)* Amanhã é sexta-feira, as repartições estão fechadas, mas irei mesmo assim... Acharei em que me ocupar. Aborreço-me muito em casa... *(Silêncio)* **Meu querido avô, como a vida muda e como nos engana.** Hoje, não sabendo mais o que fazer, apanhei este livro dos velhos cursos da universidade e pus-me a rir... Meu Deus, sou secretário-presidente. Sou secretário da Administração Rural, da qual Protopopov é presidente. Sou secretário e tudo quanto posso esperar de melhor é tornar-me membro do Conselho. Eu, membro do Conselho daqui, em que todas as noites sonho que sou

> professor da Universidade de Moscou, um sábio célebre, orgulho da terra russa.
>
> FERAPONTE – Sou um pouco duro, para ouvir...
>
> ANDREI – **Se ouvisses bem, eu não teria falado.** Mas preciso falar a alguém. Minha mulher não me compreende, minhas irmãs me intimidam... (Tchekhov, 2002, p. 56-57, grifos meus)

Mesmo que tematicamente justificada, nesse caso na materialização própria de um diálogo com um surdo, a questão da incomunicabilidade que marcará as relações intersubjetivas da modernidade se faz presente, evidenciando, para Peter Szondi (2011), que a forma tradicional do drama se mostrava incapaz de absorver os influxos históricos contemporâneos. Saliente-se que a personagem, além de conversar com alguém fisicamente incapaz de lhe ouvir, chega mesmo a evocar o falecido avô como interlocutor: esboroava-se o princípio da comunicabilidade, estrutura principal do drama.

Outros exemplos de dramaturgias em que se manifesta a artificialidade das formas herdadas em sua relação com os novos temas poderiam ser encontrados, ainda, no teatro de inspiração onírica de August Strindberg, que abriria caminhos a futuras experimentações do expressionismo por meio da internalização dos embates outrora exteriores; no simbolismo do belga Maurice Maeterlinck ou mesmo, em terreno lusófono, do português Fernando Pessoa, autores nos quais a inação e a incomunicabilidade se justificava, em peças como *Os cegos*, *A intrusa* ou *O marinheiro*, na exploração temática da morte, elemento ante cuja presença as personagens viam-se inibidas pela constatação da inutilidade de ação; ou mesmo em Gerhart Hauptmann e no teatro naturalista em geral, cujos propósitos estavam, em sua gênese, intimamente ligados à análise conjuntural dos ambientes e suas formas de determinação dos comportamentos humanos individuais e coletivos.

O naturalismo, entretanto, resultou em uma tentativa conservadora de manutenção das formas tradicionais. Valendo-se de expedientes do realismo – com o qual muitas vezes fora e ainda é confundido, inclusive pela rejeição intempestiva a ambos destinada pelos vanguardistas –, o teatro naturalista e sua autoproclamada missão de representar de modo fidedigno as condições sociais das classes oprimidas revelaram-se ontologicamente incapazes de projetar modos de superação das estruturas de opressão. Com isso, o intento crítico tomava ares de resignação – em especial se levado em conta o catártico do teatro mimético, que ainda não houvera se libertado integralmente, em que pesassem os esforços dos românticos nesse sentido, das amarras prescritas pela leitura renascentista de Aristóteles e Horácio.

Peter Szondi, em *Teoria do drama moderno*, identifica o que, a seu ver, foram projetos que intentaram preservar uma forma então anacrônica. Cita o crítico húngaro o caso de Jean-Paul Sartre e seu teatro existencialista, enfatizando sua peça mais conhecida, *Entre quatro paredes*, na qual a comunicação se dá sob o signo do compulsório em função do aprisionamento de personagens num mesmo ambiente – e por toda a eternidade. Em fala que se tornaria uma das máximas do senso comum, a conclusão a que elas chegam reforça o insuportável da convivência: "GARCIN – [...] o inferno são os Outros" (Sartre, 2022, p. 139). Também Strindberg tentara conservar a forma do drama tradicional por meio de uma redução da extensão dramática e do tempo de encenação, criando suas conhecidas peças de um único ato – que, na prática, abriam concessões às prioridades sociais estabelecidas, as quais reservavam ao teatro e às artes um tempo cada vez mais escasso, ao que se atendia por meio de dramas curtos iniciados já no clímax do espetáculo teatral.

Claro está que a crise a que me refiro não se abateu sobre a instituição do teatro de maneira plena, mas sim às propostas artísticas que tangenciassem o novo fator decisivo para o gozo burguês: o entretenimento. Comédias de costumes pululavam por toda a Europa e pelos países não desenvolvidos – como, no caso do Brasil, as peças de Martins Pena, Artur Azevedo e Machado de Assis. Nos Estados Unidos, em meados dos 1800, começava a se escrever a história do teatro musical com a tomada da Broadway por empresários que, tendo em vista a potencialização de seus lucros por meio da criação de um público cativo e volumoso, lograram delinear aquela que é, ainda hoje, o parâmetro industrial da produção teatral – forjando, inclusive, uma logística de exportação para todo o mundo de espetáculos pasteurizados, condição em que a mensagem alienante é mais facilmente controlada. Antes do estabelecimento da indústria cultural, pois, as relações entre arte e entretenimento popular eram já maculadas pelo signo de uma antítese mutuamente hostil: para os artistas populares, a chamada arte séria era obscura e pedante; para os artistas ditos sérios, a popularidade equivalia a uma prostituição de seus valores e à cooptação das artes pelo poder do dinheiro.

A tensão estabelecera-se, também, nas formas narrativas com o advento do romance. Gênero de profundo apelo comercial – ainda hoje detentor da maior fatia do mercado editorial em todo o planeta –, inicialmente vendido em folhetins e/ou em volumes contendo tramas relativamente longas, capazes de fidelizar leitores por meses, ele logo tornou-se a forma hegemônica da épica, sobrepujando gêneros mais tradicionais, como a epopeia e a novela. À figura do romancista deve o escritor a possibilidade de alçar a literatura à condição de ofício, com o qual já era possível tirar proventos das próprias letras sem a necessidade de um mecenas, mas também a imposição de uma ênfase individualizada, tanto do ponto de vista da produção quanto da recepção. Antes dotada de um caráter oral, social e coletivista, a narrativa dos novos tempos, produzida pelo romancista na solidão do gabinete e recebida pelo público no silêncio da leitura individual, parecia mais adequada à sociabilidade moderna, em linha com a diluição dos seres nas massas e sua imersão na incomunicabilidade (cf. Benjamin, 2020), o que lhe rendera, na feliz expressão de Lukács (2009), o epíteto de epopeia da era burguesa.

Na esteira da nova dinâmica editorial, e na dependência de um público pagante, o romance valera-se das estruturas de sentimento do Romantismo – período com que coincidem a sua ascensão e a popularização da imprensa pelo continente europeu (que tornou o objeto livro viável em termos comerciais) – para traçar um mundo com laivos de idealização, a um só tempo legitimando o admirável mundo novo da urbanidade e harmonizando, na figura de seus heróis, as contradições emergentes. Mesmo a crítica social das instituições, na pena de um Victor Hugo ou de um Dumas, ou a dicção erudita com que se retratava o farsesco da sociedade de máscaras da burguesia, num José de Alencar ou num Camilo Castelo Branco, ao fim e ao cabo encontravam materialização estética em formas que, ao evitar o fragmento, a dissonância e a contradição estrutural, acabavam por representar de forma pacificada um modelo de intersubjetividade, individualidade e sociabilidade progressivamente disruptivo. Com isso, quando existentes, as críticas à modernidade – em consolidação ou em insurgência – limitavam-se aos domínios temáticos.

> Joyce foi coerente ao vincular a rebelião do romance contra o realismo a uma revolta contra a linguagem discursiva. [...] Pois contar algo significa ter algo especial a dizer, e justamente isso é impedido pelo mundo administrado, pela estandardização e pela mesmice. Antes de qualquer mensagem de conteúdo ideológico já é ideológica a própria pretensão do narrador, como se o mundo ainda fosse essencialmente um processo de individuação, como se o indivíduo, com suas emoções e sentimentos, ainda fosse capaz de se aproximar da fatalidade, como se em seu íntimo ainda pudesse alcançar algo por si mesmo. (Adorno, 2003, p. 56-57)

A experiência da modernidade conduzia, então, a uma crise da objetividade narrativa, pondo em xeque seus elementos subjacentes, como o caráter essencialmente individual do narrador e a opção pela narração tradicional, não fragmentária, que escamotearia as contradições contemporâneas ao retratar de forma não problemática um mundo cada vez mais problemático – o que, salienta Theodor Adorno, fere de morte o princípio do realismo inerente ao romanesco. Daí as futuras respostas a essa crise, tanto advindas da absoluta interiorização dos focos narrativos em um Proust, do caleidoscópio formal e estilístico de um Joyce ou um Guimarães Rosa, ou ainda da prostração do real ao absurdo naturalizado em um Kafka – como, na seara do teatro, provenientes do metateatro de um Pirandello, dos influxos do épico em um Brecht e um Wilder, ou dos jogos de reminiscências de um Artur Miller.

Antes desses expoentes dos modernismos do XX, entretanto, já no último quartel do século anterior se fazia notar a insuficiência das formas narrativas herdadas, confluentes no romance, em sua absorção das temáticas modernas, de modo a configurar a referida crise. Remontam justamente a esse período o florescimento de autores como Dostoiévski e Machado de Assis, hoje tidos como canônicos por terem esgarçado os limites da narrativa, mas muitas vezes relativizados em sua modernidade em razão de uma tradição seletiva que adere de forma irrestrita aos pressupostos críticos do modernismo. No primeiro capítulo de *Diário do subsolo*, "Em suma: de que um homem decente pode falar com o maior prazer? Resposta: de si mesmo. Pois então vou falar de mim mesmo. [...] Agora, meus senhores, eu quero contar-lhes, desejem ou não desejem escutar isso" (Dostoiévski, 2019, p. 23); ou na advertência de Brás Cubas a seus leitores, "a gente grave achará no livro umas aparências de puro romance, ao passo que a gente frívola não achará nele o seu romance usual; e ei-lo aí fica privado da estima dos graves e do amor dos frívolos, que são as duas colunas máximas da opinião" (Assis, 19--, p. 7) – a interiorização narrativa e o arbítrio do narrador já são sintomas de um realinhamento programático.

No terreno da poesia, o aspecto de crise atingiu dimensão diversa, culminante justamente na obra de poetas que seriam revalorizados, nos anos 1960, pela contracultura. A centralidade da discussão assenta-se sobre aquele que é saudado como o primeiro poeta de fato moderno, Charles Baudelaire – responsável, nunca é demais ressaltar, pela fixação do termo "modernidade" no vocabulário crítico europeu. Autor de lavra relativamente pequena, o que lhe rendeu certa pecha de pouco fecundo em termos quantitativos, o poeta francês é conhecido, dentre outras coisas, por sua dedicação sistemática à reescrita, ao burilamento e à submissão da matéria poética a um processo racional, expedientes por meio dos quais fizera figurar em seus textos a tensão, engendrada no seio de uma sociedade mercantil, entre a civilização e a subjetividade, em especial a do poeta. Em "O albatroz", por exemplo, Baudelaire aproxima a condição do escritor lírico à da ave marítima valendo-se de um símile que realça o caráter de inadaptável de ambos nas condições dadas pela aderência à realidade ordinária, à qual serve de metáfora a queda no convés de um navio de pesca:

> Para passar o tempo, homens das equipagens
> Pegam o albatroz, uma vasta ave do mar,
> Que segue, companheiro indolente de viagens,
> O navio no abismo amargo a deslizar.
>
> Mal tenham eles posto uns tantos no convés,
> Que esses reis do azul, sem destreza e envergonhados,
> Baixam as grandes asas brancas até o rés
> Do chão, como, a seu lado, remos arrastados.
>
> Esse viajante alado, assim fraco e sem jeito,
> Antes belo, como é risível, incongruente!
> Com um cachimbo cutucam o seu bico; feito
> Um manco o imitam, pois que não voa, o doente!
>
> O Poeta lembra muito o príncipe dos céus,
> Que enfrenta a tempestade e olha o arqueiro com esgar:
> Quando em terra exilado, em meio aos escarcéus,
> As asas de gigante impendem-no de andar. (Baudelaire, 2019, p. 39)

O poema integra o livro *As flores do mal*, em cuja dedicatória já se manifesta uma das sementes da poética baudelairiana, haja vista que Théophile Gautier, nela evocado, fora um dos proclamadores da ideia de arte pela arte. Ao aproximar a condição do poeta à do albatroz, Baudelaire aponta para o estado de deslocamento da poesia na seara pavimentada dos tempos modernos, em que ocorre o naufrágio do ser nos "escarcéus" (verso 15) das cidades, isto é, o enraizamento absoluto nas novas dinâmicas sociais – metaforizado, no poema, pelo signo da caça sádica e do exílio imposto.

Isso reforça-se na imagem do espaço aéreo de que o pássaro é retirado e em que desfilara seu garbo e sua destreza para, precipitando no solo/na realidade, desvelar sua incapacidade de integração, sua bizarria e o ridículo subjacente à sua nova condição.

A cidade moderna, em que Baudelaire localizará certa aversão às práticas poéticas, seria decisiva para o realocamento do papel social do poeta e a emersão de uma nova consciência crítica do fazer poético. Tradicionalmente associada a valores metafísicos (como a inspiração, os deuses ou as musas) ou reduzida a mera formalização escrita de sentimentos pessoais, a poesia passara, com o autor de *Spleen de Paris*, a desvelar e afirmar seu caráter racional de carpintaria do engenho humano, para o que os textos críticos de Edgard Allan Poe contribuíram de forma decisiva.

Em ensaios como "Filosofia da composição", "O princípio poético" e "Os fundamentos racionais do verso", Poe (2016) rejeitava as categorias que conferiam à produção poética certa aura de transcendência. Para o poeta estadunidense, a escolha do efeito pretendido pelo texto, seguida da seleção matematicamente refletida de signos que o materializassem, e a disposição quase científica das palavras para a sua consecução seriam os fatores determinantes do sucesso ou insucesso formal de um poema. "The raven", inclusive, é tomado como objeto de demonstração da tese segundo a qual a arquitetura do texto poético acolhe elementos de modo predominantemente racional: para despertar o efeito de medo no leitor, o poeta valera-se de uma extensão média (suficiente para a criação de uma atmosfera lúgubre mas não para a perda da atenção do leitor), da opção por uma criatura associada aos maus augúrios (o corvo), da espacialização geográfica (um aposento sitiado em meio às trevas da noite) e temporal ("once upon a Midnight dreary") especificamente gótica, de significantes (os fonemas que compõem o estribilho "Nevermore", potencialmente guturais em sua enunciação) que intensificassem o aspecto soturno, e a presença temática da morte (de Lenore, nome da amada do eu lírico formado convenientemente por um padrão vocálico que viabiliza a rima entre si e o advérbio repetido pela ave). Eis a equação do poema. Eis o poema enquanto equação. Eis a retórica intelectualista que influenciaria Baudelaire.

A concepção racionalista do verso tecida por Poe encontrara em Baudelaire um interlocutor fértil, dado que ele a transcendera em direção à criação da própria poesia moderna – autoconsciente, autorreflexiva e autocrítica em termos de linguagem: questionamentos deflagradores da crise.

O poeta francês, sob a influência de Gautier e Poe, dera à estampa versos em que fissurava a tradicional associação entre os sentimentos do escritor e os sentimentos expressos no poema, que, assim, passava a se situar num espaço de construção especificamente racional. Isso significa que as sensações e a biografia do poeta deixam de ter a primazia da expressão poética, pois, mesmo que haja alguma correspondência entre ambos os impulsos, o fazer poético assentaria sua especificidade na transfiguração da matéria vivida. A síntese de Fernando Pessoa é perfeita, nesse sentido, ao afirmar que "o poeta é um fingidor" – adjetivo cuja raiz etimológica está também na base do termo "ficção": o poeta toma consciência do caráter criativo, rejeitando-se à mera tradução textual de sensações.

Esse processo de separação entre o eu real e o poema pavimentou o caminho da criação poética moderna ao promover a poesia à condição de criação e destituir-lhe a índole de expressão. Em *Estrutura da lírica moderna*, Hugo Friedrich salienta que "com Baudelaire começa a despersonalização da lírica moderna, pelo menos no sentido de que a palavra lírica já não nasce da unidade de poesia e pessoa empírica" (Friedrich, 1978, p. 56). A despersonalização do poeta, dessa forma, está na base da formação da poesia dita moderna – e estará também, como pretendo demonstrar, na base da criação da canção moderna no conjunto da obra dos Beatles.

Nas palavras de Friedrich,

> A poesia [do século XIX] veio a colocar-se em oposição a uma sociedade preocupada com a segurança econômica da vida, tornou-se o lamento pela decifração científica do universo e pela generalizada ausência de poesia; derivou daí uma aguda ruptura com a tradição; [...] a poesia apresentou-se como a linguagem de um sofrimento que gira em torno de si mesmo, que não mais aspira a salvação alguma, mas sim à palavra rica de matizes; a lírica foi, de ora em diante, definida como o fenômeno mais puro e sublime da poesia que, por sua vez, colocou-se em oposição à literatura restante e arrogou-se a liberdade de dizer sem limites e sem consideração tudo aquilo que lhe sugeria uma fantasia imperiosa, uma intimidade estendida ao inconsciente e o jogo como uma transcendência vazia. (Friedrich, 1978, p. 20)

Para o crítico alemão, a marca distintiva da poesia moderna seria a obscuridade – uma obscuridade que, contudo, despertaria o fascínio pela materialidade da palavra em suas outras dimensões (como a sonoridade), processo a que Friedrich nomeou dissonância, conceito segundo o qual a lírica faria corresponder, em plano estético, as contradições imanentes à modernidade. Destituída de suas pretensões comunicativas, a poesia teria caminhado em direção à abolição de seus referenciais, culminando no hermetismo de Stéphane Mallarmé, mestre, a seu ver, das mais significativas poéticas do novecentismo.

Conquanto tenha sido feliz em suas percepções de parte considerável da poesia moderna, o pensamento de Friedrich é eivado por uma visão estruturalista – e, por consequência, a-histórica. Submetendo uma pluralidade de poetas a um crivo por meio do qual se selecionaram apenas aqueles cuja fatura propiciaria a comprovação de sua tese, o crítico acaba por dar centralidade à obscura poesia de Mallarmé. Com isso, o que antecedera ao poeta parisiense teria por grande mérito antecipar seus temas e procedimentos e o que lhe sucedera, por mais inventivo que fosse, não passaria de eco mallarmaico – numa espécie de linha evolutiva, com todas as fragilidades inerentes a uma disposição histórica e artística considerada sob essa ótica.

Há, de fato, um traço de hermetismo latente na poesia moderna. Alfonso Berardinelli, no entanto, em crítica à *Estrutura* friedrichiana, aponta como lacunas da obra, em especial, a ausência da consideração de poetas não só comunicativos como militantes, como o próprio Brecht, e a inobservância de um fator decisivo da arte moderna: a interpenetração dos gêneros, já esboçada na agonia do século XIX, que se manifestaria, por exemplo, na "atração da poesia pela prosa" (Berardinelli, 2007, p. 29). Além disso, o crítico italiano busca desmistificar a ideia, reforçada por Friedrich, de que o hermético da lírica do oitocentismo corresponderia a uma alienação, fruto de uma busca pela pureza da palavra poética, em relação à história – argumento que, em parte, seria reinventado pelos músicos engajados e direcionado contra o rock. No que Hugo Friedrich vê um descolamento entre o sublime da poesia e as miudezas da vida real, Berardinelli e, antes dele, Theodor Adorno veem uma denúncia indireta – mais eficaz propriamente por rejeitar o combate nos termos e códigos prescritos por uma sociedade que, nessa condição, se vê legitimada. Em "Palestra sobre lírica e sociedade", sustenta o filósofo:

> Essa exigência feita à lírica, a exigência da palavra virginal, é em si mesma social. Implica o protesto contra uma situação social que todo indivíduo experimenta como hostil, alienada, fria e opressiva, uma situação que se imprime em negativo na configuração lírica: quanto mais essa situação pesa sobre ela, mais inflexivelmente a configuração resiste,

> não se curvando a nada de heterônomo e constituindo-se inteiramente segundo suas próprias leis. Seu distanciamento da mera existência se torna a medida do que há nesta de falso e de ruim. Em protesto contra ela, o poema enuncia o sonho de um mundo em que essa situação seria diferente. A idiossincrasia do espírito lírico contra a prepotência das coisas é uma forma de reação à coisificação do mundo, à dominação das mercadorias sobre os homens, que se propagou desde o início da Era Moderna e que, desde a Revolução Industrial, desdobrou-se em força dominante da vida. [...] A fraqueza estética desse culto à coisa, seu gesto afetadamente misterioso e sua mistura de religião e artesanato, denuncia ao mesmo tempo o real poder da coisificação, que não se deixa mais dourar por nenhuma aura lírica, nem se resgatar pelo sentido. (Adorno, 2003, p. 68-69)

No cerne da discordância entre os pensamentos, de um lado os de Adorno e Berardinelli e de outro o do Friedrich, situa-se a referida valoração de Mallarmé, dado que o crítico alemão confere ao notório hermetismo do poeta uma estatura de paradigma. Com isso, o autor acaba por destituir sua poesia de implicações sociais ou, no mínimo, ignorar o que há de social ou mesmo subversivo na rejeição à comunicação direta – especialmente em se tratando de um século no qual a sociabilidade já se submetia à instrumentalização mercantil.

Stéphane Mallarmé dedicou-se, sobretudo a partir da década de 1870, a uma lírica que visava a reestabelecer o poder da palavra poética em crise. Radical e autoconsciente em suas experimentações, também ele rejeita que o poema advenha de experiências pessoais diretamente precipitadas no verso, afirmando a primazia do intelecto na atividade literária. Além disso, sua obra é caracterizada pelo desprezo às ordens tradicionais de expressão escrita, secundarizando ou dispensando a sintaxe e o ordenamento racional a fim de dar vazão a uma expressão pretensamente absoluta.

Muitas das reivindicações formais de Mallarmé face ao aspecto crítico da poesia estarão, em que pese a seletividade da tradição modernista, nas bases da arte do século XX. Décadas antes de um dos gurus da contracultura e, antes, dos surrealistas, o poeta francês já havia articulado criticamente a concepção segundo a qual a razão, tão evocada pelo cientificismo em voga após a Revolução Industrial, primaria por ser um elemento contingente, limitador mesmo da expressão das individualidades que, racionalizadas, se acomodariam em noções sociais opressivas. Muito antes de Aldous Huxley

(2015), valendo-se de expressão tomada de um verso do romântico inglês William Blake, ter projetado a necessidade de franquear *As portas da percepção* por meio de um anestesiamento dos filtros cerebrais, Mallarmé (2023) já havia sentenciado que *Um lance de dados jamais poderá abolir o acaso*, obra em que almeja a expressão total por meio de um questionamento, dentre outras coisas, do império da razão. A publicação do poema, aliás, atendia a um formato físico específico, em que o próprio objeto livro transfigurava-se numa plataforma em que o tamanho do papel, a encadernação e a disposição das palavras deixavam de ser meros receptáculos e passavam a ser signos.

Exigido pelo poeta francês, pioneiro na exploração desses aspectos, esse transbordamento de uma linguagem artística em outras guarda, claro está, semelhanças com a dinâmica de comercialização dos discos de rock, sobretudo a partir de 1967, ano em que o encarte de *Sgt. Pepper's Lonely Hearts Club Band* admitia imagens mais elaboradas que os tradicionais perfis dos cantores e textos (com as letras das canções) que compunham uma obra plurissemiótica. A popularidade dos Beatles e do rock, no entanto, figura como o decisivo elemento distintivo, restringindo, em conjunto com a dificuldade imposta pelo hermético de seus versos, o conhecimento da obra de Mallarmé. A aproximação, apesar disso, é curiosa, sobretudo se tivermos em mente a consciência do poeta francês e dos músicos ingleses de que a moderna autocrítica da linguagem compreende um diálogo com outras artes. Nos dois casos, pois, há uma indissociabilidade entre a reflexão metalinguística e a prática artística.

Mallarmé reagia ao cientificismo vigente nas artes e à hostilidade social perante os artistas por meio de um interesse por formas e temas orientais, tão caros no futuro a George Harrison, e uma poesia que "quer atuar em primeiro lugar sobre o ouvido" (Friedrich, 1978, p. 97). Assim, a intangibilidade, do ponto de vista referencial/racional, de seus poemas tem como princípio a busca por uma realização da arte conceitual, não materializada necessariamente em sua execução, mas nos conceitos estabelecidos. Daí, inclusive, que sua aspiração à obra de arte total e à plena expressão teria por horizonte o silêncio da não expressão: "[...] elle balance / Sur le plumage instrumental, / Musicienne du silence" (Mallarmé, 2013, p. 46)[197].

197 Apesar da tradução dos irmãos Campos e de Pignatari, sobre cujas obras Mallarmé exercera grande influência, ser a responsável pela divulgação da poesia mallarmaica no Brasil, me parece que a fórmula encontrada – " [...] ela vence o, / À plumagem instrumental, / Som, a música do silêncio" (Mallarmé, 2013, p. 47) – trai significados do original em francês. Assim, opto por traduzi-la de forma livre: "[...] ela balanceia / Sobre a plumagem instrumental, / Musicista do silêncio". A opção por manter os versos originais deve-se à dimensão sonora do poema, tão ou mais importante que o aspecto semântico em si.

Ao verso cabe a existência apenas na irrealização, conceito que é, poema que se recusa a ser: "Avec comme pour language / Rien qu'un battement aux cieux / **Le futur vers** se dégage / Du logis três précieus" (Mallarmé, 2013, p. 48, grifo meu)[198]. Sendo um processo que não se compreende como expressão, a poesia de Mallarmé é mais um impulso criador por meio da linguagem que estabelece novas realidades por meio da fantasia – a rigor, uma ficção no seio de uma arte não propriamente ficcional, como a que se delineará musicalmente na primeira faixa de *Sgt. Pepper*.

Cabe, por fim, remeter a outro poeta que terá participação efetiva na consolidação da visão de mundo dos anos 1960. Fenômeno ímpar na construção da literatura francesa, Arthur Rimbaud levou a cabo a pretensão de autossilenciamento manifestada por Mallarmé. Embora tenha vivido trinta e nove anos, sua produção poética é restrita a parte de sua adolescência, período em que o contato íntimo (intelectual e amoroso) com Verlaine, que lhe facultara a possibilidade de viver em Paris, viabilizou que seus poemas fossem lidos por alguns círculos intelectuais restritos. Após isso, calou-se o poeta, enfim entregue a perambulações pelo Oriente Próximo e pelo continente africano, onde exercera diversos ofícios, inclusive o de traficante de armas, até morrer em novembro de 1891. Apesar de sua não volumosa lavra, Rimbaud é tido como uma das grandes referências da poesia moderna, contando, no amplo rol de seus admiradores, com figuras como Gide, Claudel, Jack Kerouac, Allen Ginsberg, Dylan Thomas, William S. Burroughs e, claro, Jim Morrison. Contudo, esse fascínio por Rimbaud (especialmente na década de 1960) deve-se em grande medida, sobretudo nos emuladores de seu dandismo e nos tributários de sua rebeldia, à biografia do poeta – tornado ícone de jovens que assistiram a ídolos que, como ele, viveram intensamente, tensionaram as estruturas familiares tradicionais, implodiram os limites morais da exploração da sexualidade, e morreram jovens, cristalizando-se no imaginário popular como a face da eterna juventude.

Influenciado pela poesia de Baudelaire, a quem comparativamente julgava menos ousado, Rimbaud expressou em sua obra uma reflexão constante sobre os rumos da poesia moderna. Nas célebres *Lettres d'un voyant*, ele reivindicava para o poeta o estatuto do vidente, com o que a lírica deveria ignorar a realidade imediata e buscar, por meio de sua linguagem, atingir o desconhecido por meio do desregramento dos sentidos.

198 "Tendo como por linguagem / Apenas um abanar nos céus / O futuro verso se liberta / Da muito preciosa morada", em tradução livre.

> Agora me entrego o máximo possível à libertinagem. Por quê? Quero ser poeta, e trabalho para me tornar *vidente*: o senhor não compreenderá, e quase não teria como lhe explicar isso. Trata-se de chegar ao desconhecido pelo desregramento de *todos os sentidos*. Os sofrimentos são enormes, mas é preciso ser forte, ter nascido poeta, e me reconheci poeta. (Rimbaud, 2021, p. 191, grifos do poeta)

Em uma segunda carta, escrita a 15 de maio de 1871 e endereçada a Paul Demeny, ele esclarece o que considerava sua missão:

> O primeiro estudo para o homem que quer ser poeta é o de seu próprio conhecimento, inteiro: ele busca sua alma, ele a inspeciona, ele a tenta, a aprende. [...] Digo que é preciso *ser vidente*, fazer-se *vidente*. O Poeta faz-se *vidente* por um longo, imenso e pensado *desregramento de todos os sentidos*. Todas as formas de amor, de sofrimento, de loucura; ele busca a si mesmo, esgota em si todos os venenos, para deles só guardar as quintessências. (Rimbaud, 2021, p. 196, grifos do poeta).

A poética rimbaudiana também acena para a hegemonia da sugestividade em detrimento do entendimento, alçando a musicalidade da palavra poética a um estado de hegemonia na tessitura literária. Rimbaud cria, com isso, que um dos caminhos futuros da poesia seria a de tornar-se música em função do caráter potencialmente universal desta, o qual não está no âmago da literatura em função de diversos fatores, primeiro dos quais a necessidade de domínio verbal de uma língua. O poeta deveria, pois, ser "aquele que trabalha na explosão do mundo por força de uma fantasia violenta que penetra o desconhecido e contra este se despedaça" (Friedrich, 1978, p. 64).

O processo de despersonalização, inerente à poesia moderna de que Rimbaud era contemporâneo, se manifesta numa diluição do eu no outro – seja ele uma pessoa ou não – e nos demais elementos evocados por sua poesia. Em "Le bateau ivre", por exemplo, o eu lírico é um navio. Claro está que, ao projetar uma sensibilidade e uma subjetividade ao veículo, o poema trata de sentimentos humanos. A operação moderna, porém, para a qual a biografia é irrelevante no construto do edifício poético, leva o poeta francês a não assumir em nenhum momento a condição do barco que se entrega ao fluxo das águas como uma metáfora de sua expressão humana: o eu está plenamente despersonalizado, em um ato de integração total com o mundo ao seu redor – o que se manifestará, na canção psicodélica, em versos como os dos Beatles: "I am he / as you are he / as you are me / and we are all together". Nisso se verifica, dentre outras coisas, um elogio à fantasia enquanto modalidade dileta de fuga do real (biográfico ou social) que exerceria a função de contingente, repressor ou no mínimo castrador das potencialidades humanas. A poesia de Rimbaud, mais do que a de qualquer outro poeta maldito, confere à fantasia uma "liberdade ilimitadamente criativa" (Friedrich, 1978, p. 81), apregoando que para a sua consecução não deveriam ser poupados esforços ou a coragem de se imiscuir no mistério e no desconhecido – atitude que será direcionada, no psicodelismo, também às drogas alucinógenas com o mesmo intento.

Essa liberdade formal se manifestará, por exemplo, na ruptura com o metro tradicional – ainda preservado em parte por Baudelaire –, dado que Rimbaud é o autor do primeiro poema constituído inteiramente por versos livres na França, "Marine"; mas também na interpenetração que sua obra propõe entre o verso e a prosa. Embora não tenha sido o inventor do poema em prosa, forma já manuseada em *O spleen de Paris* e cuja origem é atribuída a Aloysius Bertrand, é com Rimbaud que ele se abre ao fragmento e ao acolhimento de uma intangibilidade da matéria poetizada. O híbrido tivera sua justificação em carta de Baudelaire a Arsène Houssaye:

> [...] tive a ideia de tentar alguma coisa análoga e aplicar à descrição da vida moderna, ou antes de *uma* vida moderna e mais abstrata, o procedimento que ele [Bertrand] havia aplicado à pintura da vida antiga, tão estranhamente. Quem de nós, em seus dias de ambição, não sonhou com o milagre de uma prosa, musical mas sem ritmo e sem fim, suficientemente flexível e suficientemente contrastada para se adaptar aos movimentos líricos da alma, às ondulações do devaneio, aos sobressaltos da consciência? É sobretudo da frequentação das cidades enormes, é do cruzamento de suas inumeráveis relações que nasce esse ideal obsediante. (Baudelaire, 2023, p. 31-32)

Em *Iluminations*, obra em que já o título se abre a fértil polissemia (o termo remete tanto a iluminações, no sentido metafísico, quanto iluminuras, no sentido pictórico), para capturar cenas da modernidade Rimbaud explora o limite da lírica, valendo-se do poema em prosa – conúbio estético que denuncia a impossibilidade de apreender a realidade nos limites convencionados pela razão e pela estética – para traçar verdadeiras telas musicais, a fim de realçar a indecidibilidade dos sentidos. O estranhamento diante do real de um mundo hostil exorta o poeta à busca de uma linguagem nova para tratar do mal-estar do indivíduo na sociedade moderna. Formalmente, a confecção de uma autocrítica da linguagem e, tematicamente, a busca por uma transcendência de dicção dionisíaca descortinam o descentramento do eu a fim de despertar os sentidos do leitor, à margem da leitura convencional e no bojo de um deslizamento da consciência poética de novos paraísos artificiais – nome, aliás, de conhecido texto de Baudelaire acerca de suas experiências com drogas alucinógenas.

> Sou um cidadão efêmero e não de todo descontente de uma metrópole tida por moderna porque o gosto geralmente aceito foi evitado no mobiliário e exterior das casas, e bem assim no plano da cidade. Aqui não encontrareis traços de nenhum monumento de superstição. A moral e a língua reduzidas, afinal! à sua mais simples expressão. Esses milhões de pessoas, que não têm necessidade de se conhecerem, conduzem a educação, o trabalho e a velhice de maneira tão paralela que as loucas estatísticas concluiriam que seu curso de vida só pode ser várias vezes inferior ao do encontrado para os povos do continente. Assim [como], de minha janela, vejo espectros novos rolando através da espessa e terna fumaça do carvão, – nossa sombra dos bosques, nossa noite de verão! – novas Erínias, diante do meu chalé que é minha pátria e todo o meu coração já que tudo aqui se parece com isto, – a Morte sem lágrimas, nossa ativa filha e criada, um Amor desesperado, e um bonito Crime piando na lama da rua. (Rimbaud, 2007, p. 241)

No poema "Cidade", reproduzido acima, o autor dá vazão à sua concepção de racionalidade enquanto simplificação estéril da vida, contrapondo ao signo da permanência, atribuído a valores eminentemente modernos como a fumaça e os demais índices da urbanização industrial, o perene da condição humana, a que sua obra associa também o caráter fluido e sugestivo da poesia – que reage, então, à crise de sua reificação por meio de uma recusa a travar um debate com a modernidade nos códigos que ela, ao fim e ao cabo, prescreve e domina.

Como visto, muitas das discussões estéticas tidas por modernistas remontam, na verdade, ao século XIX. Antes da deflagração dos movimentos de vanguarda e dos modernismos europeus, havia já uma autoconsciência da linguagem – e de seus aspectos críticos –, que caracteriza a arte moderna, na obra de diversos dramaturgos, romancistas e poetas, para o que contribuiu, claro está, a secularidade de tradição literária e sua aceitação pelos círculos eruditos de todos os tempos. Outros nomes poderiam ser evocados: toda seleção parte de um arbítrio. Nesse caso, porém, os que aqui foram tomados como sintomas da crise das formas destacam-se pela sua reflexão acerca do fenômeno. Além disso, para o fim deste ensaio, o de evidenciar os diálogos entre a referida crise e os ecos dessa na metacrítica do rock dos anos 1960, optei por selecionar especialmente os escritores e as faces dessa ruptura que foram direta ou indiretamente revalorizados pelos roqueiros quando da estruturação dessa nova forma cultural, geralmente associada ao encontro simbólico entre Bob Dylan, então um cantor folk engajado, e os Beatles, símbolo maior da mercantilização das artes em seu período de atuação.

Ecos da crise

Muitas e inconclusivas são as discussões acerca dos limites entre a letra de uma canção e um poema. Há quem, amparando-se em que a natureza da canção não permitiria a dissociação entre música e letra, entenda como insuficientes as análises que se debrucem apenas sobre o plano poético. Doutro lado, uma tendência advinda dos estudos literários reivindica a hegemonia do aspecto verbal sobre a dimensão sonora, que lhe serviria de mero pano de fundo – ignorando a especificidade da criação poética concebida para (ou a partir de) uma melodia a ser enunciada em ritmo musical. A obra de Bob Dylan tem sido, ao longo dos últimos sessenta anos, palco fértil para esse tipo de discussão, dado que se trata de um músico que frequentemente se vale de referências e técnicas especificamente literárias em suas composições – o que lhe rendeu, inclusive, a polêmica atribuição do Prêmio Nobel de Literatura de 2016.

Ícone da música folk do início dos anos 1960, Dylan destacou-se logo pela erudição de suas composições, engajadas na denúncia mais explícita de um modus vivendi em franco questionamento pela juventude do pós-guerra. De acordo com Rodrigo Merheb,

> Dylan se iniciou como compositor adotando como espelho a obra de Woody Guthrie, uma lenda da canção de protesto, mas a música era apenas uma de suas referências. Como vários jovens de sua geração, ele se apaixonara por *On the road* de Jack Kerouac, e, por extensão, pelos principais escritores e poetas da literatura beat. (Merheb, 2018, p. 18)

A sombra de Kerouac e de Ginsberg, de fato, é sensível na obra do músico, tanto nos explícitos intertextos urdidos no início de sua carreira quanto na manutenção de formas narrativas em suas canções até as décadas de 2010 e 2020. À guisa de exemplificação, pode-se citar uma de suas últimas canções, "Murder most foul", de estrutura épica – o que se reforça pela entoação declamatória acompanhada de poucos instrumentos –, em que se narra o assassinato de John Kennedy por meio de um fluxo de consciência em que a enunciação de dicção beatnik alia-se a um tom disfórico e relativamente nostálgico.

"Blowin' in the wind", de 1962, já admitia em sua estrutura uma influência de Kerouac, marcadamente por meio da exploração insistente das orações interrogativas. O eu lírico da canção direciona a um interlocutor nove questionamentos acerca da construção da identidade humana e da percepção consciente do amadurecimento dos temas subjetivos e naturais. No refrão, a voz de Dylan evoca um verso que, ao gosto dos romances beats, denota uma noção de movimento por meio do gerúndio, além de se estabelecer sob a égide da ambiguidade: "The answer, my friend, / Is blowin' in the wind" ("A resposta, meu amigo, / Está soprando ao vento", em tradução livre). O caráter polissêmico, que evita a prescrição de uma resposta, é potencializado pela expressão "soprando ao vento", que pode tanto indicar uma premência da resposta pretendida pelo eu lírico quanto sua fugacidade. A sugestividade, evitada pelas canções de rock and roll ou mesmo de folk music em favor de uma clareza da mensagem, já denotava certa aderência de Dylan a paradigmas da poética moderna.

Em "On the road again", cujo título alude ao romance de 1957, o eu lírico de Dylan descreve uma cena de caráter surreal em que ao despertar se depara com sapos dentro de sua meia, a mãe de sua interlocutora escondida no refrigerador e o pai dela mascarado à Napoleão, além de outros elementos aparentemente ilógicos que dão ao texto um tom de absurdo. Para além das possíveis associações com o surrealismo propriamente, que me parecem estar apenas num plano temático, a canção é marcada por uma forma de heroísmo típica da literatura beat: ao final da composição, o enunciador questiona sua companheira (ocasional, como sugere o vocativo "honey") acerca dos porquês de não se mudar. Novamente, não há respostas ditadas, mas o questionamento exortativo legitimado pela descrição do absurdo em que se vertera o lar – metáfora, cara à arte contracultural, da disfuncionalidade das relações familiares e geracionais, outrora sugerida em Ibsen ou, no Brasil, em Nelson Rodrigues. O que, na crise que fragilizava a forma dramática herdada do XIX, angariava traços trágicos pela incontornabilidade das disposições da família – sobretudo se tivermos em mente o inviável da mobilidade social e os estigmas recaídos sobre a mulher solteira e/ou divorciada –, é projetado em *On the road* e "On the road again" como passível de ser solucionado pela dissidência em relação aos laços de parentesco, ou, trocando em miúdos, pela projeção de independência reforçada por expressões diletas do vocabulário dylaniano: "in the wind", "like a rolling stone", "there is no place I'm going to", dentre outros signos de mobilidade – fulcro da identidade beat viabilizados pelas novas dinâmicas sociais do pós-guerra.

De fato, salienta Erich Hobsbawm, a revolução cultural eclodida na década de 1960 deveu-se, em grande parte, a uma mudança nas dinâmicas familiares causada pelo crescente individualismo burguês. Nas palavras do historiador, "a família nuclear ocidental clássica, o casal casado com filhos, estava em visível retração" (Hobsbawm, 1995, p. 316). Autocentrados, os indivíduos estariam cegos diante das necessidades e preferências da subjetividade alheia. Contudo, ao contrário do que figurava em *As três irmãs*, em que a solidão acompanhada impelia ao sofrimento irremediável, ou em *Casa de bonecas*, em que a recusa à manutenção das relações representa uma libertação relativa porque prenhe de traumas, nas canções de rock, especialmente entre os anos de 1965 e 1970, a fissura engendrada no edifício familiar é potencializada mas projetada como passível de resolução por meio da dissidência: a saída do lar, em geral levada a cabo pelos filhos, é possibilitada pela existência de um novo agente social na equação, a juventude.

Uma das mais emblemáticas canções a esse respeito é "She's leaving home". Marco de um processo de feminilização no conjunto da obra dos Beatles (cf. Pironato, 2018 e 2022), a canção narra a fuga de uma garota da casa dos pais de modo a dar-lhe ares de libertação: "she is free" ("ela está livre"). Por meio de um processo polifônico, as vozes dos pais são enunciadas, mas revelam um egocentrismo latente, dado que eles reduzem o evento a mera desfeita à sua paternidade, a seu ver, irretocável: "how could she do this to me?" ("como ela poderia fazer isso comigo?"), "we gave her everything money could buy", ("nós lhe demos tudo que o dinheiro poderia comprar").

Cumpre destacar, a respeito dessa canção de Lennon/McCartney, o fato de que a filha de que se fala não verbaliza sua decisão ou as causas que a levaram ao abandono da casa. Assim, embora a estrutura polifônica, tanto no plano lírico quanto no da enunciação vocal, ceda espaço aos lamentos de seu pai e de sua mãe, o tecido poético é urdido a partir das considerações de um eu lírico investido da condição de narrador, a quem cabe revelar de modo impessoal a sua percepção do evento. Essa escolha formal tem lastro não apenas no princípio de que as palavras dos pais são destituídas de qualquer substancialidade que lhes dê razão, mas sobretudo nas considerações simbolista e romântica – Romantismo do qual a literatura beat a rigor é corruptela e atualização editorial – de que as subjetividades são impenetráveis e potencialmente absolutas, bem como na identificação do ethos contracultural segundo o qual ao mero discurso deve impor-se a atitude: a garota não fala, dado que a comunicação é inviável ou insuficiente – tanto ela não seria ouvida quanto seus pais vertem impotente discurso –; ela age, preconizando a hegemonia da ação individual sobre a da palavra compartilhada. Isso não denota, entretanto, uma agudização radical do eu – mais afeita às estruturas de sentimento da década de 1970 –, mas uma recusa à manutenção de relações opressivas e a busca pela criação de experiências sociais codificadas pela identificação social, e não impostas pelos laços de consanguinidade. Ao contrário de seu antecessor, o *rock'n'roll*, gênero de entretenimento marcado por certo apelo catártico (alienante, portanto) por meio da dança, o rock projetava não apenas uma possibilidade de transgressão dos limites da linguagem musical – o que, nunca é demais salientar, impede sua classificação enquanto um gênero – mas também uma postura transgressora diante dos códigos da sociabilidade burguesa. Códigos esses que, preservados pelas formas literárias tradicionais, revelavam o impasse e configuravam a crise no século anterior.

Integra a forma da narrativa beat, de um modo geral, a figura de um herói romântico transgressor embatendo-se com as estruturas sociais específicas do pós-guerra. O aprofundamento da subjetividade do Romantismo, aliás, é demarcado na escolha preferencial por narradores personagens, sejam eles protagonistas parciais, como no referido romance de Kerouac, ou testemunhas privilegiadas da transgressão, como em *Um estranho no ninho*, de Ken Kesey, outro expoente dos beatniks que, como Ginsber, se envolveu diretamente com os movimentos sessentistas. Valer-se de uma narração filtrada por uma subjetividade específica viabiliza a investigação mais aprofundada dos recônditos da individualidade – pilar de muitas das poéticas do rock.

Também no romance de Kesey (2024), que narra a rotina de uma prisão psiquiátrica em que a administração prima por mobilizar expedientes opressivos de reificação de seus pacientes/internos, encontra-se, a meu ver, um dos fulcros do que viria a ser, pouco tempo depois, a psicodelia. *Um estranho no ninho* trata da passagem de McMurphy por um sanatório comandado pela enfermeira Ratched. Tendo ali chegado após artimanhas que lhe renderam escapar a uma condenação certa, o protagonista logo percebe não ter logrado ludibriar o sistema judiciário, mas sim ter sido alvo do sadismo que o submeteria a uma rotina mais excruciante do que a que lhe aguardaria atrás das grades de uma penitenciária comum, dado que o poder no sanatório se impõe de forma mais opressiva por estar legitimado pelas psicopatologias: valendo-se do estigma e da ameaça que os pacientes representariam a um modo de vida racionalista, são administradas doses de medicamentos que anestesiam por completo as faculdades mentais dos homens ali internados. A perspectiva da narração, porém, e nisso reside o grande apelo que a obra granjeou durante a contracultura, acaba por associar aos tidos por loucos valores humanistas, fraternos e subjetivos, ao passo em que aos sãos, em pleno domínio da razão, são atribuídas características violentas, sádicas e autoritárias. Não só no tema, mas na estrutura profunda do romance, Kesey questiona a hegemonia da razão nos construtos sociais, apontando para o fato de que em sua impessoalidade ela convertia cada vez mais o mundo moderno em uma máquina de moagem da qual o substrato seriam as personalidades homogêneas e pasteurizadas tão caras à manutenção do status quo.

A valorização das formas de pensamento e sensibilidade que tangenciem as estruturas racionais está, como dito, na base da psicodelia, termo cunhado por Humphry Osmond cuja etimologia aponta para a noção de manifestação livre da mente. Nesse sentido, as correspondências entre o psiquiatra britânico e Aldous Huxley são esclarecedoras, sobretudo a partir das experiências do escritor com a mescalina, alucinógeno extraído do peiote. Em *As portas da percepção* e *Céu e inferno*, ensaios nos quais o autor coligira alguns de seus apontamentos acerca da ingestão de psicoativos, Huxley (2015) opõe-se à cosmovisão positivista a grassar ainda num século em que a razão instrumental anunciava a iminência do colapso existencial. O autor, para além dos relatos descritivos das alterações dos sentidos corpóreos, defende que as estruturas cerebrais, socialmente condicionadas a partir da experiência coletiva, são a rigor um filtro que separa o que é aceitável em termos de vivência e expressão do que não o seria. Assim, o cérebro assumiria, em metonímia das mais exploradas pela arte contemporânea, a condição de um censor das subjetividades. Anestesiá-lo seria condição para a plena expressão e investigação da individualidade e dos recônditos que sua censura tornara inacessíveis.

A melhor forma de fazê-lo, isto é, de burlar os limites impostos pela razão variou historicamente. Os elementos de transgressão foram diversos ao longo da história: a fantasia, a poesia, a religiosidade, o orientalismo, o álcool, o sexo, a droga... Poucas foram as iniciativas que conseguiram congregar todos esses elementos em uma síntese, como o faria o rock. Se acrescentássemos o fator da popularidade a essa exigência, poder-se-ia afirmar categoricamente que nenhuma outra expressão artística o fizera de modo tão efetivo, mesmo que em função da paradoxal relação entre o rock e a cultura de massas.

Nesse sentido, a figura de Jim Morrison é incontornável. Certamente, o vocalista do The Doors foi um dos roqueiros com a mais sólida formação poética e literária – senão o mais conhecedor, ao lado de John Lennon, da história e das formas da literatura moderna. Conforma já foi dito acima, uma de suas maiores influências foi o poeta Arthur Rimbaud, com cuja biografia a sua própria se confundiu, em parte por coincidências, em parte por uma tentativa autodeclarada de emulação: ambos questionaram os limites morais da exploração da sexualidade, ambos tensionaram os papéis que a cartografia doméstica lhes reservara, ambos foram tidos, cada um em sua época, como símbolos de uma beleza masculina capaz de fatal atração... Ambos despediram-se de suas obras no momento culminante do acabamento de suas formas. O que em Rimbaud havia sido decidido abandono do trabalho poético e autoentrega a uma vida de errância, em Morrison deveu-se a um ataque cardíaco – para muitos especuladores causado por uma overdose, embora a não obrigatoriedade das autópsias na Paris de 1971 tenha impedido a confirmação – justamente no momento em que, residindo na capital francesa, decidira suspender sua carreira enquanto músico para dedicar-se à poesia. Cristalizaram-se ambos, pois, no imaginário popular, como ícones de uma juventude não sucedida pelo envelhecimento, dado que não legaram à posteridade imagens de seus corpos envelhecidos – o que reforça a aura mítica que cerca ambos.

Para além disso, no entanto, as influências de Rimbaud sobre a obra do The Doors, ossificada por intermédio de seu mais influente integrante, podem ser verificadas – como também as de Huxley e de Blake – de forma profunda, mesmo ontológica. Isso pode ser confirmado já no álbum de estreia da banda, *The Doors*, de 1967, em que as influências formais do romantismo decadente abrem espaço a uma dicção própria da poesia maldita. Se em "Break on Through", o eu lírico exorta a uma abertura de caminhos para um "outro lado" – e o faz afirmando que essa passagem por entre o mundo da racionalidade estéril e um espaço de mistério e investigação da subjetividade se daria pelos olhos (como nas *Cartas do vidente*) –, é possível afirmar que em "The end", última canção do disco, a falta de uma estruturação lógica, ainda sensível na primeira faixa, manifesta que o formato do LP fora signo fundamental para a transmissão da mensagem. O álbum, a rigor, propõe uma longa narrativa, disruptiva e não-linear – como convém às respostas à crise da objetividade narrativa –, do processo de libertação do indivíduo face às contingências da vida cotidiana, lógica e racional.

Apesar de dialogar formalmente com a poesia romântica – em específico, com as posturas soturnas dos tributários do byronismo – em "Riders on the storm", em que a ambientação forjada pelos recursos do estúdio e o longo preenchimento instrumental durante o qual as vozes calam-se para manifestar um espaço mental de desamparo; ou de promover uma interpenetração semântica entre o sexo e a incursão nos alucinógenos em "Light my fire", canção em que se repete a referida dinâmica instrumental e se exorta a uma exploração da subjetividade despersonalizada; é em "The end" que *The Doors* instala o fulcro de seu diálogo com a literatura.

A canção que encerra o disco é marcada, desde o princípio, por um experimentalismo que tensiona o caráter eminentemente mercadológico da canção de rock. Sua duração, atípica para o consumo pasteurizado promovido pelos convencionais três ou quatro minutos; o apelo não só a imagens surrealistas como também à técnica surrealista de articulação irracional entre elementos de campos semânticos dispersos; sua estrutura fragmentada e todos os demais signos da canção compõem uma obra na qual os autores expressam tanto o domínio de seu objeto (a canção) quanto uma autoconsciência que viabiliza a subversão de seus componentes estruturais. Ao romper com a construção tida como racional, "The end" propõe a transgressão pela irrazão – ou pela loucura, em termos estigmatizantes – como o caminho para atingir a iluminação, a revelação do ser por meio de sua despersonalização. O expediente, aliás, faz parte da estrutura de sentimentos do rock da segunda metade da década de 1960 – a psicodelia ampara-se, em parte, nisso e, mesmo no Brasil, Os Mutantes valeram-se do arquétipo da loucura do Renascimento, o engenhoso fidalgo de Miguel de Cervantes, para a composição de "Dom Quixote", de 1969. Vale ressaltar que esse era justamente o projeto rimbaudiano para a poesia dita moderna. Há, ainda, uma alusão ao rei Édipo, parricida incestuoso da mitologia grega tematizado por Sófocles, feita nos versos "Father? / Yes son / I want to kill you / Mother, I want to..." ("Pai? / Sim, filho / Eu quero matá-lo / Mãe, eu quero...", em tradução livre). O intertexto compõe parte da narrativa colada na canção e, ao desnudar a permanência de um caráter disfuncional no seio do conceito de família (em que a opressão parece alçada à estatura de lei), o eu lírico de Morrison faz contrastar à repressão dos instintos a exortação a um desregramento de todos eles – o que, formalmente, se manifesta na música, que descreve, no quarto final da canção, uma trajetória de intensificação de sua velocidade, aceleração do andamento e um abandono das previsíveis repetições anteriores.

Outra banda bastante representativa da estrutura de sentimentos que permeia o rock da década de 1960 e sua posterior readequação mercadológica é, sem dúvidas, o Pink Floyd. Formada em Londres, no ano de 1965, ela seguiu em grande parte, na sua primeira formação, parâmetros artísticos prescritos pelo vocalista Syd Barrett, arquétipo daquilo que Roberto Piva, poeta brasileiro, considerava a perfeita condição da arte experimental: o artista que se dedicou a uma vida também experimental, do ponto de vista da sexualidade e das demais experiências corporais – sobretudo no que tange a experiência psicodélica, que lhe rendera a expulsão da banda.

Em 1967, *The Piper at the Gates of Dawn* inaugura a obra gravada da banda. Esse seria o único disco em que a liderança de Barrett se faz sensível em todas as decisões estéticas: lentamente, os problemas de saúde e o envolvimento com as drogas retirariam do músico a capacidade de gerir o Pink Floyd. O título do álbum é baseado num conto do escritor britânico Kenneth Grahame, célebre por suas narrativas voltadas ao universo infantil e por seus procedimentos de sobrevalorização de uma aberta fantasia já então (fins do XIX e primeira metade do XX) relativizada pelo realismo e pelos modernismos. O aspecto fantasioso granjeia, no referido disco, ares de fuga da realidade, levada a cabo por meio da experiência com as drogas alucinógenas. O próprio flautista a que o título se refere alude ao Deus Pã – para muitos e perfeita prosopopeia da psicodelia[199].

Já na primeira faixa do álbum, há um apelo, musical e poético, à fuga da realidade ordinária e opressiva por meio do consumo de alucinógenos. O eu lírico de "Astronomy Domine" cita personagens de *Sonho de uma noite de verão*, de William Shakespeare, reconhecidamente uma das mais fantasiosas comédias do dramaturgo inglês. Ao lado de deuses mitológicos, são evocados Oberon e Titânia, sendo ele rei dos elfos e ela a rainha das fadas na mimese.

---

[199] O dramaturgo Tom Stoppard concebeu uma peça de teatro em que versa sobre a relação entre Pã e o rock, visando a dar conta do lento amortecimento dos ideais contraculturais e da cooptação do rock pelos códigos da indústria fonográfica conservadora. A esse respeito, recomendo a leitura de: STOPPARD, Tom. **Rock'n'roll e outras peças**. Tradução de Caetano W. Galindo. São Paulo: Companhia das Letras, 2011. Também sobre a peça e a temática, discorro em outro ensaio: CONTE, Marco Aurélio Abrão. Voltando às cinzas, afinal – da psicodelia como perspectiva dramática em *Rock'n'Roll*, de Tom Stoppard. *In*: FENERICK, José Adriano (org.). **Nas trilhas do rock:** Contracultura e Vanguarda. Curitiba: Appris, 2021.

É interessante ressaltar que o diálogo não se restringe à dimensão temática, mas valoriza, no amplo rol das personagens shakespeareanas, duas figuras que, além de marcadas por uma natureza híbrida entre o ser humano e o ser fantástico, se envolvem em uma trama durante a qual manuseiam um elemento químico que, encomendado por ele e experimentado por ela, ocasiona a alteração das percepções ordinárias – como, em outra chave, os psicodélicos.

"Matilda Mother", do mesmo álbum, também evidencia um nexo entre o rock e a literatura, dessa vez por meio da estrutura poética da canção, que se vale da forma narrativa do conto e da fábula. Mesmo as expressões diletas dos gêneros são verbalizadas, como o conhecido "once upon a time". A narração, porém, logo rompe com a linearidade típica desse tipo de contação de histórias abrindo-se a apelos imagéticos afins do psicodelismo e a influxos surrealistas manifestados tanto nas imagens de apelo onírico – presentes no álbum todo – e ilógico, que denotam a interpenetração entre o mundo da realidade e o do sonho, quanto no seu encadeamento aparentemente irracional. O deslocamento entre o significante e o seu significado usual, de teor surrealista, expressa-se aqui no desabafo do eu lírico:

> Wandering and dreaming
> The words have different meaning
> Yes they did
>
> For all the time spent in that room
> The doll's house, darkness, old perfume
> And fairy stories held me high on
> Clouds of sunlight floating by
> Oh mother, tell me more
> Tell me more[200]

Ao relatar que, enquanto imagina e sonha, as palavras ganham novos significados, o eu lírico de Barrett recupera o projeto mallarmaico de, por meio da fantasia e da poesia, resgatar a palavra do desgaste a que o uso ordinário e instrumental lhe houvera condenado, valendo-se sobretudo da aderência de novos e inusuais significados a significantes amplamente conhecidos. Por meio desse processo de ressemantização, propiciado pela

[200] Em tradução livre: "Imaginando e sonhando / As palavras tinham diferentes significados / Sim, elas tinham // Durante todo o tempo dispendido naquele quarto / A casa de boneca, escuridão, velho perfume / E contos de fadas mantinham-me no alto / Em nuvens de luz solar, flutuando / Oh mãe, conte-me mais / Conte-me mais".

transgressão e pela droga – como estabelece o plano musical de todas as canções de *Piper* –, seriam viáveis novas experiências. Além disso, o termo "doll's house" coincidentemente (ou não) recupera *Et Dukkehjem*, título original da peça norueguesa *Casa de bonecas*, de Henrik Ibsen, na qual Nora, depois de anos de um casamento opressor, liberta-se de seu marido após conscientizar-se de que o lar burguês que seu amor sustentava só era possível por sua condição de inferioridade. A possibilidade de um intertexto proposital não deve ser tangenciada, haja vista o sucesso das montagens de Ibsen na Inglaterra dos anos 1960 – e, em especial, da referida peça em função de uma leitura feminista bastante em voga a partir daquele momento – mas também na coincidência da cosmovisão entre o drama e a canção do Pink Floyd, dado que ambos aludem ao lar burguês como um espaço de opressão – "the doll's house, darkness, old perfume" – a ser transgredido por meio da fantasia – "fairy stories held me high on".

Com o advento da década de 1970, houve um realinhamento programático dos parâmetros musicais do Pink Floyd. O historiador José Adriano Fenerick (2021) sustenta que, se em *Meddle* (de 1971) ainda havia certo equilíbrio entre os experimentalismos barrettianos e uma ampliação do espaço dedicado à letra das canções, a partir de *Dark side of the moon* (de 1973), seu disco subsequente, uma relativa simplificação da música visava a destacar o plano poético-textual das obras. O processo, que se deve em grande parte à consolidação da liderança do politicamente engajado Roger Waters sobre os demais membros da banda, culminaria em *The wall*, álbum duplo lançado no ano de 1979.

Esse é já um disco em que a letra se estabelece enquanto o signo hegemônico na construção formal das canções. Veículo de uma mensagem política tanto mais direta, ele parece relativizar senão abandonar, como a maior parte do rock setentista, as experimentações do período da psicodelia e da contracultura, atendendo a uma estrutura de sentimentos profundamente mais hostil à utopia e às buscas por ela – "The dream is over", havia sentenciado Lennon já em abril de 1970.

A canção "Another brick in the wall", dividida em três partes espraiadas pelo álbum, denota de fato uma linguagem musical comparativamente mais convencional, ao encontro de uma poética explícita em suas críticas sociais. Os tempos verbais dão a entrever uma estrutura narrativa a coesionar o embate entre o indivíduo e a sociedade que o cerca. Na Parte I, o eu lírico relata ter herdado do pai valores que lhe permitem concluir que este não houvera passado – e disso se jactava o progenitor – de mais um tijolo no muro do edifício social. A imagem é significativa, dado que de um tijolo espera-se uniformidade e homogeneidade em relação aos demais. O pai seria, pois, mais um ser comum, determinado por uma sociedade que o instrumentaliza, da qual o filho rejeita participar nas mesmas condições.

A figura da opressão social é corporificada, na Parte II, pela figura do professor, instrumento de divulgação de valores estabelecidos e doutrinação nos códigos alienantes e conformistas do capitalismo. Da educação criticada pelo Pink Floyd pode-se dizer que não passa de dominação simbólica, levada a cabo por instituições culturais que veem na diversidade e na pluralidade das subjetividades um risco à solidez do poder econômico. Como em Kesey, o racional é representado sob o signo do autoritarismo. A diferença, porém, é que aqui a reação a ele se dá apenas no plano poético, num embate aberto por meio da letra, que elege o lar e a escola como filiais homogeneizantes de uma verdadeira indústria que, tomando por matéria-prima crianças e jovens, lhes pasteuriza o senso crítico, direcionando-o a uma visão de mundo uniforme. Há uma exortação ainda à resistência e à superação, perceptível no fato de que a Parte III mobiliza verbos conjugados no pretérito e um interlocutor distanciado para indicar que a condição de haver sido reduzido a apenas outro tijolo no muro fora de pronto rejeitada pelo eu lírico: "All in all, you were just another brick in the wall" ("Afinal, vocês todos eram apenas outro tijolo no muro"). A autocrítica da linguagem, porém, cede seu espaço a uma crítica contextual – em linha com os parâmetros criativos e ideológicos da arte realista de um Charles Dickens e da crítica afinada com o neorrealismo de um Luckács.

É sintomático do anestesiamento dos ideais utópicos da contracultura que os referenciais formais literários do rock dos anos 1970 tenham sido mormente escritores que não percebiam as formas literárias como submetidas a uma crise. Nesse aspecto, não é à toa que a obra, sob esse prisma conservadora, de J. R. R. Tolkien, autor de *O hobbit* e de *O senhor dos anéis*, tenha sido uma das mais revalorizadas por diversas bandas, em especial pelo Led Zeppelin.

Muitos são os referenciais tolkianos de que o Led se valeu para a composição de suas canções. Em três canções, especialmente, o escritor é evocado de forma explícita, a partir do que se podem identificar certos traços dessa influência. Já no segundo álbum da banda, a faixa "Ramble on" alude a Mordor, terra governada pelo Senhor do Escuro, epíteto de

Sauron na trilogia *O senhor dos anéis*, além de nomear Gollum, um dos guardiões do anel mágico em torno do qual a diegese gravita (cf. Tolkien, 2019). Em "Misty Mountain Hop", do Led Zepplin IV, o espaço fantástico da Montanha Enevoada, fronteira entre o leste e o oeste da Terra Média, é citado; e, no mesmo disco (de 1971), "Battle of Evermore" alude a elementos do ciclo arturiano das novelas de cavalaria, como Avalon, ao lado dos quais figura o intertexto com a batalha travada na terceira parte do romance, *O retorno do rei*.

Tolkien fora lido e revalorizado pela juventude da contracultura muito em função da temática pacifista de sua obra magna, em certo sentido também antecipadora das temáticas ambientalistas que marcariam certo nicho da ficção novecentista. Conquanto haja, já na década de 1960, certo contato entre a música inglesa e a literatura do autor, é na década de 1970 que ele ganha centralidade enquanto referencial tanto ideológico quanto temático no universo do rock – sobretudo, em função da saída de cena dos Beatles, que resultaria em uma descentralização de prestígio e de influência em direção a outras bandas, entre as quais ocupa dileto espaço, claro está, o Led Zeppelin. A década do eu – em que a experiência psicodélica transfigurou-se em hegemonia do uso de drogas estimulantes em detrimento das alucinógenas e a utopia coletivista degenerou-se em um individualismo predatório – parece, de fato, mais adequada às estruturas formais da literatura de Tolkien.

Em que pese a defesa pela maior parte da crítica literária em sentido contrário, as escolhas formais de J. R. R. Tolkien veiculam de modo extemporâneo valores pré-modernos, conservadores – senão reacionários –, sensíveis sobretudo na visão maniqueísta com que o autor identifica, ignorando a complexidade das novas e contraditórias estruturas sociais, os representantes do bem e do mal. Essa facilitação conceitual, por um lado, rendeu-lhe todas as homenagens possíveis a um escritor alçado ao posto de popstar e viabilizou o sucesso de seus livros pelo mercado editorial e cinematográfico – o que, diga-se, lhe rendeu também uma aura de intocável em parte expressiva da bibliografia especializada, dado que as críticas não laudatórias a sua obra são atribuídas a um preconceito elitista contra a cultura de massas, amparado na péssima leitura acadêmica que ainda hoje se faz do pensamento de Theodor Adorno. Por outro lado, contudo, a relativa facilidade de sua escrita, sobretudo se comparada aos escritores modernistas, filiou suas narrativas a uma espécie de Romantismo tardio.

Tanto David Simonelli (2013) quanto, no Brasil, Ricardo Sinigaglia Arruda (2018) já apontaram para a relação de Tolkien com a estética romântica do XIX, sobretudo em função de seu teor anti-industrialista e sua valorização de espaços intocados por uma modernidade sob esse prisma decadente. A recusa a uma metacrítica (a uma crítica da própria forma romanesca) levada a cabo pelo escritor, porém, revela que *O senhor dos anéis* e *O hobbit*, para que se citem apenas suas duas obras mais populares, veiculam como valor essencial em sua composição o fator da nostalgia. O termo foi cunhado em 1688 por Johannes Hofer em um tratado de medicina no qual considerava a saudade do tempo e do espaço passados uma verdadeira patologia – àquela altura devida às campanhas militares.

Apesar de ter perdido sua acepção original ao longo da história, no Romantismo dos oitocentos, que lhe dera uma roupagem positiva, a nostalgia esteve no centro das estruturas de sentimentos em que se manifestava contextualmente a ascensão dos sentimentos nacionalistas modernos. Epopeia de uma era burguesa, o romance enquanto gênero é fruto da mesma sociedade pós-Revolução Francesa em que os tempos pré-revolucionários são evocados como o paraíso perdido. São muitos, aliás, os documentos em que o Antigo Regime é alvo não de críticas, mas do saudosismo. Apesar de as relações entre o Romantismo, geralmente tido como resultante das liberdades conquistadas pela revolução, e um sentimento de rejeição a essa mesma revolução não terem sido devidamente investigadas, é possível estabelecer que duas são as máximas de sua estrutura ético-estética: a nostalgia e, em sua origem, a perda da prospecção de um futuro outrora garantido pela monotonia social.

A diacronia romântica permite perceber o par de conceitos nas mais distintas sociedades. À título de exemplificação, poderiam ser citados, na Alemanha, o primeiro Goethe e Hoffmann; na Inglaterra, Scott e Byron; no Brasil, Casimiro de Abreu e Álvares de Azevedo. Os primeiros nomes dessas duplas são autores em cujas obras se manifesta o sentimento de saudade dos áureos tempos – "Oh que saudades que eu tenho / Da aurora da minha vida", cantaria Abreu – e, nos segundos, um sentimento de perda de perspectivas e seguranças, do que resulta uma entrega destrutiva aos prazeres da vida e uma sensação de medo quase distópico em relação ao futuro – não à toa é nesse momento que se situa, na pena de Horace Walpole, o delineamento do gótico e da ficção de terror e de horror enquanto gênero específico. Face a um futuro que não anuncia senão a destruição, o regresso ao passado (geralmente, nacional) é tido como imperativo: eis a história ainda por investigar do Romantismo oitocentista. Não seria demais salientar que essa mesma estrutura nacionalista e nostálgica estará na base de diversos projetos autoritários da primeira metade do século XX: Mussolini propalava a recuperação da grandiosidade romana; Hitler mantinha em seu horizonte a reconstrução de uma Alemanha grandiosa; Salazar deu sobrevida a uma política ultramarina que, a seu ver, recuperava os tempos da glória portuguesa cantada por Camões. Mesmo no século XXI, a ideia nostálgica de um passado idílico a ser recuperado serve de mote aos neofascistas: "Make America great again", propôs Donald Trump.

Não poderia ser mais acertada a escolha do Led Zeppelin para dar conta das novas estruturas socioculturais de sua década: ao tomar como referencial um autor cuja obra harmoniza na forma as contradições que seu tema se recusa a discutir, a banda – que em "Ramble on" alude: "How years ago in days of old when magic filled the air" ("Como nos anos passados, nos dias de outrora, quando a magia preenchia o ar") – identifica os rumos que o rock tomaria com a lenta cooptação de seus ideias pela lógica do mercado. Com isso, quero dizer que o passado (os anos 1960) foi romanticamente fetichizado. O que havia de experimental, senão de fato revolucionário, em termos estéticos converteu-se rapidamente em fórmula de sucesso comercial. Como já se tratava de um negócio rentável, o apelo a formas conhecidas, pasteurizadas e pré-digeridas foi estimulado, sob o risco de novos experimentos porem a perder uma fatia do público consumidor já consolidada. A ideia de crise da forma foi rejeitada. O vocabulário artístico foi tomado pela semântica mercantil.

Sgt. Pepper e a ficção como veículo da utopia

A história do rock está intimamente associada à trajetória dos Beatles, não apenas porque ele modernizou-se a partir dos parâmetros estéticos preconizados pelo encontro simbólico da banda com Dylan, mas também porque o seu breve período de atuação, circunscrito a pouco menos de dez anos, encerrou-se no momento em que a própria década de 1960 findava, o que levou muitos críticos e historiadores a entenderam o quarteto de Liverpool como síntese mais perfeita da contracultura – período com o qual nutriu uma relação de dupla determinação bastante complexa. Após sua separação, no ano de 1970, o mercado fonográfico buscou por diversas vezes repetir o fenômeno, mas as tentativas resultaram quando muito em emulações canhestras e/ou em frustrações de fato. Claro está que muitos outros grupos continuaram produzindo ou passaram a produzir um rock artisticamente relevante, como é o caso tanto do Pink Floyd quanto do Led Zeppelin, mas a sanha experimental que animava John Lennon, Paul McCartney, George Harrison e Ringo Starr jamais encontrou condições históricas em que pudesse outra vez viabilizar uma proposta de canção que conciliasse harmonicamente expedientes da vanguarda e da música pop – campos que, antes dos Beatles e depois de seu término, voltaram a evidenciar valores ontológicos que os colocavam novamente em espaços antitéticos. Há certo consenso na crítica especializada a respeito de a música da banda, especialmente aquela produzida na segunda metade dos anos 1960, ter sido o momento de uma aproximação dialética até então impensável entre a cultura de massas e a chamada alta cultura – o que se deve, em parte, à influência dos neovarguardistas, como Yoko Ono[201], na poética da banda. Após isso, o rock foi marcado por uma progressiva adequação às exigências do mercado, pasteurizando suas formas sob o pretexto de preservar seu apelo comercial. Sendo, então, os Beatles grandes referenciais musicais da década de 1960, é necessário evidenciar por que caminhos sua obra chegou ao álbum que, a meu ver, concilia no rock as inquietações dos escritores que se debateram às voltas com a crise das formas literárias.

Após o sucesso de *Please please me*, de 1963, a banda lançou três outros álbuns, *With the Beatles* (no mesmo ano), *A hard day's night* e *Beatles for sale* (ambos de 1964), nos quais a forma musical herdada do *rock'n'roll* é preponderante. As temáticas das canções são essencialmente amorosas, de um romantismo cuja ingenuidade foi decisivo para a criação do ethos de bons moços dos integrantes da banda, e mesmo a questão da autoria das letras e músicas era afinada com a dinâmica mercadológica de então. Embora as regravações de hits tenham lentamente perdido hegemonia nos álbuns para criações autorais, até o ano de 1964 a obra dos Beatles pode ser considerada monolítica. As composições da juventude da banda reproduzem com maior ou menor destreza uma estrutura formal não submetida a uma crítica da linguagem musical, que começa a acontecer, mesmo que de forma incipiente, no ano seguinte.

Help! é o álbum, do ponto de vista poético, em que o Romantismo se manifesta com maior intensidade na lavra dos Beatles. Contudo, a introspecção dos eu líricos, enfim investigadores das nuances de sua subjetividade,

[201] A esse respeito, recomendo a leitura da tese de doutoramento da historiadora Vanessa Pironato Milani, que traçou os rastros das relações artísticas e intelectuais entre a multiartista japonesa e os Beatles. Além da pesquisa de fôlego, Milani tem como mérito desmistificar a visão misógina que grassa, ainda hoje, em parte expressiva da crítica musical, segundo a qual Yoko – sempre uma mulher... – teria sido a responsável pelo término do maior fenômeno musical que a cultura de massas conseguiu produzir.

delimitam uma ruptura com as temáticas essencialmente exteriores – de dicção árcade – dos discos anteriores. Duas das canções que integram o disco de 1965 são particularmente sintomáticas de um amadurecimento lírico de Lennon e McCartney: "Help!" e "Yesterday". A primeira delas foi exaltada por John como uma de suas maiores criações, em função de haver supostamente nela conseguido atingir uma expressão verdadeira – o que denota, contraditoriamente, uma noção de criação poética como *expressão* dos sentimentos pessoais, isto é, uma associação entre o que é expresso e o que é sentido pelo autor, noção cuja rejeição está na base tanto da poesia moderna, entendida como criação racional, quanto na confecção de *Sgt. Pepper*, em que a dissolução do eu e o fingimento poético atingem seu ponto mais alto. "Yesterday", por sua vez, é caracterizada a um só tempo por uma filiação lírica à melancolia e à nostalgia românticas quanto a um tensionamento, do ponto de vista musical, da forma herdada[202]. O paradoxo de uma imersão nos procedimentos temáticos e formais de teor romântico e a embrionária autoconsciência da forma musical configurariam o ponto de largada de um processo de transição estabelecido também em *Rubber soul*, álbum no qual a divisão entre as formas poéticas antigas ("In my life") e as formas musicais modernas ("Norwegian wood (this bird has flown)") ainda se mantém.

É com *Revolver*, lançado no ano de 1966, que se dá a consolidação do elemento psicodélico, já anunciado no disco anterior, na música dos Beatles. A efetivação do uso do Long Play (LP) como um significante ativo na construção da mensagem artística – isto é, como mais do que mero receptáculo de canções – também contribui para a localização de limites e possibilidades do experimentalismo que denunciará que a autocrítica da linguagem musical de fato é alçada ao primeiro plano no tecido sonoro. Curiosamente, esse é o primeiro álbum em que as canções da banda dialogam direta ou indiretamente com as contingências sociais e emocionais que culminaram na crise das formas narrativas, dramáticas e líricas do século anterior. De forma sucinta, podem-se entrever nas estruturas poéticas das canções: o ensimesmamento e a solidão do indivíduo moderno ("Eleanor Rigby", "Your bird can fly"); a redução do raio de agentividade individual ("Taxman"); o desejo de fuga de uma realidade racionalizada e insatisfatória ("I'm only sleeping", "Doctor Robert"); a constatação da desumanização como código de intersubjetividade ("Love you to"); a proposição de uma

202 A esse respeito, remeto à leitura do capítulo "A dialética Lennon/McCartney e as transformações da canção nos Beatles", de José Adriano Fenerick, presente neste volume.

fantasia utópica, mesmo que por meio da psicodelia ("Yellow submarine"); a impermeabilidade de subjetividades cada vez mais herméticas, geradora de uma impossibilidade de comunicação efetiva ("She said she said", "For no one"); a dialética estabelecida entre a urgência da expressão e a sua inviabilidade ("I want to tell you"). Com a tematização desses elementos críticos, porém, se intercala já uma possibilidade de superação dessa crise por meio da projeção positiva (utópica talvez) do amor ("Got to get you into my life") e da psicodelia ("Doctor Robert" e, sobretudo, "Tomorrow never knows", que em certo sentido abriria os caminhos formais para o *Pepper*). Com *Sgt. Pepper's Lonely Hearts Club Band*, projeto multissemiótico por excelência, os Beatles enfim contribuem com uma proposta artística possibilitadora de respostas à crise das formas literárias. Isso se dará, segundo proponho, por meio do estabelecimento de uma dimensão ficcional, que não é própria do universo da canção, como estrutura formal do álbum.

Ao lado de conceitos como cultura, natureza e literatura, o de ficção é particularmente refratário a uma definição estanque – e, como os outros citados, paira muitas vezes pelo imaginário coletivo como algo a respeito do que se sabe mesmo que não se saiba definir. Ele foi primeiramente desenvolvido no século IV a.C. por Aristóteles (2018), no texto fundador da teoria literária: *Sobre a arte poética*. Embora a poética aristotélica dê conta, a rigor, de uma discriminação e uma anatomia dos gêneros literários, o filósofo grego localiza a ideia de imitação (μίμησις) como traço distintivo da épica e da dramática, algo esboçado já n'*A república* de Platão. Assim, tanto a narrativa quanto o teatro seriam marcados pela fabulação, a partir de enredos e mimeses, de acontecimentos a serem retratados por meio de um filtro específico: a fantasia, outro conceito bastante escorregadio, se levarmos em conta que a literatura grega se pretendia em certo sentido documental, ou seja, a reorganização literária dos eventos deveria eternizar – não nos esqueçamos de que a musa Calíope era a responsável por evitar que as ações gloriosas caíssem no esquecimento – o que era tido como histórico (real). Essa narrativa (em termos épicos) ou representação (em termos dramáticos) admitiria em sua forma composicional a concatenação de acontecimentos e ações imaginadas e criadas das quais seriam veículo figuras (as personagens) que, não sendo humanas, aos humanos corresponderiam por meio de fingimento (no teatro) ou de suspensão da descrença (tanto no teatro quanto na narração). Essa suspensão da descrença diz respeito à natureza mesma da ficção, dado que sua fruição é condicionada a que o princípio de correspondência com a realidade seja relativizado pelos parâmetros da criação.

Isso levou, em muitos momentos históricos, a uma associação direta entre o ficcional e o mentiroso. Tomada por irrealidade, a ficção estabeleceu-se logo como mentira – e como tal foi combatida, por exemplo, por Sólon, legislador grego que, apregoando que se ela fosse ensinada nos palcos seria impossível impedir que tomasse de assalto as estruturas sociais, proibiu as apresentações teatrais na Grécia Antiga durante décadas. Mesmo após a ascensão do Império Romano, que cooptara os referenciais literários helênicos, popularizar novamente formas dramáticas e épicas herdadas, a desconfiança diante do fazer ficcional grassou. Durante a Idade Média, a ficção foi tolerada apenas na medida em que servisse de reforço aos ideais e valores caros ao poder estabelecido – como no teatro de Gil Vicente, no qual as ações representadas eram tidas como meras ilustrações (e não criações plenas) das condutas morais e de suas consequências.

Muitos foram os esforços intelectuais empreendidos para retirar do fingimento ficcional a sua pecha de dolosa mentira. Entre eles, pode-se citar, apenas como sintoma de um movimento que eclodiria mil anos depois, *Sobre a mentira*, tratado em que Santo Agostinho[203], ao propor novas formas de análise do conceito de mentira, absolve as piadas, gênero essencialmente narrativo (ficcional, pois), pelo "modo como são contadas e também pelo estado de ânimo do piadista" (Agostinho, 2010, p. 8). O teólogo cristão, ao fazer essa ressalva, traduz uma visão de mundo em que já havia certa licitude senão legitimidade pairando sobre a ideia de ficção. Mesmo que posteriormente ela tenha sido instrumentalizada pelos mais diversos projetos de poder, e conquanto ainda esteja inserida de modo tolerável no rol das mentiras, é possível identificar nesse apontamento um embrião da separação entre ambos os conceitos. Agostinho atribui a validade da piada (da ficção) a modos específicos de organização narrativa, os quais deixariam claro que não se trata de um discurso real, mas um discurso *sobre* a realidade, estruturado a partir de categorias fantasiosas. Em termos semióticos, poder-se-ia dizer que, apesar de não ser real, a ficção também não é irreal: situa-se num plano intermediário em que se vale de ambas as dimensões para levar a cabo seus expedientes.

Num período transicional entre o medievo e a era moderna, a fabulação desabrida e liberta de suas obrigações para com o poder já se manifesta como estrutura emergente, podendo ser verificada em *Dom Quixote*, mesmo

203 Tradicionalmente, a visão de Santo Agostinho não é levada em consideração no estabelecimento das divergências entre o conceito de mentira e o de ficção. Talvez isso se dê em razão de o tratado não se aprofundar sobre o assunto. Ainda assim, penso que a ressalva introdutória em *Sobre a mentira* é prenhe de possibilidades de investigação que visem a uma historicização mais aprofundada do conceito de ficção.

que a obra de Cervantes, em cujo desfecho o fidalgo cavaleiro renega suas aventuras e ordena a queima das novelas de cavalaria que venerara, seja ambígua a esse respeito. Durante o Barroco e o Neoclassicismo, ainda havia uma disputa no organismo da literatura entre os seus influxos históricos/reais e a possibilidade de uma criação inteiramente autônoma em relação aos parâmetros da realidade. A consolidação do conceito de ficção tal como tomado ainda hoje se dá, a meu juízo, com a recuperação enfática da subjetividade empreendida pós-Revolução Francesa pelo Romantismo, momento em que a potencialidade criativa do indivíduo é finalmente legitimada por uma nova estrutura de sentimentos. O pacto da suspensão da descrença é tomado como natural: o leitor/espectador está familiarizado com o fato de que a criação ficcional é fruto da imaginação e da fantasia – e qualquer semelhança com a vida real passara por um filtro criador em cujas prerrogativas não figura a necessidade de uma correspondência total com o mundo empírico, isto é, a literatura não deve ser real, mas verossímil (como já apontava Aristóteles ao prescrever que a ficção deve atender às exigências internas, da obra, e não às externas, da sociedade).

Apesar dessas e de outras disputas acerca do conceito, há um consenso de que a ficção é uma estrutura em essência do campo da literatura, do teatro e das demais artes imitativas – como, posteriormente, o cinema e a teledramaturgia. Da lírica – campo em que se situa a poesia e, noutra chave, a canção – a ficção poderia aproximar-se no máximo enquanto uma categoria adjetiva, ou seja, não pertencente à sua forma. À guisa de ilustração, poder-se-ia citar como exemplo "Construção", de Chico Buarque, canção em que, conquanto admita em sua composição uma narrativa bem delineada, faz desse aspecto apenas um conjunto de signos não hegemônico. Claro está que, conforme salienta o crítico Terry Eagleton (2019), as definições do que poderia ser chamado de literatura são históricas e amplas o suficiente para compreender, em momentos distintos, obras distintas. Se ela for entendida como o trabalho artístico da palavra, acepção elástica e bastante em voga no chamado pós-modernismo, seria lícito localizar a canção (que tem como fulcro a interdependência entre a letra e a música) no campo do que é literário – especificamente, porém, no campo do lírico, em que o aspecto ficcional-imitativo não figura em condição substantiva.

Anatol Rosenfeld (1976), contudo, esclarece que os gêneros não são estanques. Embora haja uma condição substantiva de épica nos romances, de dramática nas peças de teatro e de lírica nos poemas, é possível vislumbrar condições adjetivas de outros gêneros no seio das obras – como provam as longas narrações em *Persas*, tragédia de Ésquilo, ou os solilóquios líricos do *Macbeth*, de Shakespeare; a disposição dialógica que ocupa parte expressiva d'*Os miseráveis*, de Hugo, ou de poemas de Wisława Szymborska; ou a disposição expressiva da lírica no *Fausto*, de Goethe, ou em *Orgulho e preconceito*, de Austen. Os gêneros se contaminam – e isso é positivo, haja vista que o ideal da pureza em termos artísticos é sempre tão idealista quanto conservador, defende Rosenfeld.

Na modernidade, essa interpenetração dos gêneros atinge seu ponto culminante, tornando-se característica mesma da arte moderna, a ponto de verdadeiras formas híbridas serem possíveis: *Grande sertão: veredas*, de Rosa, e mais recentemente *Pequena coreografia do adeus*, de Aline Bei, são romances em que os expedientes da lírica são recorrentes, como também o são em *Gota d'água*, tragédia de Paulo Pontes e Chico Buarque; o dialogismo dramático se manifesta com profundidade em *O evangelho segundo Jesus Cristo* e nas demais narrativas de Saramago; a inserção do elemento épico está no fulcro do teatro brechtiano... Outros exemplos poderiam ser citados, com Joyce, Drummond, Apollinaire, Yoko Tawada, Ian McEwan, García Márquez, Hilst, Lispector... Fato é que a modernidade implodiu as rígidas fronteiras entre os gêneros, mas ainda preservou as distinções entre condições substantivas e adjetivas de cada obra. É justamente nesse aspecto que o disco de 1967 dos Beatles me parece um caso único.

Sgt. Pepper's Lonely Hearts Club Band e os Beatles já são amplamente reconhecidos pelo feito de conciliar campos artísticos historicamente antitéticos, como a vanguarda e a cultura de massas. O referido álbum, porém, é alvo das mais diversas exegeses, ainda hoje, em todo o planeta, a ponto de George Martin, o produtor da banda, ter sugerido jocosamente a criação de uma lei que proibisse a publicação de livros a esse respeito. Na infinitude de estudos sobre a obra, porém, uma ausência chama atenção: a evidente estrutura ficcional do *Pepper* ainda é ignorada em sua complexidade. Que os integrantes da banda dos corações solitários do sargento Pepper sejam alter-egos ou personagens já se consensualizou, mas quais as implicações formais disso? Por que uma estrutura especificamente ficcional foi a escolhida para a feição do álbum mais importante da história do rock? O que isso revela sobre a forma da canção de rock? E, por fim, o que isso revela sobre o diálogo entre essa dimensão, essencialmente literária, o rock dos anos 1960? Eis as perguntas que nortearão a reflexão final deste ensaio.

Sgt. Pepper's Lonely Hearts Club Band foi produzido e lançado em um momento transicional da carreira dos Beatles e assinala o abandono definitivo por parte da banda dos shows ao vivo, pondo fim à chamada beatlemania, que os submetera a uma rotina excruciante de apresentações e compromissos públicos. Talvez nenhum outro artista tenha sido até então reificado de tal forma pelo mercado musical como foram John, Paul, George e Ringo. Quando se reuniram para a feição do disco que sucederia *Revolver*, Paul McCartney lhes apresentara a sua concepção de um projeto em que suas identidades estariam diluídas em personagens, os membros da banda referida no título do álbum. Dessa forma, a dissociação do ego preconizada pela psicodelia era levada às últimas consequências, dado que seria não apenas uma característica formal das canções, mas o princípio estruturante de todo o álbum, que sob esse conceito granjearia coesão apesar da disparidade temática e formal de cada faixa entre si. Em síntese, pode-se dizer que à realidade os Beatles sobrepunham um discurso artístico eminentemente fantasioso e ficcional por meio do qual veiculariam, como àquela altura aprazeria a suas convicções políticas forjadas no Verão do Amor, uma visão de mundo pacifista e utópica. Delineavam-se, assim, dois campos semânticos estanques: o da realidade e o da ficção, aos quais caberiam valores díspares e inconciliáveis. Se ao primeiro eram associados os modos de vida burgueses, a mercantilização da vida, as limitações prescritas pelos códigos de sociabilidade moderna e as contingências de uma razão instrumental; no segundo constava a possibilidade de libertação do eu, de exploração ilimitada da subjetividade, de manifestação livre e consciente da individualidade, além de uma sociabilização harmônica e, a rigor, feliz, mediada pela fantasia não restauradora (como no romantismo) mas edificante.

O caráter de arte conceitual do álbum, oriundo do universo da vanguarda, pressupõe que é no conceito, e não na materialidade da obra, que reside a sua plena configuração. A coesão não fica a cargo, pois, de uma unidade temática, mas nesse caso é garantida pela ficção estruturante já anunciada na capa, em que os Beatles aparecem tal como vistos por seu público – os jovens moços de cabelos comportados – mas também trajando coloridos uniformes militares sob os quais seus egos diluíam-se. Além disso, o tecido sonoro reafirma a desvinculação com os parâmetros reais, sobretudo na primeira e na penúltima faixa do disco.

Ao lado de vozes confundidas de uma multidão, o barulho dos instrumentos se afinando é o primeiro som audível do *Pepper*. O que seria natural numa gravação de uma apresentação ao vivo é aqui recriado por meio de técnicas de estúdio, forjando um simulacro: é proposto o pacto de descrença segundo o qual o que seria escutado deveria ser tomado como um show, mesmo que a rigor fosse um disco gravado entre as paredes de um edifício da Abbey Road. Em seguida, cerca de doze segundos depois, a bateria e a guitarra iniciam a canção, em cuja letra se manifesta um princípio narrativo:

> It was twenty years ago today
> Sergeant Pepper taught the band to play
> They've been going in and out of style
> But they've guaranteed to raise a smile
>
> So may I introduce to you
> The act you've known for all this year
> Sergeant Pepper's Lonely Hearts Club Band
>
> We're Sergeant Pepper's Lonely Hearts Club Band
> We hope you will enjoy the show
> Sergeant Pepper's Lonely Hearts Club Band
> Sit back and le the evening go[204]

O eu lírico/personagem/narrador assinala a efeméride de duas décadas em que o sargento Pepper ensinara a banda a tocar, após o que garante que o show, conhecido pelo público (verso 6), primará por ser agradável (verso 4). Já de pronto, a canção ironiza o caráter mercadológico da recepção beatlemaníaca: se é prazer o que o público deseja, e se esse prazer é assegurado pela audição de formas conhecidas, é prazer que será ofertado em palco. Claro está que a discrepância entre o que é anunciado e as formas experimentais que tomarão o conjunto do disco erige um discurso irônico, por meio do qual os autores mobilizam sua liberdade criativa em relação aos parâmetros realistas. Os sons de gargalhadas fora de hora e os gritos da fictícia plateia – que atestam o artificioso do mercado fonográfico tensionado pela canção – são intensificados quando se anuncia a entrada de uma personagem, a única nomeada dos integrantes da banda, o primeiro e único Billy Shears ("The one and only Billy Shears"). O próprio sobrenome de Billy Shears, que remete a uma tesoura, pode ser lido como um signo motivado

[204] "Faz vinte anos hoje / Que o Sargento Pepper (Pimenta) ensinou a banda a tocar / Eles andaram entrando e sando de cena / Mas garantem que podem fazer sorrir // Então, permita-me apresentar-lhes / O show que vocês conhecem há tantos anos / A Banda dos Corações Solitários do Sargento Pepper // Nós somos a Banda dos Corações Solitários do Sargento Pepper / Esperamos que vocês aproveitem o show / A Banda dos Corações Solitários do Sargento Pepper / Acomode-se e deixe a noite fluir", em tradução livre.

mesmo que ingenuamente. A imagem alude a um instrumento de corte, que não constrói ou continua as superfícies sobre as quais é utilizado, mas serve em essência para a ruptura, a separação entre dois elementos – mesmo que esses sejam, posteriormente, utilizados na formação de outra coisa –: como o campo da realidade, que a faixa propõe abandonar para a audição do álbum, e o da ficção em que se adentraria a partir daquele momento. Não mera expressão, mas criação plena: fingimento, ficção.

A segunda faixa, "With a little help from my friends", é iniciada na mesma dinâmica do forjado show. Logo nos primeiros versos, a personagem interpretada por Ringo Starr questiona seu interlocutor a respeito de se esse permaneceria ouvindo suas canções mesmo que elas momentaneamente estivessem distantes daquilo a que sempre cantara: "What would you think if I sang out of tune / Would you stand up and walk out on me?" ("O que você pensaria se eu cantasse desafinado / Você se levantaria e iria embora?"). Não apenas uma personagem, Billy Shears é uma personagem moderna: denota ter consciência de seu caráter fictício e de sua dependência existencial em relação à aprovação do público – como, por exemplo, as figuras de *Seis personagens à procura de um autor*, do italiano Luigi Pirandello. Essa condição de dependência, porém, é rejeitada a partir do terceiro verso da canção, em que Billy pede que a audiência lhe ouça e condiciona o sucesso de sua tentativa a estar acompanhado.

Embora seja uma canção tida por menor no conjunto do álbum, do ponto de vista poético é uma das mais prenhes de significação. É nela que se manifesta a projeção de uma coletividade em oposição ao caráter isolado do sujeito moderno. Projeta-se também que a ênfase em uma coletividade não reprimiria o pleno desenvolvimento das subjetividades, estabelecendo não uma contradição entre ambas, mas uma harmonia. Billy Shears, ao ser questionado sobre o que vê quando apaga as luzes, responde que poderia dizer, mesmo sabendo que o que encontra na escuridão, metáfora de sua psique, é essencialmente individual. Essa individualidade é projetada não mais como hermética, como identificaram Rimbaud e Mallarmé, mas comunicativa se elos forem estabelecidos pelos códigos fraternais revalorizados pela contracultura: "I get by with a little help from my friends" ("Eu me viro com uma pequena ajuda dos meus amigos").

Na terceira faixa, a ambientação do cenário é suspensa, iniciando--se as canções com sonoridades individuais e temáticas independentes que comporão o caleidoscópio formal do álbum. "Lucy in the Sky with

Diamonds" é uma das canções mais conhecidas pelo público e, por seu diálogo constante com a psicodelia – entrevisto inclusive na sigla LSD que os substantivos de seu título evocam –, uma das mais estudadas pela bibliografia especializada. Em termos poéticos, no entanto, é necessário apontar seu lugar na estrutura ficcional do *Pepper*. O eu lírico de "Lucy" exorta o ouvinte a imaginar-se, por meio de um verbo no imperativo que talvez dialogue com as instructions poéticas de Yoko Ono (cf. Milani, 2022), em um mundo composto por imagens surrealistas desenhadas pelo elemento psicodélico. A geografia dessa nova paisagem convida literalmente a uma viagem a um novo país das maravilhas, em que as contingências do mundo real estão superadas em favor de uma sinestesia existencial. O convite corresponde à reafirmação do pacto ficcional: é como se o eu lírico mostrasse a seu ouvinte o que encontraria naquele mundo em que a utopia seria possível. Esse caminho, como indica a faixa seguinte, delineia uma melhoria na vida, pois "Getting better" estabelece um diálogo – inclusive por meio das vozes dos intérpretes de ambas as canções – com "Lucy": "You gave me the word / I finally heard / I'm doing the best that I can // I've got to admit it's getting better" ("Você me deu a palavra / Eu finalmente ouvi / Estou fazendo o melhor que posso // Eu tenho que admitir que está melhorando"). Aceita a fantasia, há o testemunho de sua eficácia na eclosão das contingências.

A quinta faixa de *Sgt. Pepper's Lonely Hearts Club Band*, "Fixing a hole", trata de um eu lírico que, observando fissuras e outros problemas no espaço doméstico que o circunda, lança-se ao seu *conserto*. Pode-se perceber que a casa, dileta metonímia das relações familiares e sociais, é retratada como um espaço maculado em razão de uma estrutura antiga a ser reparada pela ação do indivíduo que disso se apercebe. Sob pena de ter sua reflexão subjetiva inviabilizada, o sujeito decide sair de sua imobilidade e *concertar* sua realidade.

> And it really doesn't matter if I'm wrong I'm right
> Where I belong I'm right
> Where I belong
> See the people standing there who disagree and never win
> And wonder why they don't get in my dor

> I'm painting a room in a colorful way
> And when my mind is wandering
> There I will go[205]

A conclusão a que se chega, no refrão da canção, manifesta a agentividade típica da juventude contracultural em seus expoentes literários – como os transgressores de *On the road* ou de *Um estranho no ninho*. O discurso enunciado em "Fixing a hole" aponta para uma decisão tomada independente de parâmetros morais de prescrição entre o que é certo e o que é errado, a rigor determinados por uma lógica de realidade instrumentalista, e se ampara em que o ideal a ser perseguido é o do pertencimento – "E na verdade não importa se estou certo ou errado / Onde pertenço estou certo" –, no fulcro do qual está a rejeição às dinâmicas incomunicativas das pessoas a quem o eu lírico exclui de seu raio de convivência. Na metáfora de colorir seu cômodo e dar vazão à sua mente, o agente do discurso apregoa sua liberdade, concedida por meio de uma fantasia que, ao sabor do surrealismo e em eco mallarmaico, chega a subverter a estrutura sintática convencional.

Após "She's leaving home", em que as estruturas narrativas, dramático-dialógicas e líricas se intercalam na composição de uma cena de dissidência do lar, está inserida a canção "Being for the benefit of Mr. Kite!", na qual a ambientação intimista da faixa anterior é contrastada por uma atmosfera circense. É sabido que as referências todas da letra da canção são emprestadas de um cartaz real, reproduzido nos encartes do *Pepper*, e nessa ação em si se encontra uma proposta curiosa: apesar de ter base na realidade, por meio da criação artística a matéria é transfigurada. Se em "Help!", Lennon saudava como mérito da canção o fato de atingir uma expressão fidedigna das emoções que o levaram a compô-la, aqui o músico consagrava a atitude moderna em relação ao fazer poético: a transcriação – realizada, nos mesmos moldes, em "Lovely Rita" por McCartney. O cartaz, que fora impresso em 1843, serviu de base a todas as imagens da letra, mas inicialmente desagradou a seu compositor:

> Na época, John considerou "Being For The Benefit of Mr. Kite!" uma música descartável, e disse a Hunter Davies: "Eu estava só seguindo meus impulsos porque precisávamos de uma música nova para *Sgt. Pepper* naquele momento". Em

[205] "E na verdade não importa se eu estou certo ou estou errado / Onde eu pertenço estou certo / Onde eu pertenço / Vejo aquelas pessoas que ficam ali, que discordam e nunca vencem / E me pergunto por que elas não entram pela minha porta // Eu estou pintando um quarto de um modo colorido / E quando minha mente estiver imaginando / Eu irei", em tradução livre.

> 1980, ele reviu radicalmente sua opinião e disse a David Sheff, que o entrevistava para a *Playboy*: "É tão cosmicamente bonito... A canção é pura, como uma pintura, uma aquarela pura". (Turner, 2009, p. 203)

A reação de John Lennon ante "Help!" e "Mr. Kite", por mais que pareça apenas remeter a uma preferência pessoal do artista, revela uma postura poética que ajuda a justificar suas escolhas futuras (na década de 1970) por um engajamento direto na letra das canções e uma relativização de seus experimentalismos[206]. Ao valorizar a primeira e, em princípio, considerar a segunda uma realização descartável, o compositor filiava-se a uma concepção pré-moderna de criação poética enquanto expressão, e não como criação. Isso significa que Lennon esperava em parte que a letra de uma canção fosse um veículo de transmissão de impulsos legitimados pela fidelidade realista. Ao aproximar-se de um expediente moderno, em termos poéticos, o autor parecia rejeitá-lo enquanto artificioso. Daí que a expressão objetiva de "Give peace a chance" ou "Imagine" resulte em uma realização musical menos ousada em todos os aspectos formais da canção. Àquela altura, porém, no ano de 1967 e no seio de um álbum conceitual, "Mr. Kite" impunha uma ambientação sonora e imaginativa em plena consonância com a estrutura de sentimentos cristalizada no *Pepper*.

A apologia de uma fantasia, de uma ficção, assume a forma de uma fuga da realidade racionalista ocidental em "Within you Without you", de George Harrison, em que a música se abre à influência oriental, especificamente indiana. Cria-se outro cenário, e o eu lírico alerta no primeiro verso: "We are talking about the space between us all" ("Nós estamos falando a respeito do espaço que há entre nós todos". Explicita-se, no plano verbal, que o *Pepper* tem um intento disruptivo, a saber, demarcar uma fronteira entre espaços a serem rejeitados e outros, os fantasiosos, a serem atingidos. Essa separação se daria também, claro está, entre a racionalidade contingente e a psicodelia, entre os Beatles de "Twist and should" e os de "A day in the life". Havia, enfim, um espaço entre ambos, e não uma linha de continuidade.

O que poderia, no entanto, aderir a um tom de manifesto é relativizado tanto pela música – e nisso reside a especificidade da forma canção, em que a letra e a música não podem ser separadas, sob pena de serem tangenciados os significados próprios desse tipo de arte – e pela colagem de gargalhadas ao final da faixa. Funcionando como um elemento de distanciamento de

206 A esse respeito, cf. "You may say I'm a dreamer: Utopia e engajamento político em John Lennon", de Vanessa Pironato Milani, presente neste volume.

teor brechtiano, as risadas do público fictício fazem lembrar ao ouvinte que está ouvindo um álbum, que as mensagens são construídas por artistas e, ao denunciar suas próprias estruturas por meio da metalinguagem, fazem conciliar o apelo emocional e imersivo a um apelo crítico e autocrítico da linguagem musical. Isso tenderia a evitar, inclusive, em termos literários, uma leitura romântica de "When I'm sixty four", canção em que a letra de teor burguês, a tratar de um envelhecimento desejoso da permanência do amor romântico e da construção de uma família tradicional, é tensionada pela música, um vaudeville, que a denuncia enquanto concepção de organização familiar extemporânea; ou "Good morning Good morning", cuja letra trata de um dia comum no cotidiano de um homem, mas alcança outras significações por meio da música e dos efeitos sonoros colados com sons emitidos por animais numa sequência que corresponde a uma cadeia de predação.

A décima-segunda faixa do álbum é uma reprise da primeira, repetindo-lhe inclusive o título. São retomados os efeitos sonoros que estabelecem a ambientação do show ao vivo urdido de modo ficcional. A consciência narrativo-dramática é coesionada pela modulação dos tempos verbais, que aqui correspondem a um encerramento.

> We're Sergeant Pepper's Lonely Hearts Club Band
> We hope you have enjoyed the show
> Sergeant Pepper's Lonely Hearts Club Band
> We're sorry but it's time to go
> [...]
> Sergeant Pepper's Lonely Hearts Club Band
> We'd like to thank you once again
> Sergeant Pepper's one and only Lonely Hearts Club Band
> It's getting very near the end
> Sergeant Pepper's Lonely, Sergeant Pepper's Lonely
> Sergeant Pepper's Lonely Hearts Club Band[207]

O retorno de Billy Shears e da banda dos corações solitários do sargento Pepper ao palco visa a coesionar a emulação do show fictício. Como anfitriões de um show de variedades ou de um teatro de revista, os quatro

[207] "Nós somos a Banda dos Corações Solitários do Sargento Pepper / Nós esperamos que vocês tenham curtido o show / A Banda dos Corações Solitários do Sargento Pepper / Lamentamos, mas é hora de partir // A Banda dos Corações Solitários do Sargento Pepper / Gostaríamos de agradecê-los uma vez mais / A primeira e única Banda dos Corações Solitários do Sargento Pepper / O fim está se aproximando / Solitários do Sargento Pepper, Solitários do Sargento Pepper / A Banda dos Corações Solitários do Sargento Pepper", em tradução livre.

membros da referida banda (na qual os Beatles não estão senão diluídos) despedem-se de seu público, que efusivo lhes pede bis. O tom dessa despedida é modulado vocalmente pela enunciação extensiva dos fonemas vocálicos tônicos dos três últimos termos do verso final da canção: "Hearts Club Band". Sob a ovação da fictícia plateia, as personagens igualmente fictícias, por meio das quais os Beatles levaram a cabo sua proposta metalinguística, saem de cena. Em meio ao burburinho, ainda é possível ouvir o grito de um dos músicos, que encerra a faixa e dá espaço à última canção do *Pepper*: "A day in the life", bis do show e síntese da obra.

"A day in the life" é, sem dúvida, a canção mais experimental dos Beatles até então. Sua materialização corresponde à superação de um obstáculo de ordem estrutural, dado que as duas partes da canção foram compostas em métricas rítmicas distintas, a primeira por John Lennon e a segunda por Paul McCartney, sabidamente as maiores forças composicionais da banda. A opção por mantê-las inalteradas e realizar a colagem de ambas por meio de uma orquestração aleatória, gravada em um happening, revela muito sobre a atitude formal dos Beatles. O dilema composicional poderia facilmente ser resolvido por uma recomposição ou adequação de uma das partes da canção à outra. No entanto, ao preservarem suas métricas originais e as colar tendo por intermezzo uma execução aleatória de diversos instrumentos de uma orquestra sinfônica – momento, aliás, em que receberam diversos convidados nos estúdios da Abbey Road e distribuíram apetrechos cômicos aos músicos –, os músicos recusavam-se a retratar como harmônica uma realidade em que a desarmonia assentou seu império. Em linha com o que Adorno concebia para a narrativa que se predispusesse à modernidade, os Beatles, nesse epílogo, valem-se do fragmento. Não retratam como uno um mundo de estilhaços; pelo contrário, enfatizam os cacos de uma unidade possível e os articulam por meio de uma associação não mediada, típica dos surrealistas.

A rigor, em termos de organização narrativa/dramática, "A day in the life" funciona, no todo do álbum, não como um epílogo propriamente, mas como um posfácio. São outras as vozes (discursivas) que a enunciam, e o fazem de modo a assentar suas premissas em bases outras, que não as do show business. É como se a autocrítica da linguagem fosse organizada em seus termos. Duas são as suas diretrizes: reafirmar/sintetizar os expedientes experimentais, aqui epitomizados, por meio dos quais identificam o mundo em crise e o projetam como passível de superação a partir das formas psicodélicas e *pararracionais*; e mostrar que o projeto mais ambicioso dos Beatles, baseado na dissolução em personagens das identidades mais rentáveis da indústria fonográfica, admitia, ao fim e ao cabo, uma harmonização. Eis que os Beatles encerravam, orquestralmente, seu álbum. Se Shakespeare havia encontrado o acabamento de suas formas em uma obra na qual a metalinguagem imperava – em *Hamlet* há uma peça dentro da peça; os Beatles encontraram o acabamento de suas formas em outra obra em que a metalinguagem impera: o show dentro do show, o fingimento como consequência de uma autocrítica e de uma autoconsciência que denunciavam como inviável a realidade estabelecida, diante do que só restava a fuga pela fantasia utópica.

É justamente nesse sentido que a ficção veicula o discurso utópico. A constatação de uma realidade pulverizada em seus referenciais, alienante e opressiva, que outrora havia condenado as figuras da literatura do XIX à incomunicabilidade, ao ensimesmamento, aqui era sucedida por uma projeção de sociabilidade harmônica, de investigação da subjetividade plena, de transgressão a um mundo racionalista e absurdo. Materializado no acorde de Mi maior final da canção, que ressoa por dezenas de segundos, o projeto pacifista dos Beatles indicava que a diversidade e o caos eram uma realidade, mas a precipitação no descalabro não era imperativa. O Mi maior dos Beatles dava novamente ao albatroz de Baudelaire a capacidade de alçar voo.

A possibilidade de uma utopia, no entanto, foi logo amortecida. Lentamente, os ideais contraculturais foram-se deixando cooptar pela dinâmica da mesma indústria cultural que, paradoxalmente, houvera viabilizado o fenômeno do *Sgt. Pepper*. Aliado a isso, já no *Álbum branco*, a banda dava sinais de sua desintegração, haja vista que as canções são de realização mormente individual, em que pese ainda lançadas sob a marca Beatles. Em 1969, *Abbey road* marcaria em definitivo a separação do grupo – e é sintomático que a capa do álbum revele quatro músicos com trajes radicalmente distintos entre si: a harmonia de uma banda, ainda manifestada em *Pepper* inclusive nos figurinos, já corresponde a uma acentuada individuação dos projetos e das ambições de cada um, em especial de suas maiores forças criativas: John Lennon e Paul McCartney. Sob essa ótica, o álbum de 1967 não só inaugura um novo momento da canção ocidental em virtude de suas inovações todas, mas sobretudo impõe-se como o ato final de uma longa trajetória estética iniciada, em termos poéticos, na autoconsciência crítica das formas literárias do século anterior.

Outros dois signos ainda merecem atenção, pois que neles se verificam a consciência dos Beatles de que os ares estavam mudando: o silêncio e a polifonia cacofônica. Após o cessar do piano, ao final de "A day in the life", por aproximadamente quarenta segundos a música cede espaço ao silêncio. A rigor, o que consta na faixa é uma frequência sonora que é inaudível aos ouvidos humanos – mas sensível a outros aparelhos auditivos. Estariam os Beatles demarcando sua consciência de que algo se rompia outra vez, mesmo que de forma impercebida? De todo modo, o último som da ópera hippie é uma cacofonia de vozes distorcidas, que a distância histórica de mais de meio século permite associar ao que se veria na década seguinte, na qual as consonâncias se tornaram impossíveis ou apenas possíveis numa homogeneização de formas, que levou ao plano temático da canção de rock o único espaço possível para seu engajamento. Num jogo, porém, em que se valem das formas do mercado que as prescreveu, as canções reafirmam seu estatuto de mercadorias, legitimando na prática o que combatem no discurso. A realidade impôs-se, como Bowie sentenciaria em seu *Ziggy Stardust*. A utopia não seria mais possível, e as demandas artísticas sucumbiriam ante as expectativas da indústria. A imagem mais perfeita desse processo de decadência e cooptação é a capa de *We're only in it for the Money*, de Frank Zappa. Através de sua paródia, o músico anteviu os rumos da contracultura. O sonho não acabou: tornou-se mercadoria.

Considerações finais

As relações entre a literatura e o rock, até hoje sempre evocadas em suas dimensões temáticas, ainda carecem de uma investigação mais aprofundada dos nexos formais entre ambas as artes. A meu ver, é na autoconsciência da épica, da dramática e da lírica, que havia diagnosticado no último quartel do século XIX uma verdadeira crise, que punha em xeque a legitimidade das formas herdadas e abria caminhos para a modernidade estética, que elas se delineiam como possíveis. É interessante perceber que os diálogos formais do rock dos anos 1960 se estabelecem com os escritores que dessa crise se aperceberam, enquanto os intertextos das canções da década de 1970 se dão mormente com escritores que a ignoraram, buscando, de modo conservador, tomar como a-histórica a forma prescrita como paradigmática pelas elites intelectuais do Renascimento.

Outras poderiam ser as canções e outros os artistas escolhidos para comprovar essa tese. Neste ensaio, porém, busquei contribuir com a discussão me valendo dos que julguei mais pertinentes ao que pretendia demonstrar.

Reafirmo que toda seleção parte de um arbítrio. Pareceu-me, contudo, que a narrativa fragmentária de *Sgt. Pepper's Lonely Hearts Club Band* correspondeu da forma mais próxima possível às ambições de Mallarmé de construir uma obra de arte total. Totalidade essa que só poderia ser atingida por meio da transgressão à linearidade, como no teatro épico de Brecht, dramaturgo alemão que afirmava ter abandonado as formas herdadas quando elas se interpuseram no caminho daquilo que ele queria dizer. Os Beatles também o fizeram: cientes de que suas próprias imagens públicas, forjadas pelos departamentos de propaganda, eram esse obstáculo, elegeram a ficção como forma mais efetiva para a veiculação de seu discurso utópico. O resto da história é conhecido. Lennon foi assassinado. George, vitimado pelo câncer. Ringo e Paul acomodaram suas obras no seio das formas pasteurizadas. A banda dos corações solitários do sargento Pepper, porém, permanece em turnê – porque da ficção se pode esperar tudo, menos que se resigne aos limites impostos pela realidade.

Referências

Bibliografia:

ADORNO, Theodor W.. **Notas de Literatura I**. Tradução de Jorge M. B. de Almeida. São Paulo: Duas Cidades; Editora 34, 2003.

AGOSTINHO, Santo. **Sobre a mentira**. Tradução de Alessandro Jocelito Beccari. São Paulo: Folha de São Paulo, 2021.

ARISTÓTELES. **Sobre a arte poética**. Tradução de Antônio Mattoso e Antônio Queirós Campos. Belo Horizonte: Autêntica, 2018.

ARRUDA, Ricardo Sinigaglia. Saltando para as montanhas sombrias: Led Zeppelin, Tolkien e a Contracultura (1966-1974. *In*: SOUSA, Rainer Gonçalves (org.). **Nas trilhas do rock:** experimentalismo e mercado musical. Goiânia Kelps, 2018.

ASSIS, Machado de. **Memórias Póstumas de Brás Cubas**. Rio de Janeiro: Editora Record, 19--.

BAUDELAIRE, Charles. **As flores do mal**. Tradução de Júlio Castañon Guimarães. São Paulo: Companhia das Letras, 2019.

BAUDELAIRE, Charles. **Prosa.** Tradução de Júlio Castañon Guimarães. São Paulo: Companhia das Letras, 2023.

BENJAMIN, Walter. **Baudelaire e a modernidade.** Tradução de João Barrento. São Paulo: Autêntica, 2019.

BENJAMIN, Walter. **O contador de histórias e outros textos.** Tradução de Patrícia Lavelle, Georg Otte e Marcelo Backes. São Paulo: Hedra, 2020.

BERARDINELLI, Alfonso. **Da poesia à prosa**. Tradução de Maurício Santana Dias. São Paulo: Cosac & Naify, 2007.

DOSTOIÉVSKI, Fiódor. **Diário do subsolo**. Tradução de Oleg Almeida. São Paulo: Martin Claret, 2019.

EAGLETON, Terry. **Teoria da literatura:** uma introdução. São Paulo: Martins Fontes, 2019.

FENERICK, José. Pink Floyd: Gritos de estranhamento e alienação. *In*: FENERICK, José (org.). **Nas trilhas do rock:** Contracultura e Vanguarda. Curitiba: Appris, 2021.

FOWLIE, Wallace. **Rimbaud e Jim Morrison**: os poetas rebeldes. Tradução de Alexandre Feitosa Rosas. Rio de Janeiro: Elsevier, 2005.

FRIEDRICH, Hugo. **Estrutura da lírica moderna**. Tradução de Marise M. Curioni e Dora F. da Silva. São Paulo: Duas Cidades, 1978.

HOBSBAWM, Eric J.. **Era dos extremos:** o breve século XX (1914-1991). Tradução de Marcos Santarrita. São Paulo: Companhia das Letras, 1995.

HUXLEY, Aldous. **As portas da percepção e Céu e inferno.** Tradução de Marcelo Brandão Cipolla e Thiago Blumenthal. São Paulo: Biblioteca Azul, 2015.

KESEY, Ken. **Um estranho no ninho**. Tradução de Ana Lúcia Deiró. Rio de Janeiro: Amarcord, 2024.

LUKÁCS, Georg. **A teoria do romance:** um ensaio histórico-filosófico sobre as formas da grande épica. Tradução de José Marcos Mariani de Macedo. São Paulo: Duas Cidades; Editora 34, 2009.

MALLARMÉ, Stéphane. **Mallarmé**. Organização e tradução de Augusto de Campos, Decio Pignatari, Haroldo de Campos. São Paulo: Perspectiva, 2013.

MALLARMÉ, Stéphane. **Um lance de dados = un coup de dés jamais n'abolira le hasard.** Tradução de Álvaro Faleiros. Cotia, SP: Ateliê Editorial, 2023.

MERHEB, Rodrigo. O fantasma da eletricidade: Bob Dylan, o fim do rock and roll e o nascimento do rock moderno. *In*: SOUSA, Rainer Gonçalves de (org.). **Nas trilhas do rock:** Experimentalismo e mercado musical. Goiânia: Kelps, 2018.

MILANI, Vanessa Pironato. **Sisters, O Sisters, lets stand up right now:** o processo de feminilização do rock na época da contracultura e da Nova Esquerda, 1966-1974. 2022. 299 f. Tese (Doutorado em História) – Universidade Estadual Paulista (Unesp), Faculdade de Ciências Humanas e Sociais. Franca, 2022.

MILANI, Vanessa Pironato. She's leaving home: o processo de feminilização nas canções dos Beatles, o movimento feminista e a contracultura. *In*: SOUSA, Rainer Gonçalves de (org.). **Nas trilhas do rock:** Experimentalismo e mercado musical. Goiânia: Kelps, 2018.

NEVES, José Roberto de Castro. **Shakespeare e os Beatles:** o caminho do gênio. São Paulo: Nova Fronteira, 2021.

POE, Edgar Allan Poe. **Poética (textos teóricos)**. Tradução de Helena Barbas. Lisboa: Fundação Calouste Gulbenkian, 2016.

RIMBAUD, Arthur. **Prosa poética.** Tradução de Ivo Barroso. Rio de Janeiro: Topbooks, 2007.

RIMBAUD, Arthur. **Um tempo no inferno & Iluminações.** Tradução de Júlio Castañon Guimarães. São Paulo: Todavia, 2021.

ROSENFELD, Anatol. **Estrutura e problemas da obra literária**. São Paulo: Perspectiva, 1976.

SARTRE, Jean-Paul. **Entre quatro paredes.** Tradução de Alcione Araújo e Pedro Hussak. Rio de Janeiro: José Olympio, 2022.

SIMONELLI, David. **Working Class Heroes:** Rock Music and British Society in the 1960s and 1970s. Plymouth: Lexington, 2013.

SZONDI, Peter. **Teoria do drama burguês.** Tradução de Luiz Sérgio Repa. São Paulo: Cosac & Naify, 2004.

SZONDI, Peter. **Teoria do drama moderno (1880-1950)**. Tradução de Raquel Imanishi Rodrigues. São Paulo: Cosac & Naify, 2011.

TCHEKHOV, Anton. **As três irmãs**. Tradução de Maria Jacintha. São Paulo: Nova Cultural, 2002.

TOLKIEN, J. R. R.. **O senhor dos anéis**. Tradução de Ronald Kyrmse. Rio de Janeiro: Harper Collins Brasil, 2019. (três volumes)

TURNER, Steve. **The Beatles:** a história por trás de todas as canções. Tradução de Alyne Azuma. São Paulo: Cosac & Naify, 2009.

WILLIAMS, Raymond. **Política do modernismo:** contra os novos conformistas. Tradução de André Glaser. São Paulo: Editora Unesp, 2011.

Discografia:

BEATLES. **Please Please Me**. Parlophone (GBR), 1963 (LP).

BEATLES. **With the Beatles.** Parlophone (GBR), 1963 (LP).

BEATLES. **A hard day's night**. Parlophone (GBR), 1964 (LP).

BEATLES. **Beatles for sale**. Parlophone (GBR), 1964 (LP).

BEATLES. **Help!**. Parlophone (GBR), 1965 (LP).

BEATLES. **Rubber Soul.** Parlophone (GBR), 1965 (LP).

BEATLES. **Revolver.** Parlophone (GBR), 1966 (LP).

BEATLES. **Sgt. Pepper's Lonely Hearts Club Band**. Parlophone (GBR), 1967 (LP).

BEATLES. **Magical Mistery Tour**. Parlophone (GBR), 1967 (LP).

BEATLES. **The Beatles (White Album)**. Apple (GBR), 1968 (LP).

BEATLES. **Abbey Road**. Apple (GBR), 1969 (LP).

BOB DYLAN. **The freewheelin' Bob Dylan**. Columbia A (GBR), 1963 (LP).

BOB DYLAN. **Bringing it all back home.** Columbia (GBR), 1965 (LP).

DAVID BOWIE. **The rise and fall of Ziggy Stardust and the spiders of mars.** RCA (GBR), 1972 (LP).

FRANK ZAPPA. **We're only in it for the Money.** Verve (GBR), 1968 (LP).

LED ZEPPELIN. **Led Zeppelin II.** Atlantic (GBR), 1969 (LP).

LED ZEPPELIN. **Led Zeppelin IV.** Atlantic (GBR), 1971 (LP).

PINK FLOYD. **The piper at the gates of Dawn**. Columbia/EMI (GBR), 1967 (LP).

PINK FLOYD. **Meddle.** Harvest / EMI (GBR), 1971 (LP).

PINK FLOYD. **The dark side of the moon**. Harvest Records (GBR), 1973 (LP).

PINK FLOYD. **The wall.** Harvest Records (GBR), 1979 (LP).

THE DOORS. **The Doors**. Elektra (GBR), 1967 (LP).

9

ENTREVISTA COM HOLLY TESSLER

Holly Tessler (University of Liverpool) foi professora sênior de Música Comercial e líder do programa de mestrado em Música (Indústrias) na University of the West of Scotland, de 2011 a 2019. Também foi professora de vários cursos do setor musical na Northeastern University (Boston, Massachusetts), na University of East London e na Birmingham City University. É co-editora e fundadora do Journal of Beatles Studies, publicado pela Liverpool University Press[208]*. Seus interesses de pesquisa incluem os Beatles, indústrias musicais, indústrias musicais como indústrias criativas, Garage Rock/Medway Sound, music branding, branding cultural, áudio interativo, cultura musical popular e história da música popular.* *ORCID:* https://orcid.org/0000-0001-6455-9733

No dia 07 de novembro de 2023, a Professora Holly Tessler participou do evento Nas trilhas do rock: Psicodelia e Underground anglo-americano, *do qual este volume é resultado. Abaixo, reproduz-se uma entrevista que Tessler, gentilmente, concedeu ao grupo.*[209]

> **GECU** – Em primeiro lugar, gostaríamos que você se apresentasse contando um pouco sobre sua trajetória acadêmica e o que lhe motivou a estudar os Beatles.
>
> **TESSLER** – Concluí o bacharelado em Literatura Inglesa e Estudos Urbanos e Planejamento Comunitário na Rutgers University, Nova Jersey, EUA. Concluí um MBA (Indústrias Musicais) e meu doutorado na Universidade de Liverpool. Meu doutorado examinou como os Beatles podem ser entendidos como uma marca cultural do século XXI.
>
> **GECU** – Você fundou um curso de pós-graduação na Universidade de Liverpool dedicado exclusivamente aos Beatles e é coeditora do Journal of Beatles Studies. Dada a importância dos Beatles e a extensão

[208] https://www.liverpooluniversitypress.co.uk/journals/id/113/.

[209] Tradução de Vanessa Pironato Milani.

do seu impacto no mundo da música, influenciando muitas bandas, o Journal of Beatles Studies está interessado em publicar artigos sobre outros grupos e artistas além dos Beatles?

TESSLER – Um dos nossos principais objetivos com o *Journal of Beatles Studies* é capacitar novos pensamentos e estudos sobre os Beatles, de qualquer maneira que isso ocorra. Tudo o que publicamos deve ter relevância para os Beatles e/ou Estudos dos Beatles, mas isso não significa necessariamente que eles precisem ser o foco principal da pesquisa.

GECU – Em relação ao tipo de pesquisa que você vem fazendo, quais são as principais fontes mobilizadas em seu trabalho? Pensando em diferentes fontes, como artigos de revistas, filmes e música, qual seria a melhor metodologia para lidar com esses diferentes tipos de mídia?

TESSLER – A minha investigação atual tende a concentrar-se em duas áreas diferentes: a herança e o turismo dos Beatles em Liverpool/Reino Unido e os Beatles como marca cultural. Em termos de investigação sobre patrimônio e turismo, tento basear-me em produzir novos números quantitativos sempre que possível – por exemplo, o número de pessoas que visitam Liverpool especificamente por causa dos Beatles. Em termos de marca dos Beatles, que se trata de uma pesquisa mais qualitativamente informada, tendo a recorrer a textos primários, como capas de álbuns, memorabilia e merchandising, bem como a textos secundários, como resenhas e entrevistas.

GECU – Existem diferentes linhas de análise sociológica para trabalhar com os Beatles? Você poderia defini-las? Com qual você se identifica mais e por quê?

TESSLER – Literalmente todos os dias encontro pessoas fazendo diferentes tipos de pesquisas sobre os Beatles. As abordagens sociológicas são apenas uma via de interesse entre muitas, muitas outras. Cada vez mais, tem havido um aumento nas análises científicas e matemáticas das músicas e letras dos Beatles. Isso é algo com que não estou familiarizada, mas sua popularidade atual ilustra o quanto persiste o interesse pelos Beatles. Claro, há também muitas análises musicológicas, bem como projetos de pesquisa histórica/historiográfica. Os Beatles podem surgir em estudos de negócios/indústria tanto como pesquisa primária quanto como bases e metáforas para estudos mais amplos de desempenho e gestão. Minha própria pesquisa tende a girar em torno dos campos sociológico e de marca/marketing, pois estou preocupado em entender como e por que os Beatles continuam tão populares e o que as partes interessadas estão fazendo para garantir que sua popularidade perdure ao longo do tempo.

GECU – Sabemos que existem muitas biografias e textos produzidos para fãs, mas, a respeito da literatura acadêmica sobre os Beatles, existe um grande volume de pesquisas? Você está ciente das pesquisas dos Beatles em países que não falam inglês?

TESSLER – Um dos verdadeiros desafios dos Estudos dos Beatles é tentar superar o discurso anglo-americano, dominado pelos homens, que durante tanto tempo impulsionou o estudo predominante dos Beatles. Com o *Journal of Beatles Studies*, incentivamos ativamente contribuições de países que não falam inglês, especialmente no sul global. Mas, até o momento, tivemos poucas submissões de pesquisadores nessas áreas. A história dos Beatles é uma história global, mas apenas uma pequena proporção dos milhares e milhares de publicações acadêmicas sobre o grupo advém de perspectivas não anglo-americanas. Isso é algo que espero sinceramente que mude nos próximos anos e que possamos compreender os Beatles de novas maneiras e com novas vozes.

GECU – Os Beatles foram um fenômeno mundial com impacto em vários países, inclusive no Brasil, onde influíram na criação de dois movimentos musicais: a Jovem Guarda, que ficou conhecida como "Iê-iê-iê ", e a Tropicália, que revelou artistas como Caetano Veloso, Tom Zé, Gilberto Gil e Mutantes. Entre as pesquisas publicadas pelo Journal of Beatles Studies e o que é discutido no curso dos Beatles na Universidade de Liverpool, há foco nesse ângulo do fenômeno Beatles?

TESSLER – Considerando quantos estudiosos dos Beatles existem em todo o mundo, com o mestrado The Beatles, Music Industry and Heritage (Mestrado em Beatles, Indústria Musical e Patrimônio), adotamos ativamente a abordagem de considerar o que poderíamos oferecer que não poderia ser encontrado em nenhum outro lugar. Particularmente, decidimos focar nosso programa na relação entre os

Beatles e a cidade de Liverpool. O que pretendemos fazer é capacitar nossos alunos para que retornem às suas cidades e países de origem e, então, estender novas bolsas de estudo para áreas do tipo que você mencionou acima. Quanto à revista, como já mencionei, estamos sempre interessados em publicar novos estudos e novas perspectivas sobre os Beatles, especialmente aqueles de fora do mundo de língua inglesa.

GECU – É claro que há uma grande diferença sonora entre os primeiros álbuns lançados pelos Beatles no início dos anos 1960 e os posteriores. Como você caracterizaria essas diferenças e denominaria essas diferentes fases?

TESSLER – Cada estudioso e fã dos Beatles terá sua própria maneira de compreender e delinear sua evolução musical. Para mim, de modo geral, tendo a pensar que os Beatles tiveram fases iniciais, intermediárias e posteriores. Dito isso, sinto que seria difícil e inútil tentar traçar limites mais distintos. Cada novo lançamento dos Beatles dava aos ouvintes algo novo para absorver. Uma das razões de sua popularidade duradoura é o fato de eles nunca terem se repetido musicalmente. George Martin e todos os engenheiros e técnicos do Abbey Road foram extremamente importantes na tradução das visões criativas dos Beatles para sua música em algo que pudesse ser capturado em disco, inovando e inventando instrumentos musicais, sons e tecnologias que pudessem acompanhar a evolução dos Beatles. Ideias cada vez mais complexas e sofisticadas.

GECU – Você vê alguma ligação entre os Beatles e o underground londrino dos anos 1960, fenômeno que também podemos chamar de contracultura? Se sim, qual seria?

TESSLER – Os Beatles, como indivíduos e como grupo, foram incrivelmente influenciados por seus ambientes e pelas pessoas ao seu redor. Então, na época em que moravam em Londres, a contracultura, a música 'underground' e as cenas artísticas faziam parte de seus mundos, com John e Paul talvez mais influenciados por eles do que os outros. A arte vanguardista e contracultural de Yoko claramente impactou John. Paul também foi atraído pelas cenas artísticas e musicais underground e experimentais. Além de Londres, George e os outros ficaram intrigados com as comunidades psicodélicas e hippies da Califórnia em Los

Angeles e São Francisco e arredores. No final da década de 1960, o movimento da contracultura era um movimento juvenil e os Beatles eram de fato porta-vozes da geração jovem.

GECU – Em seu discurso no evento "Nas Trilhas do Rock: Psicodelia e o Underground Anglo-Americano", você disse que Bob Dylan apresentou aos Beatles as bandas hippies da Costa Oeste, como Grateful Dead, Byrds e Jefferson Airplane. Você também disse que as palavras dos poetas beat que ainda circulavam em São Francisco influenciaram os pensamentos e percepções dos Beatles. Nesse sentido, você acha que os Beatles se distinguiram das bandas psicodélicas da Costa Oeste ou de outros grupos pop da década de 1960? Se sim, quais foram as razões para isso?

TESSLER – Como observei antes, como indivíduos e como grupo, os Beatles sempre ficaram intrigados com novos sons e novas influências. E, para eles, o movimento psicodélico da Costa Oeste foi outra nova influência. Mas, na minha opinião, o que tornou os Beatles distintos de todos os seus contemporâneos é que eles conseguiam absorver essas influências, mas não se deixavam dominar por elas. Como resultado, esses novos sons e ideias são claramente ouvidos na sua música, mas o som e o estilo dos Beatles continuam a ser o som dominante. Os Beatles não tiveram um período 'psicodélico', mas produziram música que é influenciada – temperada – por sons, filosofias e ideias externas, mantendo-se fiéis ao seu próprio som.

GECU – Sabemos que a influência dos Beatles a partir da década de 1970 é quase impossível de se medir, dado o amplo impacto que a banda teve na cultura mundial. No entanto, como você caracterizaria o impacto deles na década de 1960?

TESSLER – Por mais impactante que os Beatles tenham sido desde a sua separação, especialmente para aqueles de nós que não estavam vivos ou são demasiado jovens para se lembrar disso, a influência dos Beatles na década de 1960 não pode ser exagerada. Depois de se tornarem um fenômeno global, os Beatles tornaram-se os porta-vozes de fato da geração mais jovem – embora nunca quisessem ser assim. Os regimes políticos em todo o mundo estavam tão preocupados com a influência dos Beatles (e, por extensão, ocidentais, capitalistas) sobre os seus jovens, que a sua música foi proibida. Todos nós sabemos sobre a citação "Mais popular que Jesus", que colocou John e o resto do grupo em maus lençóis com os cristãos conservadores no sul dos Estados Unidos. Em suma, a grande mídia e a mídia tradicional entenderam que para onde os Beatles fossem os jovens os seguiriam. E essa é apenas a influência principal. Os Beatles, como músicos, como indivíduos, foram continuamente seguidos pela mídia e pelos fãs. Cada movimento deles era digno de nota. Cada declaração. Cada nova música. Até mesmo cada corte de cabelo e roupa nova. As pessoas dissecaram cada nota da música, cada linha de cada letra. Em algum momento os Beatles se tornaram maiores que os Beatles! Era um modo de vida insustentável e, em última análise, a extrema atenção foi uma das razões pelas quais pararam a turnê e se retiraram para o estúdio, longe do contínuo escrutínio público.

GECU – Muito obrigado por sua participação e por esta entrevista!

TESSLER – Muito obrigada!

SOBRE OS AUTORES

André Céspedes Pimenta

É doutorando pela Universidade Estadual Paulista Júlio de Mesquita Filho (UNESP). Desenvolve o projeto de pesquisa "Freejazz: Radicalidade musical em uma década de contestação generalizada (1960-196)". Possui mestrado, licenciatura e bacharelado em História pela mesma universidade. Desenvolveu pesquisa de mestrado intitulada "A Love Supreme: Jazz e Contracultura em John Coltrane". Tem experiência na área de História e Cultura, com ênfase em História Contemporânea, atuando principalmente nos temas de Música, Jazz e Contracultura. É professor universitário e atua como pedagogo e professor de História para a rede municipal de ensino da Prefeitura de Uberaba. É membro do Grupo de Estudos Culturais da UNESP. Orcid: 0009-0002-1339-2173

David Simonelli

É professor de Humanidades e Ciências Sociais na Youngstown State University (Ohio, EUA). Autor do livro mais influente no campo de estudos do Rock Anglo-Americano, chamado *Working Class Heroes*, no qual explora a influência do rock na sociedade britânica nas décadas de 1960 e 70 e sustenta que "Em uma época em que as distinções sociais estavam se tornando mais difíceis de medir, os músicos de rock pareciam incorporar as qualidades míticas da classe trabalhadora idealizada, perpetuando a imagem de músicos rebeldes, irreverentes e autênticos". Orcid: 0000-0001-8879-1107

Edward Macan

É educador musical, percussionista e pianista, leciona no College of the Redwoods em Eureka, Califórnia. Entre suas publicações mais famosas estão «Rocking the Classics: English Progressive Rock and the Counterculture» (1997) - a primeira análise teórica do gênero a ser publicada - e «Endless Enigma: A Musical Biography of Emerson, Lake and Palmer» (2005). Ele também é músico no grupo Hermetic Research, que lançou uma série de CDs pela Magnetic Oblivion Information durante os dois anos seguintes. Orcid: 0009-0001-9288-4178

José Adriano Fenerick

Doutor em História pela FFLCH-USP e professor do departamento de História da Unesp-Franca. Autor do livro *Façanhas às próprias custas: a produção musical da Vanguarda Paulista (1979-2000)* (Annablume/Fapesp, 2007) e organizador dos volumes *Nas trilhas do rock: contracultura e vanguarda* (Appris, 2021) e *A História nas Artes* (Appris, 2023). Coordenador do Grupo de Estudos Culturais (Gecu) da Uneps-Franca.Orcid:0000-0002-1538-4313

José Cesar Fernandes Gomes

Doutorado em andamento no Sistema de Pós-Graduação em História da Universidade Estadual Paulista Júlio de Mesquita Filho, Unesp, Campus de Franca. Desenvolve o projeto "Como um Demônio Indo de Estação em Estação: David Bowie e o fim do underground", financiado pela Fundação Coordenação de Aperfeiçoamento de Pessoal de Nível Superior (CAPES). Defendeu a dissertação de mestrado intitulada "Os Destroços de Uma Juventude Delinquente: David Bowie e o Rock da Década de 1970" (2023), financiada pela Fundação Coordenação de Aperfeiçoamento de Pessoal de Nível Superior (CAPES) na Unesp/Franca. Graduado em História pela Universidade Estadual Paulista Júlio de Mesquita Filho. Participa do Grupo de Estudos Culturais (GECU), da Unesp/Franca. Atua na área de História da Cultura, com ênfase em História e Música, Contracultura, Rock e David Bowie. Orcid: 0000-0003-3919-823X

Marco Aurélio Abrão Conte

Doutorando e Mestre em Estudos Literários pelo Programa de Pós-Graduação em Estudos Literários da Faculdade de Ciências e Letras – Unesp (Araraquara). Membro do Grupo de Estudos Culturais da Unesp (Franca). Bolsista CAPES. Organizador do volume *A história nas artes* (Appris, 2023). Orcid: 0000-0002-8191-3156

Ricardo Sinigaglia Arruda

Doutorando em História pela UNESP/Franca e mestre em História pela UNIFESP/Guarulhos. Professor substituto do Instituto Federal de São Paulo/ Cubatão. Membro do Grupo de Estudos Culturais da UNESP (GECU), no qual realiza pesquisas na área de História do rock anglo-americano, com foco na banda inglesa Led Zeppelin. Autor de artigos e capítulos de livro como "Crise no underground londrino, resistência e melancolia no Led Zeppelin IV" (Appris, 2021); "Reflexões sobre o rock anglo-americano (1965-1975): gênero ou estilo musical?" (Appris, 2023) e "How many more dazed and confused: luz e sombra, pop e música experimental no Led Zeppelin (1969)" (Fênix, 2023). O presente trabalho foi realizado com apoio da Coordenação de Aperfeiçoamento de Pessoal de Nível Superior – Brasil (CAPES) – Código de Financiamento 001. Orcid: 0000-0003-1319-816X

Vanessa Pironato Milani

Pós-doutoranda na Unesp/Franca com a temática dos Beatles e a contracultura inglesa. Doutora em História pela Unesp/Franca, com financiamento da Capes. Mestra em História pela Unesp/Assis, com bolsa do CNPq. Integra o Grupo de Estudos Culturais da Unesp de Franca. É autora do livro Um gênero e muitos fascículos. O samba na coleção História da Música Popular Brasileira (Appris, 2019) e "She's Leaving Home: o processo de feminilização nas canções dos Beatles, o movimento feminista e a contracultura", capítulo inserido no volume Nas Trilhas do Rock: experimentalismo e mercado musical (Kelps, 2018), de "Yoko Ono: uma artista (neo)vanguardista", inserida no volume Nas Trilhas do Rock: contracultura e vanguarda (Appris, 2021) e de "Os trabalhos musicais de Yoko Ono: entre a feminilização e o feminismo", capítulo do livro A História nas Artes (Appris, 2023).Orcid: 0000-0002-4147-7476